# 黄金郷を求めて
エル・ドラド

## 日本人コロンビア移住史

Japan's Quest for El Dorado : Emigration to Colombia

イネス・サンミゲル／著
加藤　薫／編・訳
野田典子／訳

神奈川大学出版会

# Japan's Quest for
# El Dorado
## EMIGRATION TO COLOMBIA

by

INES SANMIGUEL

©Ines Sanmiguel 2002
Reprinted 2005, 2009

Copyright © 2002 by Ines Sanmiguel.
All rights reserved. No part of this book may be changed,
reproduced or transmitted in any form or by any means,
electronic or mechanical, including photocopying, recording
or by any information storage retrieval system, without
the prior written permission the copyright owner.
Japanese Copyright ©2014 by Kanagawa University Press.
本書は INES SANMIGUEL の正式翻訳許可を得たものである．

# 序　文

　日本の海外への進出は，それまでの鎖国政策を転換した明治初期に始まる．領土拡大，植民地化，並びに移民の存在により獲得したヨーロッパ諸国の権力と影響力をみずからも欲し，世界に門戸を開くと同時に他国への進出を企てた．つまり日本の海外進出とは当初より軍事的，あるいは平和的な手段を問わず，新たな領土の獲得を意味したのだ．

　領土拡大政策は，1853年に米国のペリー提督率いる艦隊の到来によって終焉を迎えた約2世紀間の長期にわたる鎖国中も，いやそれ以前の日本にとっても目新しいことではなかった．歴史的にも日本は隣国と競い合いながら外国との貿易を拡大しようとしてきたし，鎖国期間中の16，17世紀の間も，商人や武士並びに冒険家はそういった拡大志向の遺伝子を受け継ぎ，東南アジアや南米にまで旅したのである．

　武力を伴わずして太平洋の彼岸に進出する移民政策により，国内的には増大する人口を輸出で養うための新市場を獲得し，輸入原材料を確保し，また新規の生活用地を得ることが可能となった．初期の移住者たちはハワイやアメリカ大陸本土の北米方面に向かった．しかし日本人移民に対する排斥運動がカリフォルニア州で起こり，1907～08年に政府間で紳士協定を結んでからは，新たな移住先として中南米に目を向けるようになった．ブラジル，ペルー，それにメキシコは，相互貿易量の増加と日本人移民の受入人数増加がかなりの相関関係にあった国々である．そして，数字上はそれほど顕著に表れたものではなかったが，他のほとんどの中南米諸国でも日本人移民は受入れられた．

　日本人の海外移民は初めから日本政府の規制と認可の対象だった．1897年の議会による移民法承認により，政府が合法的な海外移住がどのようなものであるかを定義し，またその正しい手続き方法について最終決定するシステムを構築した．中央政府と県単位の行政組織が移住計画を策定し，制限項目などを検

討した．県単位で契約を結ぶ移民取扱会社や移民団体の設立はこういった官製プロジェクトの流れを促進するものであった．しかし，実際には中南米へ渡航した移住者全員が官製の募集・応募要項に従ったわけではなかった．例えば，日本人移住者にとって4番目に人気のあったアルゼンチンの場合，その多くは個人的に渡航したもので，政府指定の手続きに従って移住した少数の日本人のみが支援を受けた．日本政府支援による移住プロジェクトとして恩恵を受けたものとしては第2次世界大戦以前のブラジル，コロンビア，パラグアイへの移民が当てはまる．しかしながら，日本政府からの日本人移民への支援が，受入国側の日本人移民に対する責任や義務を担うものであることまでは意味しなかった．本書主題であるコロンビアへの日本人移住はまさに，日本側の一方的な都合で進められたものであった．

　本書はコロンビアへの日本人移住に関する研究書であり，その中には個人的な動機で移住した者と，官製の移民プロジェクトに参加した者の両方が含まれる．ここで官製移民プロジェクトを要約すると，初期にブラジルとペルーに向かった移住者の大半は大農園の労働者になることが想定されていた．1924年以降は海外移住審議会による勧告に従い，日本政府は移住先国を拡大し，また移民の永住地獲得戦略を含んだ新しい移民法を策定した．1928（昭和3）年10月には主に福岡県民で構成されたコロンビア移民の第1次グループの渡航準備（現地着は1929年11月16日）が法的に整った．

　永続的な農業植民地建設に従事する場所の設定や移民数などの調整は，移民取扱代理業者が実施した．移住希望者はこういった法人会社と契約を結んで渡航するわけだが，原則復路の切符は約束されなかった．移住希望者は日本政府が後援する移民取扱会社なり，福岡県出身者の場合は同県の海外移住組合と個別に契約を結んで渡航した．彼らはコロンビアに永住し，確保した用地で農業に従事する入植者となることが期待された．

　本書では単に移住プロセスを歴史的に調べることのみを目的とせず，受入国と母国の両方からの視点から移住者の経験を考察するという点からの移民研究を試みるものである．一般に多くの移民研究は，受入国に対して移民のもたらした社会的・経済的影響に焦点を置く．しかし著者は受入国に移民がもたらすかもしれない変化や発展問題だけを考慮すべきでないと考える．移民たち自身

も新しい生活環境に適応するため変化する．文化的不適合，苦難，家庭崩壊，慣れ親しんだライフスタイルからの逸脱などといった要素は，個人の精神に疎外感を生み出しただろう．しかしながら不慣れな環境に移住した彼らは新しい生活に意味を見出し，新しい価値観に適応し，慣習的な社会制度を受け入れるという，ある意味逆境に強い人たちでもあった．

　移住者は社会的にも経済的にも移住先で生き残るための戦略を考える．ある者は異邦人であることを隠そうとし，ある者は日本人という民族的アイデンティティーを固める道を選ぶだろう．いずれの道を選択するにせよ，受け入れる社会の人々は本人が考え，期待するようにはみてくれない．個人的に移民が社会的・民族的に特定可能な集団と自己同一しない選択肢を採用しても，社会の側では固定された典型的なカテゴリー分類で類型化してしまうことも多々ある．だからどちらかひとつを選ぶのではなく，2つ以上の社会的カテゴリーに自己同一するというハイブリッドな方法も想定される．ハイブリッド化の度合いは，自分の文化的アイデンティティーとして日本や日本人であることがどの程度重要なのかによるだろうし，感情的な側面も無視できないが，何にせよ最終的には個人の選択の問題になる．

　一般論として日本人は，例えばユダヤ人というような他の集団のように，自分たちの文化的アイデンティティーを維持するのに非常に成功している．移住先で民族的アイデンティティーを確認強化するために文化的ルーツを再活性化する動きは，第2次世界大戦の敗戦から復興し高度経済成長を遂げた底力を世界にアピールした時期，米国や中南米の日系移住者の間で盛んとなった．コロンビアの日本人社会の中でも，和様文化の復活・継承，日本語の習得，新生児に日本語の名前をつける，などといった日本の伝統への関心が高まった現象を目のあたりにしている．

　1990年と1999年に「出入国管理法及び難民認定法」が改正され，現在では日本政府は3世までのコロンビア日系人に日本国内での定住資格を与えている．祖先の母国への帰還が可能な条件が生まれたことにより，移民先で日本文化を継承・維持していくことに新たな積極的意義が生じ，特に日本へのデカセギが増大した南米諸国における1990年代の日系人の文化的動向として際立った特徴となっている．

本書はコロンビア，英国，日本，および米国で実施した数年に及ぶ文献調査結果と，1994，1995，1997～98年の3回にわたって調査したコロンビアでのフイールドワークの結果を反映している．調査に協力いただいた日本人移民とその子孫の方々，また日本で働いていた日系コロンビア人の方々全員にまず感謝したい．

著者が奉職した帝京大学は英国のダーラムで日本人学生向けのプログラムを開催していた．講師として滞在した期間，現地のスーパーバイザーであったドン・スター氏からいただいた貴重な助言と支援なしでは，1999年にダーラム大学で仕上げた博士論文に基づく本書の実現は不可能であった．心からの感謝の意を表したい．また帝京大学総長であった故冲永荘一博士にも大学から提供いただいた研究費支援に感謝している．

原稿執筆中には，多くの同僚，友人，家族から協力いただき，彼らの意見や提案から得るものが多々あった．併せて感謝したい．加えて文献検索や資料複写などのために研究施設の使用を許可いただいた諸機関とそのスタッフたちの惜しみない助力にも恩義を感じている．また出版用原稿に手直し，編集するためにも多くの知人，友人からの恩恵を受けた．そのサポートと多大な助力に感謝したい．当該研究の至らぬ点はもちろん，すべて著者の責任である．

最後になるが，コロンビアの大学時代から敬愛する師であり，人生の相談相手でもあったヘラルド・ライチェル・トルマトフ氏が当該研究調査中に亡くなった．著者は愛情と永遠の感謝の意を込めて，氏との思い出に本書を捧げる．

2002年

イネス・サンミゲル

## 日本語版によせて

　日本語版の刊行にあたって，様々な制約から英文原著では実現が難しかった小さな夢がひとつかないました．それは写真図版の使用です．写真撮影はすべて著者みずからの手によるものですが，viii 頁の写真を除いてはすべてカリ市にあるコロンビア日本協会の資料館収蔵の写真資料の中から選びました．同協会総務部長の田中文子（タナカ・アヤコ・メルセデス）さんにはすべての写真資料を開示いただき，あわせて本書出版のためにご提供いただくことにも快諾いただきました．同協会秘書のフリアナ・ヒメネスさんには忍耐の必要な写真のスキャニング作業を手伝っていただきました．お二人にまず御礼の言葉を述べたいと思います．

　ラテンアメリカ研究で著名な加藤薫教授には特別に深い感謝の意を表したく思います．加藤教授からは数多くの識見をいただいたり，元の英語版を校正し，再構成していただいただけでなく，野田典子さんにより巧みに訳された翻訳原稿を読み，見直しのために多くの時間を割いてくださいました．野田さんにも感謝申し上げます．

　また本書の出版を可能にしてくださった神奈川大学出版会，丸善プラネット株式会社とその編集担当者小西孝幸氏，出版に向けてのコーディネート役にあたった丸善株式会社学術情報ソリューション事業部荒井豪一氏にも御礼申し上げます．研究を進めるにあたり，お手伝いいただいたりご教示いただいた，コロンビア在住の日本人移民の方々でまだ存命の皆様に，日本語によるこの著作をお贈りできることが本当に嬉しく，ようやく願いがかなったという思いです．

2013 年 11 月 19 日

　　　　　　　　　　　　　　　　　　　　　　　　　　　イネス・サンミゲル

# 目　　次

序　文　　i

日本語版によせて　　v

## 第1章　日本人移民の受入国コロンビア ………… 1
　1. はじめに：最初の日本人　　2
　2. コロンビアの人々　　7
　3. 地　勢　　10
　4. 気　候　　13
　5. 資　源　　15
　6. 移民法　　18

## 第2章　日本人の移住計画 ………… 33
　1. はじめに：背景としての国際政治　　34
　2. 日本人移民への杞憂　　37
　3. 新たな動き　　40
　4. エリート層の人種的偏見　　43
　5. 日本人移民の受入れ　　47
　6. 米国人のためのアメリカ　　50

## 第3章　日本の海外志向 ………… 59

1. はじめに：鎖国から海外進出へ　60
　　2. 海外への移住支援組織　66
　　3. コロンビアへの移住　71
　　4. 初期の外交：経済関係　80
　　5. 平和的な侵略　84

## 第4章　第2次世界大戦以前 ……………………………… 91

　　1. はじめに：移民のエスニシティー　92
　　2. 初期の都会生活者たち　99
　　3. 初期の農村生活　107
　　4. 民族的団結　114
　　5. エル・ドラドを求めて　119

## 第5章　第2次世界大戦以後 ……………………………… 125

　　1. はじめに：戦争の影響　126
　　2. 団体組織　134
　　3. グループ・アイデンティティーのシンボル　144

## 第6章　日本へのUターン ………………………………… 153

　　1. はじめに：入管法の改正　154
　　2. Uターン労働者　157
　　3. 恩恵　160
　　4. 新たなアイデンティティー　162

付　録　166
索　引　187
編・訳者より　192

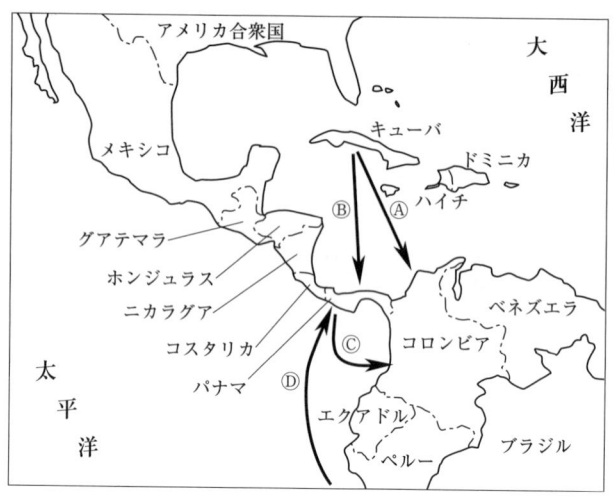

**1920年前後の日本人移民の移動図**

Ⓐコース：キューバ（ハバナ港）→コロンビア（プエルト・コロンビア港）
Ⓑコース：キューバ（ハバナ港）→パナマ（コロン港）
Ⓒコース：パナマ（バルボア港）→コロンビア（ブエナベントゥーラ港）
Ⓓコース：ペルー（カジャオ港）→パナマ（バルボア港）

(出典) 「コロンビア日本人移住七十年史」編集委員会編 『コロンビア日本人移住七十年史』，コロンビア日系人協会，2001年3月20日

**コロンビア地図**

# 第1章

# 日本人移民の受入国コロンビア

第2次移住者森田時次郎氏の長女マツミさんのパスポート写真（当時9歳）

## 1. はじめに：最初の日本人

　19世紀後半から1929年に発生した世界大恐慌までの期間，世界規模での中南米諸国への大量移民の流れがあった．1850年から1930年の期間に中南米に移住した1100万人に及ぶ移民の大半を受け入れたのはアルゼンチンとブラジルであり，そして規模はやや小さくなるが次にウルグアイの順であった[1]．チリ，キューバ，メキシコおよびペルーへの移住者の数は小規模だったが，影響力は多大で，受入国にとって重要な役割を果たしたことが統計的にも社会的にも明らかにされている．コロンビアへの移民は，移民を送り出す国の政府が後押しし，専門の派遣会社が有利な条件で誘導したにもかかわらず，日本での貧困情況から脱出したいという移住希望者たちを惹きつける魅力には欠けた[2]．1939年まで，コロンビアに渡航した移民の数は全人口の0.35％を超えることはなかった[3]．

　日本人の中南米諸国への移住が開始されたのは19世紀末のことであった．1897年にメキシコのサン・ベニートに，農業に従事するという契約を結んで渡航してきた28人の植民者（コロノ）と，契約なしで同行してきた6人の日本人が到着した[4]．その2年後にはペルーのカヤオ港に大農園で働く契約を結んだ790人の日本人男性が到着した[5]．以来，日本人移民は中南米のほぼすべての国での仕事や新生活を求めて移住し始めた．1943年に米国FBIが，日本人は「ハイチ以外のすべての中南米独立国にいる」と報告している[6]．

　1890年代末から1942年までの間に中南米への移住者としてパスポートを申請してきた希望者に対して日本政府が発効したパスポートは244,946件だった．しかしこのうちコロンビアを入植先として申請してきた人に発効されたパスポートは222件のみであった[7]．いかにコロンビアへの渡航者が少なかったかは明白である（表3-1を参照）．

　1908（明治41）年に日本・コロンビア修好通商航海条約が調印され，国交が開始されたが，双方の国において相手国国民が観光目的であろうと居住が目的であろうともその滞在を制限する項目は全くなかった．観光訪問はもちろん，

貿易交渉であろうが，他国出身者にも許される範囲ですべての場所，すべての港に残留し，居住する権利が与えられ，徐々に商業・外交関係が展開し始めた．1918（大正7）年には横浜市でコロンビアの利益を代表する名誉領事が初めて任命され，コロンビアの首都ボゴタ市では日本の利益を代表する名誉領事がやはり初めて任命された．

　コロンビアに初めて足を踏み入れた日本人に関する情報は，コロンビア人アントニオ・イスキエルド（1862〜1922）の残した公文書記録から得られる．イスキエルドは1908年に商用目的で日本を訪問したが，帰国に際して当時のコロンビア大統領レイエスの個人的な依頼に基づいて熟練した庭師・川口友広（カワグチ・トモヒロ）および彼の助手となる庭師1人と大工1人を連れてきた[8]．この庭師川口は日本では皇族の庭仕事をしていただけでなく，大隈重信（オオクマ・シゲノブ：1838〜1922）の下でも働いていた．この腕のよい庭師にコロンビア行きを斡旋したのは大隈であり，コロンビアとの外交関係を友好的に拡大したいという意図からだった．

　イスキエルドはボゴタ市の中心にある広大な森林の所有者であり，1910年にはスペインからの独立100周年記念行事のひとつとして計画された産業博覧会の会場としてこの森林が利用されることになっていた[9]．川口は自由に思う存分創造力を駆使して森を整備し，産業博覧会は彼の再配置した木々や美しくまとめられた花壇の中で開催された．そして博覧会終了後はこの森が政府に収用され「独立記念公園」となった[10]．公園の東側に隣接する市街地には「イスキエルドの森」の地名が残っている．

　1915年から1930年の間に，少数の日本人集団がバランキーリャ港経由で大西洋沿岸に到着した．うち2人は家族連れだったが残りは全員独身男性であった．彼らはキューバ，パナマ，あるいはペルーといった他国で運を試したがうまくいかず，より魅力的な地を求めてコロンビアにやってきた者だ．そしてバランキーリャやそこから南に約38kmはなれた小さな町ウシアクリに定住した．バランキーリャはその頃はコロンビア国内第2の大きな都市として産業と商業の主要な中心地になっており，景気もよく多くの移民を惹きつけた[11]．バランキーリャとウシアクリに定住した日本人は分かれたとはいえ人数は少な

く，相互扶助のためにも互いに密接に連絡を取り合うことになったのは必然であった．こうしてバランキーリャには小さな日本人コミュニティーが形成されていった．この集団の動向については，ボゴタ市に赴任した日本大使がバランキーリャを短期間訪問したときの印象を離任後に残した記録で述べているが，それ以外は何も開示されていない[12]．

日本人がコロンビアに入国した日，その人数などを正確に記するのは困難である．通関手続きや入出国を管理した港の記録は信頼できるものではなかった．コロンビア政府は1923年12月31日に布告第1786号を発令し，全国規模ですべての外国人に登録を求めた[13]．移民は警察署，もしくは居住する市町村役場で登録するよう義務づけられた．残念ながらこの布告の実施記録から得られる情報も不完全で，研究のための入手も難しく，また継続的に収集してきたとは言いがたい．しかしそれでも，残された登録情報を繋ぎ合わせることで，外国からの移住者を受け入れてきたコロンビアの情況が明らかになる．

1929年から1935年の間にコロンビア南西部――その始まりはコリント村とカロト村近郊のエル・ハグアル――に新たな日本人移民コミュニティーができ，バリェ・デ・カウカ・グループの核を形成した．この集団は日本人の移民業務取扱会社である「海外興業株式会社」によって選別後派遣された人たちで，3次に分かれてブエナベントゥラ港経由で入植した．ブエナベントゥラは太平洋側沿岸における主要な通関手続き可能な港であった．1920年代にはすでに個別にブエナベントゥラ港から入国し，カリやパルミラの町に定住していった日本人もいた．

現在では移民1世もその子孫たちも大多数が大都市に住んでいる．カリ市とパルミラ市に住む人の人数が最も多く，カルタゴ，フロリダ，ミランダ，およびトゥルアの近郊にも数家族単位で定住している．大西洋沿岸ではバランキーリャ在住者が一番多い．首都ボゴタにもかなりの日本人や日系人とその子孫がいるが人数的には4番目である．このほかにブカラマンガ，ブエナベントゥラ，カルタヘナ，メデリン，およびサンタ・マルタといった都市に個人単位や家族単位で移り住んだ日本人がいる．したがって正確な在住者数を特定したり，地方の人口調査結果を提供するのも難しい．しかしながら，コロンビアと日本の双方に存在する既存の団体から提供された情報を統合することにより，20世紀

末の日系人人口を約2万5000人と推定するのは可能だ．

話は少し前に戻るが，移民業務取扱会社の手配によって日本人移民集団がコロンビアに連れてこられたのは，1929, 1930, 1935年の3回だけである．総計20家族，159人だけだが，福岡県の斡旋により移民業務取扱会社の業務支援を受けて移住してきた人たちである．この集団のほぼ全員の故郷である福岡県との繋がりは世代交代を重ねた現在も途切れることなく保たれている．幣原喜重郎（シデハラ・キジュウロウ：1872～1951）が大臣として署名したパスポートには，所持者は農業に従事するためコロンビアに向かう者，と記されていた．

しかしながら受入国であるコロンビア側は，農民として入植するつもりの日本人移民をそのように扱う意思はなかった．1次の移民集団が出発する9日前になって，ビザの発行を許可したコロンビアの外務大臣が横浜在住のコロンビア領事にテレックスで送付したメッセージには，「彼らは移民として登録されず，したがってコロンビアの移民法に準拠した償還請求権も有さない」と記されていた[14]．

したがって，渡航した日本人たちは，正規の「移民」として入国を許可されたものではなく，日本側も「コロンビア農業試験移民」という曖昧な名称を用意した．したがって移民法に準じた償還請求権も持たなかった．ではどのような身分で入国が許可されたのだろうか．コロンビアの法律では，入国する外国人は，①短期滞在者,②定住する意思のない長期滞在者,③永住権を有する移民,に大別できる．コロンビア政府は，移民業務取扱会社が日本人移民の送り出しに先立って，あらかじめ定住と農業用の土地を購入していたこと，また一家全員が農業に従事する目的で移住することも承知していた．にもかかわらず，コロンビア政府は日本人移民を農業に専従する新市民として受け入れることを拒否したのである．その理由は，過去に他国からの農業専従移民に対して与えてきた各種特権や優遇措置の対象とせずにすますことができると考えたからだ．コロンビアにとって不足する主食作物の増産は必須の課題だったので，海外からの農業移民を惹きつけるために過去，1909年の布告第496号を発効し，その実効性を高めるために法令第114号（1922），法令第74号（1926）を可決し，さらに1928年には新たな布告第839号も発効してきた[15]．

農業専従移民の増加を促進したいという期待があるにもかかわらず，その目

的に合致した日本人の農業移民を拒否するというコロンビアの矛盾した態度を，歴史的，政治的，経済的，社会的な要因から解明する必要がある．それは，国際的な移民の受け入れを促進したいコロンビア政府の本音はどこにあって，日本の行政組織までを巻き込んだコロンビアへの移民プロジェクトがなぜうまくいかなかったのか，という疑問に答えることになる．

　19世紀に始まる中南米諸国の独立後，領土の大きい国ほど，広大な無人の土地を有するという問題に直面し，そこに人を住まわせることが優先事項となった．植民地時代から追いつき，追い越せの対象だったヨーロッパからの移民は最良の候補だった．独立後の中南米諸国が各国独自の法律を制定できる自由を謳歌するようになると，奇妙なことに独立の精神や民族ナショナリズムとは相反するのだが，ヨーロッパからの白人移民で人口を増やしたいと考え，多くの国の移民法が受入希望の移民の人種を規定した．

　例えばベネズエラでは，1894年制定の移民法第9条で，ヨーロッパ起源以外の人種の移民を禁止した[16]．さらにこの法律は1936年7月28日に制定された移民・植民法第5条によって強化された．この法律の条文で白人以外のすべての人種が受入不可能なように除外されていた[17]．パラグアイでは，移民法第14条で黄色人種および黒色人種すべてに対する移民証明書の発行を，在外領事館や移民庁に禁ずる条項を明文化していた[18]．

　これらの事例は，要するに中南米諸国への海外移民受入には人種が最大限に考慮されたことを示唆する．もちろん，ビジネス関係や国内外向け政治といった要素も合わせて考慮しなければいけないのだが，ともかく特定の人種出身者以外に適用される排除の論理は，民族的イデオロギーの外皮となることで正当化された．

　仮に皮膚の色で人種を4つに分類できるというのならば，その皮膚の色が「何色」であるかを認定するのは政治的に交渉可能な余地を残す．上述のパラグアイの事例の場合，日本政府が移民法第14条の適用に対し抗議の通知を送付したところ，現地日本大使に対しパラグアイ外務大臣が，「閣下に確認をお願いしたいのですが，『黄色人種』という言葉は，大日本帝国の臣民には当てはまるものではない，とパラグアイ政府は解釈しています」と述べていた[19]．もしこのような臨機応変な対応がなければ，日本政府はその前年に調印された日

本・パラグアイ修好通商航海条約を批准しなかっただろう[20]．つまり，人種概念は生物的な人種の現実を必ずしも反映していないということで，集団の帰属関係とそのアイデンティティーから生じる関係をどのように特定するかという社会的手段にすぎなかったのである[21]．

## 2. コロンビアの人々

　現在のコロンビアは，16世紀初頭から1819年の独立までの期間はスペイン帝国の植民地であった．スペインは植民地への他国民の入国を規制する排他政策を実施してきた．そのためアメリカ大陸のスペイン領に定住した外国人は——違法であろうと王室の許可を得た人であろうと——人口統計的には微々たる人数しかいなかった．イベリア半島からのスペイン人移住は自発的なもので個人の選択によるものである．とはいえ，スペイン本国に住んでいた人なら誰でも自由に植民地に移住できたわけでもない．ユダヤ人，イスラム教徒，ロマ，ならびに宗教裁判所で有罪判決を受けた人は制限を受けた．旅行ならば，原則としてカスティーリャおよびアラゴン王国の臣民は無制限だったが，両王国の住民であってもすべての外国人，非キリスト教徒，改宗し新キリスト教徒となった元イスラム教信者などは除外された[22]．

　アメリカ大陸のスペイン植民地への移住者管理は初めはセビーリャの商務館が扱い，1546年以降はマドリッドのインディアス公会議がその職務を引き継いだ．官僚の作文したあらゆる規制文書や，移住者に交付された許可書の写しや記録などの資料が山ほどあるにもかかわらず，新世界に移住した人口規模を推定するに十分な情報が得られない．またスペイン領植民地に移住したいと思った非スペイン人は，上陸港で上納金（composición）と呼ばれる一定金額を納付すれば下船できた．これらの移住者や旅人は当該国で事務を扱う官吏たちには歓迎された，なぜなら，彼らの入国納付金はそのまま収入になったからである．とはいえ，ヨーロッパの反スペイン勢力となる国で生まれた外国人移住者は，安全保障上の理由から納付金を納めた後に追放となることもあった[23]．

　スペイン人のアメリカ大陸スペイン領への移住は強制的なものではなかった

にせよ，アフロ系黒人の場合はいかなる身分であれ強制的なものだった．まずはラディーノと呼ばれた集団がいた．彼らはスペイン本国で奴隷という身分からスペイン人一家の家事手伝い役として買われていった人たちで，主人が新大陸で征服という新事業を展開するときは強制的に一緒に帯同し，身辺の世話をした．イベリア半島における黒人奴隷の登場は1442年に遡るものであったが，すでにこの地にはムーア人奴隷，ユダヤ人奴隷，そして合法的に奴隷として扱われたスペイン人がいた．

この背景から，賢王アルフォンソ（1452～84）の在位中に出版された『七部法典（Siete Partidas）』という法体系の中で複雑に定義されることとなったが，要約すれば奴隷を人間と見なし，義務と権利を有する存在となっていたと解釈できる．この法はアフリカからアメリカ大陸に連れてこられた黒人奴隷にも適用され，法的人格と道徳的に許される身分の両方を有した存在であった．黒人奴隷たちはキリスト教徒に改宗させられ，奴隷所有者は彼らがきちんと教会に通っているかどうか見届ける義務があった[24]．年季にかかわらず奴隷の解放はかなり頻繁に行われ，ムラートやサンボといった新たな混血人種は，黒人奴隷たちが自由労働者となった後に増加した[25]．

コロンビアでの奴隷売買は主としてカルタヘナ・デ・インディアス港で行われた．この港は周辺地域だけでなく，他のスペイン植民地にとっても重要な物流の拠点だった[26]．黒人奴隷は先住民（インディオ）の代替労働力として，あるいは先住民の数だけでは対応できない大農園や鉱山での労働力として使われた．黒人奴隷たちはアフリカの異なる部族の出身者の集合で，互いにコミュニケーションのとれる共通言語などなかったから，生き延びるためにもまずスペイン人から短期間で言語，宗教，食べ物，習慣などの文化を習得し，その知識を黒人奴隷同士で共有することから始めた[27]．コロンビアの奴隷制度はスペインからの独立後も，ホセ・イラリオ・ロペス政権によって1852年1月1日に奴隷制廃止令が発効されるまで維持された．解放されたコロンビアの黒人奴隷たちは主として大西洋岸や太平洋側の海岸低地に定住していった．

ヨーロッパ生まれの女性たちは新大陸の発見後も征服事業には加わらなかったし，旅行として訪れるヨーロッパ人女性も極めてまれだった．しかし，初期のスペイン人による征服事業が男性だけで可能だったわけではない．ヨーロッ

パ出身女性の不在は，先住民女性とスペイン人男性間の異人種間混交を促進させた．だが先住民女性たちのすべてが力ずくで略奪されていったわけでもない．征服初期においては，先住民の首長（カシーケ）からスペイン人への友好の絆として未婚の先住民女性が贈与された．またエンコミエンダ制度を通じて先住民女性を税の一部として受け取るのも可能だった．

エンコミエンダ制度はスペイン植民地に設けられた支配制度で，スペイン国王の土地となった領土の一部を統括支配するエンコメンデロ（訳者注：エンコミエンダの所有者）はその支配地域に存在する先住民共同体に対する国王の代理としての義務を負う一方，先住民から税（貢物）を徴収する権利も有した．先住民は収穫物を納めるほかに日数計算で労働力を提供する方法や，スペイン人個人や家族の家事一般を補助する奴隷的身分の男女を提供する道があり，この家事手伝いという環境で男女の関係が結ばれることは多かった．行きずりの相手との性交渉や正規の結婚，あるいは内縁関係であるかに関係なく，征服初期からスペイン人の植民地化事業を特徴づけたのは先住民女性と白人男性の間の異人種間混交であった．夢にみた黄金を発見できなかったにせよ，先住民女性はスペイン人の失意や孤独に慰みをもたらすものだった．メルナーが指摘するように，「16世紀初期のスペイン人やポルトガル人（男性）は，どのような形——略奪，購入，贈与——で得たにせよ，先住民の女性たちに囲まれて暮らしていた」のだ[28]．

そもそもスペイン人といってもそれが同質の民族集団であったことはない．歴史的にイベリア人，ケルト人，フェニキア人，ギリシャ人，カルタゴ人，ローマ人，西ゴート人，ユダヤ人，アラブ人，ベルベル人，ロマ，それに中世以来各地から連れてこられた異なる血統の奴隷たち，の血が混ざってきていた．特に1492年のグラナダ陥落までの800年間に及ぶイスラム教徒とキリスト教との共存は人種に加えて文化の混合ももたらした．だから，スペイン人とその子孫たちが「白色人種」と呼ばれる場合でも，その内実は北欧の人々が白人と見なされるような意味合いではない．中南米で「白人」とされることは必ずしも皮膚の色が白色系である必要はなく，ただ出自がスペインにあることを意味した．

コロンビアの人種構成は複雑で，肌の色の典型は白色，黒色，褐色（メスティソ：先住民と白人の混血から生まれた）である．この人種構成を統計数値で確

認するのは容易でない．というのも，1912年の国勢調査以来，民族や肌の色に関する記入欄がなかったからである．それでもコロンビアの人種構成を身体的，言語的，社会経済的指標の組み合わせで統計的に処理する試みに挑戦した人もいる[29]．コロンビアは，ボリビア，グアテマラ，メキシコ，それにペルーなどの国々と異なり，規模の大きい先住民集団はいない．パブロ・ビラの研究によると，1942年のコロンビア人口で先住民の占める割合は2％以下であった．一方，白人は26％，メスティソは46％，ムラートは22％，黒人は4％であった[30]．

上記の比率はあくまで概算であり，不確定要因としては，例えば先住民であっても流暢なスペイン語を話したり，特定の地方に根づいたメスティソ文化に染まっていれば先住民とは見なされない[31]．また逆に，外観は白人的特徴を有する人でもその地域における社会的，経済的地位が低ければ，先住民と見なされた可能性もある[32]．人種構成のデータは，必ずしも身体的特徴による分類とは整合せず，文化的融合の親密度を反映しているわけではない．

ここでは最後に，植民地時代の社会規範といえる階級構造と人種のリンクについて述べておこう．社会は完全に2極化されており，上層階級には白人種でスペイン本国出身者，および両親がスペイン出身者ながら植民地で生まれ育った子孫たち（クリオーリョ）で占められ，中産階級はなく，下層階級にその他の人種が位置づけられた．ヴァーノン・L・フルハティの鋭い観察によれば，「コロンビアでは白人である限り，差別は意識されなかった．フンボルトの報告以後もアメリカ大陸スペイン植民地領内での白人優位の統治体制は変わっていない．皮膚の色がその人の社会的な居場所を決定する」と述べた．それは現在についてもいえることで，コロンビアでは白人的要素を備えた人物や集団が国を統治し，重大な決断を下すのである[33]．

## 3. 地　勢

コロンビアは北緯12度30分と南緯4度13分の間に位置する南米大陸の最北西部に位置し，国土のほとんどは赤道帯内にある．面積は114万km$^2$で，ドイツの2倍，あるいはフランス，スペイン，ポルトガルを合わせた面積に匹敵する．

アンデス山脈の北端を形成する高地が国土の西側，面積で2/5を占め，そこに人口が集中している．大西洋沿岸部にも人口が過剰に集中しているが，国土の3/5は過疎でさらなる入植者が待たれる[34]．コロンビアは南米で唯一，大西洋と太平洋の2つの海に面した海岸線を持つ国で，この海岸線に沿って鬱蒼とした熱帯ジャングルと険しい山が伸びている．

　アンデス山脈の存在がコロンビアの地形を特徴づけているが，南側から北に伸びてくるアンデス山脈は，コロンビア領に入ると，西山脈，中央山脈，東山脈の3本に分かれ，国土を大きく，アンデス地域，東平原，そして海岸低地の3地域に分けている．国境で3本に分かれた山脈はさらに北に向かってほぼ平行に伸びており，万年雪の山頂や活火山がある変化に富む起伏の原資となっている．これら山脈に沿った幅のある渓谷にはマグダレナ川とカウカ川が流れており，この2つの川は「国の真のライフラインで，カウカ川がマグダレナ川と平原部で合流した直後にカリブ海に流れ込む」[35]．

　3本の山脈のうち，中央山脈の平均高度が一番高い．その中の最高峰は活火山のウィラ山で海抜5450ｍもある．延長800kmにも及ぶ，万年雪に覆われた火山の列は結晶質の岩石でできており，また海抜3300ｍ地点より下には山と山の間を横切る峠はない．この中央山脈はさらに北に向かうと，最後はカリブ海沿岸にまで降下するより小さないくつかの山系に分かれる．コロンビア第2の都市で成長も著しい経済の中心地メデリン市は，この自然環境にあって比較的小さな盆地に位置している[36]．

　東山脈は標高平均は2400〜2700ｍと比較的低いが幅広くまた長い．大小多数の盆地があり，定住地としても集約的な生産地として経済活動にも適している．北に向かうと2つの山系に分かれ，1つはカリブ海のほうに降下していき，他方は北東に曲がって最後はベネズエラにまで達する．クンディナマルカというやや高度があり土地も肥沃な盆地にチブチャ語を話した先住民共同体があった．この同じ語族に属した先住民集団は部族単位の連盟組織で，16世紀までに比較的高水準の文化的発展を遂げていた．海抜2630ｍのチブチャ人の中心地にスペイン人たちは新植民都市サンタ・フェ・デ・ボゴタの基礎を築いた[37]．征服者ゴンサロ・ヒメネス・デ・ケサダと彼の部下たちは，「エメラルドと埋蔵された宝，山や湖の手近なところに金があり，墓の下にも黄金製品が隠され

ているというエル・ドラドを求めて，『黄金色の人間』が住むというサバナ・デ・ボゴタ（訳者注：ボゴタ市の初期名称）に辿り着いた」と記した[38]．

西山脈は長さが一番短く，標高平均も一番低い．中央山脈とはカウカ川の流れる深い地溝によって分けられている．ここにあるコロンビア第3の大都市カリ市は山々に挟まれた海抜1000mの峠部分に位置している．山脈全体の標高が低く，温帯性植物が鬱蒼と繁る森林でおおわれており，さらに西側斜面では植生が熱帯性密林に変わる[39]．

これらのほかにアンデス山脈系からは独立した山地として，北コロンビアを占めるシエラ・ネバダ・デ・サンタ・マルタ山地，パナマとの国境線を形成するセラニア・デル・ダリエン山地，ボゴタ市南のセラニア・デ・ラ・マカレナ山地，そして大西洋沿岸と太平洋沿岸近くにいくつかの小さな山系がある．

アンデス山脈の東側に，国土の2/3を占める東平原地域があり，アマゾニアの巨大な密林の周辺地域と繋がっている．人口はまばらで，国の経済的・文化的発展に重要な役割を果たしたことは一度もなかった．平原部北側は草地で，大規模な牛放牧に適している．しかし気温は高く，病原菌を持った蚊が発生することでこの地に魅力を感じる人はあまりいない[40]．東平原地域の南側はアマゾニアのジャングルと繋がっている．飛行機以外に内陸同士を結ぶ交通手段は全くなく，誰もあえて足を踏み入れることはない．未開同然のこの地域への植民計画など皆無である．

西側にカウカ渓谷，東側には長く水量豊かなマグダレナ川の渓谷を有する中央山脈は「文字通りコロンビアの背骨」と描写されてきた[41]．植民地時代はマグダレナ川を船で航行するのが内陸地方間の唯一の交通手段だったし，そもそもスペイン人征服者たちも川に沿って内陸部を移動したのだった．渓谷地域は人口密度も高く集中しているが，その理由は発達した交通手段と気候が好ましいものであったからだ．植民地時代はマグダレナ盆地，カウカ渓谷，並びにサバナ・デ・ボゴタだけで「98.2％のコロンビア人が生まれ，生活し，死んでいる」とされた[42]．残りの1.8％の人々は国土の60％を占めるアンデス山脈の東側の270,500平方マイルに及ぶ広大な地域に住んでいた．しかしアンデス山脈地域の人口密度は1平方マイル当たり57.3人であるのに対し，東平原地域では0.68人にすぎない[43]．

## 4. 気　候

　コロンビアは熱帯気候帯に属するが，気温は標高によっても左右される．高度差のあるコロンビアの気候は一般に「垂直現象」の産物だといわれている．つまり海抜ゼロメートルに近い湿潤あるいは乾燥した地域は，赤道に近いこともあり熱帯であるが，一方では常に寒いアンデス地域も同時に存在する．季節的な気候変動は，気温の上下よりもむしろ雨量によって変化する．雨季は「冬」で，乾季は「夏」だと定義される．

　北緯8度より北のカリブ海沿岸平野部では4月から11月の約8か月間が雨季で，12月から3月までが乾季である．この緯度より南の地域では6月と7月の短期間が雨季にあたる．太平洋岸低地――とりわけその北部――においてはほとんど乾季というものがなく，1年中雨が降り，年間雨量は10,000mmに達する．おそらくアメリカ大陸全体の熱帯地域の中でも最も湿潤で降雨量も多い場所で，年間降雨量が約200mmしかないグアヒラ半島と著しく対照的である[44]．

　複雑な地形と多様な気象条件の組み合わせで，コロンビアはユニークで変化に富んだ自然環境を持つ国となっている．一般に大きく高温帯（ティエラ・カリエンテ＝海抜1000m以下），温帯（ティエラ・テンプラーダ＝海抜1000～2000m），寒帯（ティエラ・フリア＝海抜2000～3000m）に分けられる．寒帯よりもさらに高度のある地域は寒冷地（パラモ）と呼ばれ，不毛のツンドラ大地と万年雪を抱く山に占められている．概算で人口の40％は乾燥あるいは湿潤な高温帯に，36％が温帯に，そして24％が寒帯に住むとされている．気候区分による産業構造の違いも明白で，温帯や寒帯であまり湿潤でない地域で工業が集中的に発展し，農業は高温帯に属する海岸線近くや低地平野で発展した[45]．

　住民の人種的特性と定住地の気候条件を関連づけた記述は古くからある．例えばカルロス・サウェルはアンデス山脈を南から北に移動しながら地形学上の変化と住民の変化を関連づけて次のように記述した．

　キトからポパヤンに至る沿岸部は海抜約1～12,000フィート（訳者注：

3300～4000m) の冷たい霧雨が降る高原地帯と低地平野部が交互に現れ，高原地帯には先住民が住み，低地平原地帯では黒人が住む[46]．

ルイ・ロペス・デ・メサは以下のような観察記録を残した．

> カリブ海沿岸にあるリオ・アチャからエクアドルとの国境近くにあるイピアレスの2点を，地形を若干考慮して波型に線を引いてみると，コロンビアの人種圏を大別できる．すなわち，線の東側ではメスティソ人口が優勢で，西側はムラート人口が多い[47]．

このように気候と住民の人種を関連づけた記述は大雑把すぎるように思えるが，地理的条件と住民の人種区分にある程度相互関係があることは事実として受け止めるべきだろう．日本人移民がブエナベントゥラ港に到着後，失望感を抱いて「我々は港であまりにも多くの黒人を見て驚き，アフリカに着いたのかと思った」と記述していた[48]．

人類学者キャサリン・ロモリはコロンビアの地勢と気候，そして住民の顕著な多様性について次のようにまとめている．

> コロンビアは別世界である．山はより高く，ジャングルはより深い．夏はより寒く，冬はより暖かい．社会はより洗練されているが一方では中世然とした小作人がいる．極端と矛盾の織り成す世界．我々のような人類学者は一歩も国外に出ることなく，ほとんどすべての人類の物語を研究することができる[49]．

このロモリの観察のとおり，コロンビアは極端と矛盾のメドレー・リレーで動いてきた国なのである．

## 5. 資　源

　多様な気候と標高の差異，そして土壌の違いから，コロンビアは実に多様な植物相を育み，その結果が豊富な動物相にも反映されている．緯度を指標にしての生育している植物種の精緻な分類も可能だが，ここではやや大雑把に把握しておこう．海に面した沿岸低地ではマングローブの生える沼地や熱帯雨林がある．森林にはマホガニー，松，ブラジルウッド，クルミ，オーク，杉，多品種あるヤシの木などがある．熱帯雨林保護区ではこれら代表的な樹木のほかに，薬効のある植物根や樹液を持つ低木，バルサム，バニラ，ゴムやその他の樹脂，ジビジビのようななめし剤，マングローブ樹皮，メスキート豆，それに野菜の象牙と一般に称されるゾウゲヤシの種子などが採取できる[50]．

　食材となる植物についても垂直型の変化に富む気候や多様な土壌成分の違いから実にバラエティーに富むものを提供している．先住民時代からの伝統的食材としてはジャガイモ，トウモロコシ，豆類，キャッサバ，それに果物類があるが，これらの生産はほとんどが国内消費市場向けのものだ．ちなみに植民地時代の主要輸出品といえば，各種貴金属製品とある種の綿糸の生産に限られた[51]．1920年代になるとコロンビアはコーヒーの世界で主要な輸出国になっていた．同じ時期に他の2つの産品——すなわち石油とバナナ——でも国際貿易の主役となっていた．それら3つの生産品の最大の輸出先が米国だった．しかし1928年に勃発する米国資本のユナイテッド・フルーツ社経営陣に対する労使紛争やストライキの結果バナナ産業は衰退し，輸出量でももう主要ではなくなった．このときからコロンビアの農業経済は唯一，コーヒーの輸出に頼らざるをえなくなった[52]．

　コロンビアは鉱物資源にも恵まれている．歴史的にも金，銀，そしてエメラルドの産出国として知られ，常に外国貿易の主役であった．石油と石炭の埋蔵量も十分すぎるほどあるが，ただし石炭は産業界で求められる高品位な冶金用燃料には適していない．ほかに石灰石，岩塩，石英，錫，銅など多くの天然資

源の埋蔵量は多く，ほかの国々から羨ましく思われるほどに潜在的開発の可能性を秘めている[53]．しかしながら，存在するすべての鉱物資源，水力発電の可能な多くの川，灌漑が容易で様々な集約農業に好都合な地形に富む場所，多様な気候，といった国土の積極的な評価に対峙する負の評価——すなわち，土壌を浸食する激しい熱帯性の降雨，極端から極端に揺れる気候，疫病の蔓延，生産と消費の遠隔地同士を繋ぐ流通網の未整備といったもの——を公平に天秤にかけると，けっして楽観視できるものではない．そして随時発生する環境災害が人々の定住可能な場所を著しく狭めている[54]．

　1930年代まで鉱物資源とエネルギー資源のほとんどは開発されなかった．また輸送網も未整備のままだった[55]．この流通網や交通手段のないことが国土に孤立した地域や都市を残し，また人の住まない無人の飛び地をあちこちに生んだ．唯一，マグダレナ川が植民地時代から1950年代まで人的・物的交流の輸送幹線であった．このほかにといえば，1919年に設立され，ドイツの管理下にあったスカッタ航空が大西洋沿岸と内陸部の交通を担うようになっていた[56]．ブラジルを除いては，南米で最も多様な天然資源に恵まれた豊かな国であるのが事実としても，コロンビアの問題はそういった眠る資源を有効に利用することが難しい国だとの認識が一般的だ[57]．

　なぜに流通網が未整備のままに残されてきたかを歴史的に振り返ってみよう．最初のスペイン人征服者たちが到来した頃，大西洋沿岸や山脈沿いに散らばって存在した先住民共同体はどれも小規模で，遊牧あるいは半遊牧生活を送っていた集団は非常に辺鄙な場所を拠点としていた[58]．政治的に最も強大だったとされるチブチャ人やタイロナ人共同体でさえも，南米のインカ，中米のマヤ，メキシコのアステカのように中央集権化された政治力や経済力を持たなかった．より小規模な先住民共同体は地理的に孤立した場所を好んで占有し，移動や交通，コミュニケーションのために川を利用した．つまり川以外に外界とのコミュニケーション手段を持たなかったということだ．16世紀以降の植民地時代，スペイン王室は様々な制限を設け，アメリカ大陸の副王領同士の商業も，ひとつの副王領内での流通促進のための交通網整備も禁じ，また副王領より小さな「総督領」においては経済発展さえ望まなかった．一方，エンコミエンダ制度の導入で広大な農園単位＝アシエンダに分割統治させたため，自給自

足体制が整えば十分と考えたため，アシエンダ同士を繋ぐコミュニケーションと流通・輸送網の開発は優先事項ではなかった．植民地時代のコロンビアにおいては，首都も地方も孤立していたのである．

この情況に大きな変化をもたらした要因はコーヒーのブームであり，適切な輸送手段が突如に開発の優先事項となったのだ．1914年のパナマ運河開通後でも，1916年段階ではコーヒーはまだマグダレナ川経由で河口まで運ばれ，カリブ海沿岸の港から国外用に船積みされた．しかしパナマ運河開通後から主要経路が段々に変わり，ブエナベントゥラ港を通過するようになった．1944年には輸出用コーヒー豆の60％がブエナベントゥラ港に届くようになっていた[59]．

1922年にペドロ・ネル・オスピーナがコロンビア大統領となった．オスピーナ政権の注目すべき革命的な政権運営方法として挙げられるのは，主として米国の金融資本から巨額な借金をしてまで国土開発に投資したことだ．コロンビア政府は1903年のパナマ地峡介入への賠償金として1922年以降に2500万ドルの現金を入手していたが，増加する外国資本の国内流入のさらなる促進の必要性と第1次世界大戦後の世界市場の再活性化情況を分析し，経済発展の好機でうまくいけば負債が増大しても返却も可能だと判断した．確かにオスピーナ政権時代に農業，工業，商業，教育，公衆衛生，公共事業各部門の予算規模は急増した[60]．

公共事業予算の大半は，主力産業となっていたコーヒー豆の輸出を円滑にするための流通網改善に充てられた．その開発の努力はコロンビア西部に集中し，太平洋岸へのアクセスを容易なものにすることだった．1930年になってパシフィック・カルダス・アンド・アンテオキア鉄道会社が西部の輸送網を築き，国内の最も重要なコーヒー生産地をブエナベントゥラ港と結びつけた[61]．したがって輸送システムの発展とは，国際的なコーヒー市場と国内のコーヒー豆生産地を太平洋経由で繋げることだったのである．ここで指摘しておきたいのは，コロンビア国内の農民すべてがコーヒー豆の生産に従事していたわけではなかったこと，そして一歩前進ではあったが，国内でもひどく孤立した地域のすべてに交通網整備の恩恵をもたらすものまでにはならなかったことである．

コロンビアの紹介の仕方としてここまでの記述は包括的なものではない．20世紀初めの30年間の特徴を明らかにしようとしたものである．この期間はま

た日本人移民が問題となった時期と重なる．つまり本章の目的は，住民，地勢，気候，資源といった未来の移民が考慮する重要な要件に関する受入国コロンビアの考え方を明らかにすることである．人が生まれた祖国を去ることを選択する場合，それは他の地でより大きな成功の機会が待っているからである．受入国の提示する条件がよければ日本にいるよりも日々の生活の質が高まるとの期待も出てくる．しかし祖国からの移住は必ずしも黄金の牧草地への旅を意味するものではない．移民法は移民を歓迎する一方，拒否する目的でも制定される．移民法は移民を制限し，移民を選択するために制定されている．加えてこのような法律は，政治的主権の再確認，国内外での政治的利益の追求，そして民族的人種的アイデンティティーを定めるために使われることがある．コロンビアでは，移民法は移民を選択する手段として使われ，その選択がコロンビアの人種問題の改善に繋がったり，コロンビアの文化的アイデンティティーが強化されるという国家目的に貢献する人材の確保という目的を持っていた．

## 6. 移 民 法

　16世紀から新しくイベリア半島の2大王国領となった中南米に移住するのは容易なことではなく，常にスペインやポルトガル政府によって規制されていた．そして300年あるいはそれ以上の年月を植民地という本国への服従を絶対条件とした地位を経て，国家独立という悲願を成し遂げたとき，海外からの移住者が新生国家の経済的発展に貢献するものと考え，移民を歓迎した．しかしながら19世紀のほぼ全期間にわたって次々と起きた内乱で国土は荒廃し，為政者は常時紛争解決という国内問題に没頭せねばならず，その優先度も高かった．したがってコロンビアへの国外からの移住を促すような政策を定めて実施するような余裕はなかった．

　しかしいったん政権が安定すると，政府は移住奨励のための法的整備に力を注いだ．コロンビア共和国議会は，1886, 1888, 1894, 1920, 1922, 1926, 1927, 1928, 1931年と次々に移民促進環境を整備する法的対応で合意してきた．1894年の国会では以後毎年15万コロンビア・ペソの予算を移民政策実施のために

割り当てる法案を採決していた．また1926年には移住と生産活動実施のための国有地分譲を一元的に扱う特別な部局を行政府内に設けた．この延長で1943年には移民および在留外国人問題を一括して扱う省庁を創立した．この「在留外国人省」は外務省と緊密な連絡を保つことが大前提となっていた[62]．

しかし，こういった経過があるにもかかわらず，多くの法令制定や布告の発布がどれも海外からの移住を有効に促すためのものだったとも言いがたい．国会で承認された法律が「移住を奨励するよりも，思いとどまらせる手段」だったとポサダ・カルボは結論づけている．移民政策を推進するための予算が計上されたが，現実には執行できる財源が国庫になかった．加えて，特定の民族集団の移民を制限したり，渡航してきた移民への経済的援助に反対するなど，移民促進のための法を骨抜きにしてきた[63]．

1886年にコロンビア共和国憲法が発布された後，1888年の法令第145号にて政府が必要と認めた外国人すべてに，出身，人種，信仰する宗教に関係なく帰化を許可する方針を明確にした[64]．移住に関連する細則は1908年の布告第1258号で定められ，さらに1年後の1909年発行の布告第496号で修正が加えられた．この布告第496号の第4条に「移民」が定義され，どのような外国人であれ，コロンビアで生計を立てるために入国し，入国時の満年齢が10歳以上60歳以下の者を「移民」と見なした．また同じ条項では，働く目的で入国するが移民ではないという人は入国手続きを行う管理事務所でその旨を告知しなければならない，と明記している．この条項は，自由意志による移民と，契約によって政府または民間企業のために働く目的で入国する期限付き労働者と見なされるべき人を明確に区別した．

19世紀から政府は移民による国土開発を奨励するために，実に多くの法令を承認してきた．1845, 1847, 1870, 1871, 1872年と続いたが，1876年には広大な公有の未開墾地を私有地化することを可能にする法令が承認された[65]．さらに1909年になってからは政府一丸となって移民を国際社会から募集する努力を倍増させたようだ．政府の関心は主として農業，鉱業，公共事業に従事する労働者の増強だった．移民には報奨金が用意され，また移民を斡旋した者にも奨励金が与えられた．政府はとりわけヨーロッパからの白人移民を欲しがった．そのため1926年に法令第74号を国会承認させた．この法令の第46条は，ヨー

ロッパからの移民で農業させることができる個人あるいは企業に対し，移民本人1人当たり30ペソ，その妻と子供に対しては1人当たり15ペソの奨励金を与えるという内容だった．すでに1909年の布告第496号第9条では開拓移民とその家族に対する恩恵として，到着港から入植予定地までの公共交通利用交通費を無料とし，租税免除，兵役義務の免除，経済的援助，公有の未開墾地を無料分割すること，などを明記していたが，それらをより魅力的なものにした．政府は特に農業分野での移民に対し，法令や布告の見直しでより魅力的な条件を積み重ねてきた．1922年の法令第114号第12条，1926年の法令第74号第46条，並びに1928年の布告第839号はその典型で，公有地の分譲を誘致の魅力として訴え続けた[66]．さらに1927年の布告第1357号では国内の移民導入計画に寄与する研究の重要性を明記した[67]．

　ここまでに移民に関連する法規を羅列したので，政府は海外からの移住促進のために努力を惜しまなかったような印象を受ける．しかし，いかに移民に好意的な政策でも，財源がなければ実施不可能であり，実際は文面上だけのことが多かった．1931年にブエノスアイレスに赴任していたコロンビアの特別派遣大臣が，オーストリア農民の移民の可能性を検討するために情報を収集した．コロンビアの産業省大臣は，未開拓の公有地を無料分譲する政策を含め同時代のすべての優遇措置について返答してきた．その中で補助金については次のようにコメントされていた．「（補助金を）与えることはできない．なぜならその措置を実行するための予算は半分に減らされており，その半分になった予算の使途はすでにすべて割り当てられている」[68]．

　最初の移民統括局は1909年の布告第496号によって公共事業省の一部局として誕生した．しかし1922年前には農業商業省に移管され（1922年の法令第114号第2条），さらに1927年には産業省に移管された（1927年の法令第89号第3条）．そして1年後の1928年の布告第2052号により，移民に関する事柄は内容別に3つの異なる省庁——行政省，産業省，外務省——が扱うこととなった．行政省は好ましくない外国人に対する監視と追放処分を担当した（第3条）．産業省は包括的な移民管理業務を負い，国外に派遣された領事は移民に関しては常時産業省事務局に情報提供し，相談するものとされた．移民に対するビザの発給の是非判断も産業省の管轄になった（第1条）．外務省は，移民という身分以

外で入国するすべての外国人への対応を担当した（第2条）.

　日本人移民の最初の集団がビザを申請したとき，横浜にいたコロンビア領事は却下した．ボゴタ市の産業省の指令によるものだった．それまで日本，コロンビア両国の間に立って段取りを組んできた日本の移民業務取扱会社はこの予想外の拒否にうろたえ，在ペルー日本大使館の元一等書記官でちょうど日本に帰国中だった甘利造次（アマリ・ゾウジ）に助けを求めた[69]．甘利は日本への帰国前に外務大臣カルロス・ウリベ・コルドベス（任期：1927～29）と会うためにボゴタ市を訪れていて知己の間柄だった．甘利は情況の深刻さや関係者すべてが受けるダメージの大きさ，未開墾の土地が有効利用されない損失や，移住のために日本の住居などすべてを売り払った日本人家族の計り知れない苦悩，などを訴えた電報をウリベ宛に送った．甘利はこの電報が真摯に読まれることに自信があったようだ[70]．ともかくも送信した翌日にはコロンビアのウリベ大臣からの返信が届き，日本側の手続きが却下されない方向で問題解決を図るというものだった[71]．

　横浜在住のコロンビア領事カルロス・クエルボ・ボルダ（任期：1927～35）は本国政府の矛盾する指令に混乱した．この件が発生する数週間前に米国ワシントンのコロンビア公使館からニューヨークの領事館経由で日本人にはビザを発給しないようにとの指令を受けていた．クエルボ領事には移民ビザ申請を外交問題に発展しないように慇懃に扱い，最後には却下するよう求められ，また日本人申請者にはこのようなコロンビア本国政府からの指令があったことを秘密にしておくようにもいわれた．その後でクエルボは産業省から最初の日本人移民集団にビザを発給しないようにという命令書を受け取ったのである．だが，その数日後に，今度は外務省からビザを発行するようにと促す指令を受けたのだ[72]．しかも外務省の指令では移民ビザではなく普通の旅行者用のビザで渡航させよというものだった．行政担当者の柔軟な法解釈による対応は感謝に値するもので問題が解決した．しかし，これで最初の日本人移民たちは，他の国からの移民集団には提供された租税免除，補助金，公有地の分譲といった優遇措置を一切受けることも申請することもできなくなった．

　クエルボ領事はウリベ外務大臣に対し，19人の日本人にビザを発給した際，どのように振る舞ったかを以下のように報告している．

彼らの署名したオリジナルのコピーを同封します．彼らは租税免除の権利を有さないし，またコロンビアに定住する移民に対してコロンビアの法律が認めているいかなる恩恵も請求することはできません[73]．

付け加えればこの一件で外務省は産業省より上位の省庁であることも誇示できた．すべての外交官は産業省ではなく外務省の指揮系統下にあり，領事もまた直属の上司の指示に従うものなのである．

外務省はビザを移民から訪問者に変えることで外交問題に拡大するのを阻止した．外務省は上陸地点で外国人の移民扱いに何らかのトラブルが想定できる場合，移民ではなく単なる旅行者あるいは訪問者として処することで入国を許可する形でしのいできた[74]．外国人の入国条件は大きく3種類に分類できる．「短期滞在者」とは1回の旅行でコロンビアに入国し途中で他国を訪問することなく出国していく者に与えられる．いかなる許可も事前に得ずに入国しようとし，数日間のみの滞在が許可された旅行者もこの範疇に入る．「訪問者」とは，遊びであったり，気分転換であったり，勉強であったり何かの目的達成のために入国するが，滞在期間中にいかなる種類の仕事に就く意思のない者のことで，ビザを申請する必要があった．「居住者」は個人の努力で商売を始めたり起業したり産業を興したりしながらその収入で生計を立てて暮らすために入国する者である．移民はこの「居住者」にあたり，ビザを申請しなければならなかった．最初の日本人コロンビア移民集団は「訪問者」としてのビザで入国許可を得たものである．

1931年の布告第2232号によって移民の国別割当制度が導入された[75]．自由党のエンリケ・オラヤ・エレラ大統領（任期：1930～34）政権はブルガリア，中国，ギリシャ，レバノン，リトアニア，パレスチナ，ポーランド，ルーマニア，ソ連，シリア，トルコ，それにユーゴスラビア出身の移民希望者に対し割当制度を適用した．1932年12月27日発行の布告第2247号では，これらの国々の移民割当数は5人または10人という具体的な制限を数字で示した．しかしこの割当制度は日本人に適用されるものではなかった．1908年に調印された2国間条約がまだ有効で，その中に明記されている条件では，両国の市民は両国間を自由に移住し，定住することが許されていた．

しかしながらコロンビア側の実態としては，このような国別の割当制度が導入される以前から長年にわたって，日本人のコロンビア移住を阻止する様々な手段を講じていた．例えば，1929年9月に横浜のコロンビア領事は本国の産業省大臣から「黄色人種」やソ連，シリア，ポーランド出身の移民希望者にビザの発給を控えるようにとの指示を受けた[76]．

横浜の領事は日本人に対する制限に関してより詳細な説明を求めたが，産業省の応対はよりはっきりと日本人移民を制限するという具体的な文言に変わった．この指令は，1908年に調印され施行されてきた条約の第3条に抵触するため，領事は外務省に電報を送った．その後，1931年9月にも同領事は中国，ソ連，並びに日本人移民の制限についての詳細と明確な支持を求める電文を再度送付した．その返答は，中国とソ連の申請者に対しては法規に照らし合わせて手続きを進めるべきというものだったが，日本人に関しては入国許可の発行は「できるだけ控えるように」というもので，領事には1908年の条約の破棄とまで思わせるものだった[77]．カウカ県への日本人移民第3次集団が入国して1年後に米国大使館付武官は，「コロンビア政府は現在は明らかにカウカ渓谷での入植目的で渡航してくる日本人に移民ビザ発行を拒否している」と報告している[78]．

つまり，すでにコロンビアに定住した日本人移民が業務拡大のために親戚や友人を呼び寄せることが難しくなったことを意味した．

1935年に第3次日本人移民集団から入国税が課せられることになった．最も安い等級の船室を使って渡航してくるような貧しい船客の下船を思いとどませるためにか，コロンビア政府は1933年に税法第1060号を公布し，外国人訪問者は上陸地で合計100ペソを支払うものとしていた．この納付金は，支払った人がコロンビアを去るとき，あるいは1年以上コロンビアに定住していたことが証明できた者には返金された．日本の移民業務取扱会社は，斡旋する日本人は皆移民であるという理由で入国税の免除を申請した．しかしコロンビア政府はその要求を拒否した．免税待遇が受けられなかったことと他の要因が相まって，横浜のコロンビア領事館の認可書類発行が予想外に遅れ，第3次日本人移民集団の出港は当初の7月出発から大幅に遅れて9月になった[79]．

1920年に移民を別種の目的で制限する法令第48号が公布され，以下に該当する人物は入国を拒否されることとなった，

結核，ハンセン病，トラコーマ（訳者注：トラホームの旧名．以下同．）のような伝染性の病原菌を持つ者，すべての知的障害者，精神異常者，犯罪もしくは卑劣な違法行為などで逮捕され，有罪の判決を受けた者，思想的に無政府主義者，共産主義者，あるいは反政府活動に関わった経歴を持つ者[80]

第3次日本人移民集団が1935年にコロンビアに到着したとき，5人家族の父親が目の感染症であるトラコーマ（トラホーム）を患っていたため，出入国管理事務所は家族全員のブエナベントゥラ港上陸を拒否したが，この判断には法的根拠があったことになる[81]．

その後，2年も経たないうちに別の制限を設ける法令第114号が1922年に議会で承認された．人種区分に基づいて，コロンビア人の身体的，精神的発展に不適と見なされたものを除外するという内容で，その第1条は次のように表現していた．

国の経済的，知的発展を促進し，また人種構成を身体的，精神的に改善する目的で行政当局は個人および家族単位での移住民受入を奨励するが，該当者がわが国の社会的秩序に照らし合わせて，個人的あるいは人種的理由から潜在的犯罪者として監視の対象になったり，そうなる可能性があってはならない．移民は，土地を耕し，新しい産業を興し，科学技術の成果や芸術的資質を取り入れ，概して啓蒙的で進歩的な要素を持ち，みずからの存在をより善きものに高める意思を持つ人材である限りにおいて受け入れられる．

同法令の第11条では，国外の領事館に対し，人種的な理由で警戒の対象となるような個人に対してビザを発給してはならないと繰り返し述べ，以下の文言を明記している．

民族性，人種，あるいは社会性において，市民としての身分や人種ごとに考えられる最善の発展目標を考慮したときにふさわしくない移民

に対しては入国を拒否し続ける[82]．

　この法令条文の中で，望ましくないと考える皮膚の色の人種名や民族集団名は明記されていない．しかし政府の期待するものがどのようなものかは，はっきりと示すことができる．その第1点は，コロンビアの先住民の存在を人種的に改良すること．第2点は農業専従者，商業や工業を発展させる投資家，そして科学技術と芸術性を発展させる人材の誘致，ということだ．さて，日本人移民はこれらの条件を満たすことができたのであろうか，農業専従者が最も必要とされる無人の未墾地に入植し，しかも「人種的に適合している」と信じさせることができたのであろうか．この時代，おそらくコロンビアのエリート層の大多数はまだヨーロッパ生まれの実証主義と生物的決定論から導かれた理論の呪縛から，メスティソ，黒人，それに先住民など有色人種は人種的に下等な存在と信じていたはずだ．

　1922年の法令第114号が公布される2年前に，国立医学アカデミー主催の全国医学々会がカルタヘナで開催され，その論文集が出版された．学会に提出された発表論文を読むと，全体にコロンビアの社会的優劣を人種的に改善する最良の方法は白人人種との混血を推進することと固く信じられていたことがわかる．そしてこの国の有識者全体の意識を反映させるように，「わが国の国民を再生させるに最もふさわしい人種は白人である」と宣言していた[83]．学会開催中，社会学者や医師たちは，文化的，病理学的論拠を用いて，黒人や黄色人種の劣等性を証明しようとした．そしてこの全国医学アカデミーが政治家に影響を及ぼした成果として，1922年に法令第114号が国会で成立したとみるべきだろう．しかしながらこのような考え方は中南米では20世紀に始まったことではないことも想い起こしてほしい．進歩への唯一の道は，国内に先住する労働者たちに代わる，大規模なヨーロッパからの移民を利用することであると支配階級の多くは確信していた．ヨーロッパからの移民は，すでに混血化している社会をより「白くする」手段であり，この混血のプロセスで有色人種の劣性因子が消去されていくとの期待を抱いていた．

　コロンビアは非常に移民を必要とし，特に農業分野での専従者は歓迎だった．それにもかかわらず，ある特定の国籍を持つ者や特定の人種に対する制約が

あった．その制約は法律で明記されている以上の暗黙知として存在した．例えば1931年に導入された割当制度は，中国人を名指しで制限対象としていたが，実態は「黄色人種すべて」，あるいはアジア系移民全体を意味していた．同様に割当制度の対象として黒人については一言も触れていないが，現実には全く歓迎されない存在で，一時的な季節労働者としてのみ許された．

ブラジルのマナウス在住コロンビア領事が自国政府に送った報告書は，コロンビアの農業事情改善が重要と考え，そのために移民労働者が必要で，黄色人種も黒人人種もともに熱帯性気候に簡単に慣れるだろう，とのレトリックを使っていたが，本音の主張をあらわにした文言もあり，そこでは「いかなる状況になってもコロンビアは黒人移民を受け入れてはならない．なぜなら，黒人との混血の子孫は，凶暴性，犯罪性，そして精神的並びに道徳的な退廃を特徴とするからである」としている[84]．

問題は，世界各国に赴任した領事たちがどの程度まで移民政策や方向性に影響を与えたかという点にもある．1909年の布告第496号で規定した領事たちの移住促進の義務や責任範囲は，その後1922年の法令第114号第3条によってより強化された．ここで領事たちは赴任国のコロンビア移住希望者が求めるコロンビアに関するどのような情報でも提供する義務を負った．しかしながら，領事たちの白人以外の移民は最小限にしておきたいという狭量な暗黙知の増産を国益よりも優先したことも確かである．以下に述べる，日本に赴任したマシアス領事の事例は，領事の偏見と先入観にとらわれた態度が実質的に移民計画を止めたり，ぶち壊すことも可能であったことを示すものである．

神戸在住の領事ホセ・マシアス（任期：1923〜26）が赴任末期に，コロンビア人起業家と日本の移民業務取扱会社双方から，かなりの数の日本人をコロンビア太平洋沿岸地域に移住させるという共同移民事業の申請を受けたが，マシアスは無視して放っておいた．6か月以上経って，マシアス領事は人事異動でボゴタ市に召還され，そこで外務大臣ホルヘ・ベレスに対して申請書を放置していたことを釈明する機会が与えられた．そこでマシアスは次のように述べた．

> 私は非常に忙しかったのでまず時間内に必要な情報を申請者に提供できなかった．……（中略）……私はこの不可解な国のことはよくわか

> らないが，コロンビアにとって日本人の移民は有益でないことを貴下
> に伝えることが私の義務だと信じている[85]．

マシアスは外務大臣への報告の中で，自身の日本人移民に否定的な見解の根拠は何も示さなかった．しかし母国でのマスメディアのインタビューに応じた際に自分の考えを公表した．元駐日領事マシアスはコロンビアへの日本人移民には完全に反対であり，この立場は当時の外務大臣ホルヘ・ベレスの支持があったものと主張した[86]．

> 一般に，日本人は商取引に高潔ではない．偽善的でずるく，意欲とか
> 長期構想に欠ける．彼らはコロンビアの社会環境に順応できないだろ
> う．日本人は人種，宗教，言語，そして生活習慣といった面において
> 我々とは全く異なり，精神構造もおかしい．身体は弱く，病気がちで
> 劣性の隔世遺伝で肉体的にも精神的にも悩まされており，彼らの移民
> の波を止めなくてはならない．またわが国の先住民やメスティソが日
> 本人と混血するとなると，結果はとても悲惨な負のハイブリッド人種
> の登場ということになるだろう[87]．

人種的偏見に満ちたマシアスの日本人移民反対の意見は，それが個人的な信念なのか，社会一般の認識を反映しただけのものかは定かでないが，ともかくも記者のインタビューに答えた内容が地方版と全国版の新聞に掲載された．米国FBIの報告書には，この新聞記事の切り抜きを添付し，「コロンビアへの日本人移民を望まないこの国の世論の大勢を表明するものと信じられる」とまとめている[88]．新聞のインタビュー記事にはマシアス元領事の着物姿の写真も掲載されており，外交官として駐在した国やそこの住民に浴びせた罵倒の文言と対峙する皮肉な表徴となっている．

## 注

1) M. Mörner, *Adventurers and Proletarians: The Story of Migrants in Latin America*, 1985, p.47.
2) 以下の2資料を参照。M.Deas, 'Colombia', in *South America, Central America and the Caribbean*, 1985, p.216.；M.Deas, 'La influencia inglesa y otras influencias en Colombia, 1880-1930', in A.Titado Mejia, ed., *Nueva Historia de Colombia*, vol.3, 1984, p.162.
3) F. Bastos de Ávila, *La Inmigración en América Latina*, 1964, p.15.
4) M. E. Ota Mishima, *Siete Migraciones Japonesas en México, 1890-1978*, 1985(1982), p.42.
5) C. H. Gardiner, *The Japanese and Peru, 1873-1973*, 1975, p.24.
6) NAUS/0SS894.20210/220, RG59, 26 March 1943.
7) JICA『海外移住統計』, no.891, 1994, p.126.
8) 以下の資料を参照。A. Izquierdo, *Memorial sobre Agricultura, presentado por Antonio Izquierdo al Congreso de 1909*, 1909, p.38. A. Izquierdo, Requeza Nacional: El Caucho, 1910, pp.5,75.；『入植三十年記念—コロンビア日本人移民史』, 1964, pp.9〜19.；外務省編『我が国民の海外発展：移住百年の歩み（本編）』, 1971, p.176.；入江寅次『邦人海外発展史』, vol.1, 1938, p.352. 入江はイスキエルドが2人の庭師と1人の大工を連れてコロンビアに帰国したと述べている。しかしながらこの3人のうち川口を除いた残り2人の名前やコロンビア渡航後の消息に関する情報は一切不明。
9) 以下の資料を参照。C. Niño Murcia, *Arquitectura y Estado: Contexto y Significado de las Construcciones del Ministerio de Obras Públicas*, Colombia, 1905-1960, 1991, p.55. 入江『邦人海外発展史』, p.352.
10) Niño Murcia, *Arquitectura y Estado*, p.55. 別に J. Carrasquilla Botero, *Quintas Estancias de Santafé y Bogotá*, 1989, p.223.
11) 以下の資料を参照。L.L.Fawcett, 'Labanese, Palestinians and Syrians in Colombia', in A. Hourani and N. Shehadi, eds., *The Lebanese in the World: A Century of Emigration*, 1992, pp.361-3.；E. Posada-Carbó, *The Colombian Caribbean: A Regional History, 1870-1950*, 1996, pp.188-92.；L. Fawcett and E. Posada-Carbó, 'Arabs and Jews in the development of the Colombian Caribbean, 1850-1950', *Immigrants and Minorities*, vol.16, nos.1-2, March-July, 1997, pp.58-59.；M. Rodriguez Becerra and J. Restrepo Restrepo,' Los empresarios extranjeros de Barranquilla, 1820-1900', in G. Bell Lemus, ed., *El Caribe Colombiano, Selección de Textos Históricos*, 1988, p.140.
12) 塚田千裕『バランキーリャの日系人』, 外交フォーラム, 1991年8月号, pp.86〜90.
13) Diario Oficial, nos.19426-29, 1924年1月8日.
14) Carlos Uribe から Cueruvo Borda に宛てた手紙, 1929年9月28日, MRE；Carlos Uribe から天利に宛てた手紙, 1929年9月28日, DRO/J.2.1.0.X1-CO1.
15) Diario Oficial, 順に nos.13847；1909年11月26日, 18693&18694；1923年1月8日, 20361；1926年12月1日, 20799；1928年5月22日. 加えて次の文献も参照：Policia Nacional, *Codificación de las leyes y disposiciones ejecutivas sobre extranjeros, ordenada por el Ministerio de Gobierno y aumentado con varios documentos de vital importancia*, 1929.
16) DRO/J.1.1.0.X1-VE1.
17) 'Pan American Progress, New Legislation in Venezuela', *Bulletin of the Pan-American*

*Union*, January, 1937.
17) *Recueil des Traités et Conventions entré le Japon et les Puissances Étrangères. Traités bilatéraux, Ministère des Affaires Étrangères*, vo.1, 1936, p.2227.
19) Rogelio Ibarra から外交官田付七太宛の手紙, 1920年11月29日, *Racueil des Traités et Conventions entre le Japon et les Puissances Étrangères*, p.2224収録.
20) パラグアイとの協定は1919年11月17日に署名. 1921年6月1日に批准.
21) T. H. Eriksen, *Us and Them in Modern Societies: Ethnicity and Nationalism in Trinidad, Mauritius and Beyond*, 1992, p.33.
22) Mörner, *Adventurers and Proletarians*, p.10.
23) 同上書, pp.6-13.
24) F. Tannenbaum, *Ten Keys to Latin America*, 1963, pp.48-49.
25) スペイン人とネグロの混血はムラート, インディオとネグロ, あるいはムラートとネグロの混血はサンボ.
26) Deans, 'Colombia', in *South America, Central America, and the Caribbean*, p.215.
27) Mörner, *Race Mixture*, pp.16-19, を参照.
28) 同上書, p.24.
29) 以下の文献を参照. 1852年と1942年の比較人口分布についてはP. Vila, *Nueva Geografía de Colombia: Aspectos Politico, Fisico, Humano y Económico*, 1945, p.142. 1778年から1963年の期間におけるコロンビアの人種別人口動態についてはT. L. Smith, 'The Racial composition of the population of Colombia', *Journal of Inter-American Studies*, vol.8, No.2, 1966年4月号, p.215, 表1を参照.
30) Vila, Nueva *Geografía de Colombia*, p.142.
31) P. L. Van den Berghe, 'Ethnicity and Class in Highland Peru', in L. Despres, ed., *Ethnicity and Resource Competition in Plural Societies*, 1975, pp.78-80.
32) G and A. Reichel-Dolmatoff, *The People of Aritama: The Cultural Personality of a Colombian Mestizo Village*, 1961, pp.132-3.
33) V. L. Fluharty, *Dance of the Millions: Military Rule and the Social Revolution in Colombia*, 1930-1956, 1957, pp.21, 175. ほかにJ. Gunther, *Inside Latin America*, 1941, p.8, A. von Humboldt, *Ensayo Politico sobre el Reino de la Nueva España*, 1966, p.90 なども参照.
34) T. E. Weil et al., *Area Handbook for Colombia*, 1970, p.7.
35) G. Reichel-Dolmatoff. *Colombia*, 1965, p.29.
36) Weil, *Area Handbook for Colombia*, p.9.
37) 同上書.
38) Reichel-Dolmatoff, Colombia, p.18. エル・ドラド (黄金郷) 伝説は, エル・ドラド——すなわち「黄金を塗られた男」という, ある人物の呼称から生まれた. チブチャ人の支配する王国内で細分化されたある地域の行政を担当する首長が交代するとき, 新首長の就任儀式をボヤカ高地にあるグアタビタ湖で執り行うのが習わしだった. 就任予定の新首長は湖畔で丸裸になり, 全身に樹脂塗料を塗られた後, スプレイで金粉を振りかけられる. 次に黄金製品や宝石類を積み込んだいかだに乗せられる. そしてひとり湖の中央にまで漕いでいく. 男は湖に飛び込み, 全身に付着した金粉を洗い流す. そしていかだに積まれた神への供物をすべて水中に投げ込む. 後にスペイン人征服者がこの話を土着

の先住民から聞き出し、豪華絢爛な宝の山を求めてコロンビアの高原地帯を探検するという冒険心を掻き立てた。黄金製のいかだという戴冠儀式の備品がオブジェ化された象徴物が、ボゴタ市にある国立中央銀行付属黄金博物館の考古学コレクションの中にある。

39) Weil, *Area Handbook for Colombia*, p.9.
40) Fluharty, *Dance of Millions*, pp.9-10.
41) 同上書、p.7.
42) W. O. Galbraith, *Colombia, A General Survey*, 1953, p.9. Fluharty も引用している (p.7)。ほかに Weil, *Handbook of Colombia*, p.7 も参照。
43) Fluharty, *Dance of Millions*, pp.8-9.
44) Reichel-Dolmatoff, *Colombia*, p.30.
45) Fluharty, *Dance of Millions*, p.20.
46) R. C. West ed., Andean Reflections.(1942年のロックフェラー財団支援金による南米調査旅行期間に Carl O. Sauer の書いた書簡集), Dellplain Latin American Studies, no.11, 1982, pp.112-13.
47) Smith, 'The Racial Composition of the Population of Colombia', pp.217, 218.
48) コロンビア日系人協会編『コロンビア移住史　五十年の歩み』、パルミラ市、1981年、p.64.
49) K. Romoli, *Colombia: Gateway to South America*, 1941, p.2.
50) 以下の文献を参照。Weil, Area Handbook for Colombia, pp.13-14.; J. Garnett Lomax, Republic of Colombia: Commercial Review and Handbook, 1930, pp.45-49.
51) Deas, 'Colombia', in South America, Central America and the Caribbean, p.215.
52) 以下の文献を参照。J.F. Rippy, *The Capitalists and Colombia*, 1931, pp.29-31, 153.; Fluharty, *Dance of the Millions*, p.15.; C. Abel, 'Colombia, 1930-58', in L. Bethel ed., *The Cambridge History of Latin America*, vol.8, 1991, pp.589-91.
53) Fluharty, pp.13-15. ほかに Weil, *Area Handbook for Colombia*, pp.15-16.
54) Galbraith, *Colombia, A General Survey*, p.89. Fluharty, p.14, に引用あり。
55) A.López, *Problemas Colombianos*, 1927, p.187.
56) Posada-Carbó, *The Colombian Caribbean*, p.148.
57) Abel, '*Colombia, 1930-58*', p.590.
58) Reichell-Dolmatoff, *Colombia*, p.17.
59) Posada-Carbó, *The Colombian Caribbean*, pp.160-1. および同著者の 'El Puerto de Barranquilla: entre el auge exportador y el aislamiento, 1850-1950', *Caravelle*, no.69, 1997, pp.120-2.
60) Fluharty, *Dance of the Millions*, pp.30-32.
61) 以下の文献を参照。R. P. Platt, 'Railroad progress in Colombia', *Geographical Review*, no.16, 1926, p.87.; Deas, 'Colombia', in *South America, Central America and the Caribbean*, p.216.; Posada-Carbó, *The Colombian Caribbean*, p.160.
62) 'Migration', ILR, April-May, 1944, p.520.
63) Posada-Carbó, *The Colombian Caribbean*, pp.181-2.
64) Diario Oficial, no.7619, 1888年12月4日.
65) M. Jimeno Santoyo, 'Los procesos de colonización, Siglo XIX', in A. Tirado Mejia, ed., *Nueva Historia de Colombia*, vol.3, 1984, p.373.
66) Policia Nacional, *Codificación de las leyes y disposiciones ejecutivas sobre extranjeros*,

## 6. 移民法

pp. 34-35, 40, 58-66.

67) Diario Oficial, no.20946, 1928年11月16日.
68) 産業省から外務大臣に宛てた公文書188号, Bogota, 1931年5月11日, MRE.
69) 天利はペルーに日本人移民第1次集団の受入交渉を始めた1898年から中南米との関係を深めていった. 中南米では「献身的な外交官」として知られている. Gardiner, The Japanese and Peru, pp.24, 67, を参照.
70) 甘利から Carlos Uribe 宛の書簡, 1929年9月27日, DRO/J.2.1.0.X1-CO1.
71) Uribe から甘利宛の電信文, 1929年9月28日, DRO/J.2.1.0.X1-C01. Uribe から横浜領事に宛てた電信文, 1929年9月28日, MRE.
72) Carlos Cuervo Borda から当時のメキシコで特命全権大使職にあった父親宛の書簡群, 1929年9月12, 30日, 10月17日, AECJ.
73) Cuervo Borda から外務大臣宛の書簡, 1929年10月9日, MRE.
74) コロンビア国立公文書館で見つけた1928年と1929年のいくつかの文書が証拠となっている. 外務大臣 Carlos Uribe Cordovez はバランキーリャおよびサンタ・マルタの港湾局長宛に電信を送り, すでに産業大臣名で入国拒否の指令が出ていた人々に対して上陸の許可を与えるよう指示した. ただし外務大臣はパスポートには移民としてでなく, 訪問客のスタンプを押すようにとも指示していた. ANC/MFN/0100.
75) Diario Oficial, no.21873, 1931年12月23日.
76) 産業省大臣から横浜領事に送った電信文. 1929年9月26日.
77) 横浜領事から外務大臣宛の電信文, 1931年9月23日. 外務省から横浜領事宛のOficio no.1819, 1931年9月26日, MRE.
78) N. W. Campanole, Military Attaché, Costa Rica, report#3,390, 1936年4月2日, NAUS/894.20221/136, RG59.
79) 『コロンビア移住史』, p.26.
80) Diario Oficial, nos.18693-94, 1923年1月8日.
81) ペルーのカリャオから東京の外務省に送付された報告書の説明では, 100人の移住者がブエナベントゥラから上陸したが, 総勢5人の1家族のみがトラコーマ（トラホーム）患者であることを理由に入国を拒否された. この家族は船に乗ったまま次の停泊地であったペルーのカヤオ港で下船した. DRO/J.1.2.0.J2-17, 1935年12月11日.
82) Diario Oficial nos.18693-94, 1923年1月8日.
83) *Memorias Presentadas al 3er. Congreso Médico Colombiano*, Cartagena, 1920. *Las Problemas de la Raza en Colombia*, 1920, p.38. 国内に受け入れる移住者を「人種的」に選択すべしという医学アカデミーの人種差別主義的立場の影響については後になって出版された文献の中で明らかになっている. 以下の資料を参照. M. Jiménez López, *La inmigración Amarilla a la América* (Estudio etnológico, cuyas conclusions fueron presentadas por la Academia Nacional de Medicina, como informe official al gobierno de Colombia), 1935.; L.Esguerra Camargo, *Introducción al Estudio del Problema Inmigratorio en Colombia*, 1940, pp.80-81. J.Arango Cano, *Inmigrantes para Colombia*, 1951, pp.18-22, 25-28. 84, 87-91, 104-7, 121-2.
84) 'La emigración japonesa hacia el Brasil y su adaptación en Colombia', RNA, vol.19, nos, 257-8, 1925年11-12月号, pp.132-4.
85) 外務省から神戸領事宛の Oficio 1589, 1924年9月24日. 神戸領事から外務省宛返信は

1924年12月2日, MRE.
86) José Macias へのインタビュー内容を参照. *El Relator*, 'El alma enigmática del Japón', 1928年12月8日. 加えて *El Espectador*, 'La inmigración japonesa no conviene a nuestro país por potentes razones de costumbres, idioma, talento,raza', 1929年1月21日. インタビュー内容はワシントンの米国国立公文書館のファイルに保存され, 一部は英訳されていた. 東京の外務省文書課には全文が日本語に翻訳されたものがファイルされている.
87) スペイン語で出版された文芸書の中で日本人はすでにステレオタイプ化されたネガティヴな言説で語られてきた. 例えば19世紀後半に日本を旅行した1人のコロンビア人の旅行記には, 日本人は「怠け者, 無精者……放蕩者……偽善者, ペテン師……悪賢い, 意地悪, 執念深い」と記述されている. N. Tanco Armero, *Recuerdos de mis Últimos Viajes—Japón*, 1888, pp.174-5.
88) マイクロフィルム, NAUS, RG59.

# 第2章

# 日本人の移住計画

最初に入植したエル・ハグアルの家（ヤシで葺かれた）の前で記念撮影の江村政助（エムラ・セイスケ）とその一家（昭和7年）

## 1. はじめに：背景としての国際政治

　日本人の海外移住は国策であり，日本政府の許可が必要であり，すべてが政府の管理下にあった．コロンビアへの日本人移民は，もし両国間で修好通商条約への調印がなければ，日本政府はコロンビアへの移民を促すことはなかったはずだ．またベネズエラの事例のように日本人移民の入国を法的に一方的に拒否できる条件を温存したままだったならば，修好通商条約さえも承認しなかっただろう．

　日本の対外政策にとって貿易拡大と移民の増大の2つは相補う利益拡大の大きな目標だった．しかしコロンビアは，ブラジルやペルーのように，交易面でも移住者の受入面でもそれほど重要な地位を占めなかった．にもかかわらず，日本人移民の入植計画が数回も立案された．しかし結局，海外興業株式会社が企画したカウカ県でのプロジェクト以外はどれも成果がなかった．

　なぜに，コロンビアでは日本人移民が成功できなかったのかを理解するため，まずは日本とコロンビア両国で進められたすべての移住プロジェクトを検証してみる．この中には予備的な計画も含め，受入国コロンビアの目標や動機，日本側の提案に対する反応といったものに特に注意を払う．例えば，1928年に富田謙一（トミタ・ケンイチ）が提案した最も野心的なプロジェクトに対してコロンビア側がどう応えたかを調べれば問題の所在がわかり，他の移住計画も失敗に終わる運命にあったことが理解できる．

　コロンビアに日本人移民を送るという発想に初めて言及したのは入江寅次（イリエ・トラジ）で，その膨大な著作は海外移住関連図書の一角を占めた．ここで入江は，1903年の米国によるパナマ地峡の買収に反応してコロンビアは脅威を感じ，パナマとコロンビアの国境地域を想定されるさらなる米国の侵略から守る目的のために，日本人移住者を国境地域に定住させる構想から日本政府に接触してきたとする[1]．残念なことに入江はこの情報源を記していない．また根拠とするデータも開示していない．したがって我々は真偽のほどを判断できない．

しかし推測では，入江がコロンビアの新聞エル・メルキュリオに掲載されていた記事を読み，それに対するボゴタ在住の米国人外交官アルバン・スナイダーのコメントから背景を論じていたようだ[2]．この新聞記事では，コロンビアにもたらす経済的メリットから日本との関係を促進させることを提唱していた．加えて，アトラト川とナピピ川を経由して海と内陸を結ぶ新運河の建設に日本人労働者を参加させる構想や，その他のプロジェクト推進のために日本人移民を積極的に受け入れることも提案していた[3]．この記事は米国側を警戒させると同時に，安全保障面から日本をパナマ運河の将来の脅威と思わせる要因ともなった．

次に1次資料が存在するので確かなものを紹介しよう．日本とコロンビア両国の間で修好通商航海条約が調印される直前に，アントニオ・イスキエルドが経済発展と交易の可能性を調査するため日本を含む数か国を訪問した．イスキエルドはコロンビアに戻ると，国会で調査報告を述べた．それによると，イスキエルドは貿易と日本人移民促進のために日本の移民業務取扱会社2社と接触し，さらに将来の移民候補者――契約を結び農業専従者や鉄道工事の労働者になる――たちのための仮契約書に署名してきた，と報告した．そこで唯一の障害と考えられるのが，日本側はコロンビアが移住先として適切かどうかを調査するため2人のコミッショナーを派遣するつもりだが，その時期は修好通商航海条約が締約されたその後になるということだとも述べていた[4]．

イスキエルドの日本訪問後まもなくして，日本・コロンビア修好通商航海条約が調印された．その後にコロンビア国会に提出されたイスキエルドの覚書には，野田良治（ノダ・リョウジ）という人物がコロンビアとの将来の関係発展を視野に入れた国情調査のために日本政府から任命されたと書かれていた．確かに野田はコロンビアを訪問し，帰国後日本政府にコロンビア情報を報告していた．野田は次のような理由からコロンビアへの日本人移民は慎重になるべきだとしている．すなわち，①日本とコロンビア間の直航航路がないため，旅程は長く，そして料金も高くつくこと，②コロンビア国内の交通には問題が多く，港に到着後の日本人移民集団が目的地に辿り着くのも，また他の場所に出ていくのも難しいこと，③険しい山で占められた国土が大半で，農作物の種類も限られていること，である[5]としている．

野田の否定的な報告内容は，コロンビア側の急な政変と相まって，イスキエルドがお膳立てした日本人移民の道を封印するものだった．修好通商友好条約は1908年12月にラファエル・レイエス大統領の下で批准されたが，任期を全うする以前の1909年6月に国外亡命する事態になった[6]．この政変後からイスキエルドは日本人労働者をコロンビアに移民させる構想を封印し，別のジョイント・プロジェクトとなるビジネスへの興味も失っていた[7]．

次の10年間，すなわち1920年になるまでは日本人移民への関心が示された形跡はない空白の期間である．1920年になると政界復帰したレイエス元大統領が日本を訪問し，コロンビアへの移民募集を再開させた．レイエスはみずから日本人移民のための契約書を準備する用意があるとも提案した[8]．興味深いことに，レイエス元大統領は日本と日本人の能力を高く評価していたが，アフリカ，インド，中国出身の移民に対しては人種的な偏見を持っていた．彼にとって，「中国人の移民が禁止された南米諸国ですでに起こってしまったように，この人種（編者注：中国人のこと）と先住民の混血は，どちらの人種よりもさらに劣性の者を生む」[9]ものだった．

レイエスが日本に出かけてまで労働者を募集した背景には，コロンビア農業者協会（SAC：Sociedad de Agricultures Colombianos）から外務省および農業商業省に別々に送られた嘆願書があった．この嘆願書は，鉄道敷設工事に従事するコロンビア人の数が増加したため，農産物の収穫のための労働者が不足している問題をまず取り上げ，その解決策としてSACは政府に「日本人移民がコロンビアにとって最も適しているようなので」[10]，日本に交渉団を送り，移民を募集するよう求めた．しかしこのような交渉団は結局コロンビアを離れることはなく，話は流れた[11]．

次にSACの嘆願書がどのような背景から書かれたものかを分析してみよう．1910年代の終わりになると，経営者たちの間では農業と産業分野での労働者不足が深刻になるのではと心配されるようになった．1919年にマヌエル・ダビラ・プマレホはSACに移民受入を奨励する役割があることを気づかせた．ダビラ・プマレホはSACに対し，当時イタリアにいたコロンビアの閣僚宛に送った手紙のコピーを送付した．その手紙には，第1次世界大戦後のイタリアの経済状況から多くの失業者が出るかもしれず，大臣はその問題解決の手段として

イタリア人のコロンビア移住を提案すべきであると助言していた．また失業者という過剰人口を抱えたイタリアからの移民をコロンビアが引き受けるその見返りとして，イタリアにコロンビア産コーヒーの輸入市場拡大を求めるという交渉案も提言していた．このようなコロンビア産品の輸入拡大と移民受入をセットにした国際的交渉資料は異なる時期のものが散見し，偶然の思いつきで生まれたものではない．15年後の1934年に英国の外交官が自国政府に対し，コロンビアの日本人移民に関する情報を送ったが，その文面の追伸部に次のようなことが書き加えられていた．

> 日本がコロンビアからの輸入品，特にコーヒー，ゾウゲヤシの実，皮革製品を増やす可能性は十分にありうる．日本人がすでに定住しているブラジルのアマゾン川流域と同じような自然を有する土地がコロンビアにはたくさんあり，移民も可能だからだ[12]．

ダビラ・プマレホの活動から浮かび上がってくるのは，コロンビアは広大な領土を保有するが開発に十分な人口がないこと，労働者不足から経済問題が解決されないことである．事実，経済活動の破綻はコロンビア全土で発生し，行政担当者だけでなく民間経営者も労働力となる移民を奨励しようとしたが，結局どれもうまくいかなかった[13]．

## 2. 日本人移民への杞憂

1924年になると，日本人労働者を大量に募集する新たな計画が持ち上がった．アルバロ・ウリベと海外興業株式会社が取り組んだ共同プロジェクトで，アトラト川下流の森林地帯開発のために約1万から1万6000人の契約労働者としての移民を求めるものだった．ウリベと海外興業株式会社は神戸市にあったコロンビア領事館を通して計画を進めようとしたが結果は出せなかった．第1にホセ・マシアス領事の主張によれば，彼は多忙だったためウリベが求めた情報を提供できなかった，ということだ．第2に，海外興業株式会社が基本計画書を

**図2-1 入植初期のエル・ハグアル入植地**
1台のトラクターで苦闘中の森林伐採風景（昭和7年頃）

マシアス領事に示すと，要求が多すぎるという理由で彼は却下した．そして自分の否定的見解を弁護する目的で，日本人の移住についてマシアス領事よりも多くのことを知っているブラジル領事から反対に値する内部情報を得ていたと主張した[14]．マシアス領事は本件に関わって日本人の移住を「望ましくない」というかねてからの持論を機会あるごとに本国政府に送り，コロンビアに社会的，生物学的に悲惨な結果をもたらすだろうという信念を表明して日本人を受け入れないようにと主張していた[15]．この移民プロジェクトの失敗にマシアス領事の反対が決定的な要因であったことを証明するよう証拠は出てこない．ただ明らかなことは，ウリベに対しては十分な情報を提供したがらなかったこと，海外興業株式会社の計画に同意しなかったことである．

　1925年には，米国に住む約2万5000人の日本人をコロンビアの大西洋沿岸に移住させることが真剣に討議された形跡がある．交渉はニューヨーク市のアール・T・ジョーンズとカルタヘナ在住のディエゴ・マルティネスの間で進められた．交渉の経過を記した米国国務長官への報告書には，日本人の移住を手配する人物としてロサンゼルス市在住のジョーンズの知人の存在も書かれていた．当初の計画ではカルタヘナの南西方向約120kmのところにあるシスパタ湾沿岸沿いを入植地候補にする提案だったが，パナマ運河に近すぎるという

ことで結局退けられた．代替地としてカルタヘナの北および東にある総計1万ヘクタールもの場所が調査の対象となった．ボリバールと呼ばれた予定地はほとんど無人で，日本人移民労働者が定住すれば地域の経済状況は大きく改善されるだろうとの期待があった．土地は肥沃で，サトウキビ，米，綿，各種野菜や果物といった農作物を集約的に栽培することも可能だと評価された．ディエゴ・マルティネスはカルタヘナとその周辺やシヌ川地域に広大な土地を所有する裕福な牧牛業者で，未開墾地の開発と定住者となる日本人移民の入植は新たな起業に向けての投資だと考えていた[16]．

米国領事は，最初の提案だったシスパタ計画について高く評価していた．農業振興と人材確保が必要なコロンビアにおいて，この計画がいかに国民全体の生活改善に繋がるか予見し，また入植計画が成功することも予見し，加えて日本人移民の集団が定住するからには日本政府は領事館を開設するだろうし，そうなると良好な外交関係から両国間の商取引が活発になっていくことも予見した．しかしながら，組織化された日本人移住計画からコロンビアが受けるものと予見される数々の恩恵があるにもかかわらず，米国領事は国益のために米国政府に対し，シスパタ湾の沿岸部に日本人の入植地が存在する問題は重要で，戦時にはパナマ運河の安全に対する脅威になるかもしれないと思われる，と忠告していた．

マルティネスはコロンビアにおける米国の政治的影響力やパナマ運河の安全上の問題に熟知していたようでシスパタ湾移住案は早々に断念したが，米国領事はその理由について，マルティネスは「パナマ運河に近すぎるという理由で米国政府が当該プロジェクトに反対するのではないかとの懸念から取り下げた」が，新たな植民候補地については「米国政府が害にならないと判断するならば投資するだろう」，とも述べていた[17]．米国領事は，移住候補地の変更理由については何も述べていないが，米国在住の日本人移民に対する敵意があることから，場所がどこになろうと，移住先があるということだけで十分だったのだろう[18]．

ここで移民関連の日米関係について簡単に触れる．1907～08年の日米紳士協定および1921年の日米婦人協定（日本人女性が会ったこともない婚約者を訪問し結婚する，いわゆる「写真花嫁」の移住を禁止）の締結交渉過程で，日本

政府はパスポートの発行を制限することに同意した．そして1924年には移民割当法の施行で日本人移民が全面禁止となり，米国への日本人移住はなくなった．だからこの流れで次のステップとして米国政府内で米国内在住の日本人をコロンビアの大西洋岸に再移住させる計画が検討されたのも不思議ではない．

しかしながらコロンビアに経済的繁栄をもたらす可能性に満ちたどのような計画よりも，米国の最大の関心事であるパナマ運河の保護と安全のほうが優先したことは明らかである．その米国はシスパタ湾開発を断念してから10年経っても同湾沿岸に日本人が定住する恐れを抱いていた．ボゴタ市の米国大使館には，日本政府のカルタヘナの東側渓谷およびシスパタ湾沿岸地域を日本人移民の入植地とするコロンビア政府への許可申請書類関連の資料が積まれていたという．米国側の見解では，どちらの入植候補地も「パナマ運河の大西洋側出入口から400kmもなく，危険なほどに運河に近い」と考えられていた[19]．

米国政府は，日本人が大西洋沿岸部に入植地を設ける努力を繰り返し続けてきたことの報告を随時受けており，もしコロンビア政府の移住制限の枠がはずされると「新規の申請書を送り，希望地に移住者が移り住むだろう」と恐れていた[20]．結局シスパタ湾にもカルタヘナの東側にも日本人の移住は許可されなかったし，以後の同地域への入植申請もすべて却下されたので，結果としては米国がパナマ運河を守るという闘いに勝利したようにみえる．しかしパナマ運河を守るためのさらなる闘いもあった．東京に赴任中の英国外交官のある報告書には，コロンビア沖合の島々に対する日本の関心の高さとそこに定住施設を建設したいという日本側の希望について触れ，これらの島々を日本移民に割譲することについて，「島々はパナマ運河を支配するには特に優位な位置にあり，米国政府の不興を買うことを恐れて，コロンビア政府はこの理由しかないにもかかわらず，日本人の移民計画に対しては用心していた」[21]．

## 3．新たな動き

1927年に中米および南米のいくつかの国々を訪問する日本の通商使節団が当時の通産大臣の指揮で結成され，団長は小林武麿（コバヤシ・タケマロ）が

務めた．この通商使節団は1927年11月にコロンビアに到着した．わかっている限り，この使節団からは将来想定される日本人移民に対するコロンビア政府の公的支援を求めた形跡はない．しかし団長の小林が未開墾農業用地の利権を申し入れたことがわかっている．日本の通商使節団が去った後，米国外交官の本国宛書簡の中に，日本が土地獲得に関心を示し，「コロンビアの高地地方の利権を獲得する」可能性があることを報告している[22]．ただボゴタ在住の米国外交団がコロンビアを訪問した日本人使節団の動向を余すことなく収集するチャンスがあったにもかかわらず，団長の名字を「シバサキ」と勘違いし，間違った名前のまま報告したり，団員のうち2人の名前が特定できなかったようなミスがあり，使節団の意図が深く探求されることもなかった．

日本在住のクエルボ・ボルダ領事は，コロンビアに残した家族への手紙の中で，小林団長が「バリェの未開墾地の利権を求めた」依頼内容について触れている[23]．ボルダ領事の手紙で興味深い点は，小林が挙げた場所の選定の背景にまで言及していることだ．この通商使節団が実際に訪問する数年前に日本の新聞紙上でカウカ渓谷が「世界で最も肥沃な土地のひとつ」であると宣伝されており，地名は日本人に知られていた[24]．これは後の話になるが，海外興業株式会社が日本人移民の移住先として最初にカウカ渓谷に近い場所を選んだことも単なる偶然ではなかったことの証でもある．

ボルダ領事は日本人移民最後になる第3次移住団の日本出発後，1935年に横浜での領事職を辞してコロンビアに帰国した．ボルダ領事は自国政府の上司やメキシコで全権代理大使職にあった父親カルロス・クエルボ・マルケスに宛てた手紙の中で，当時まだ支配的だった人種差別的な言動に準じたことや，かくも大量の日本人移民を許可したことを反省する回顧談を綴っていたが，総じてボルダの領事時代はコロンビアへの日本人移民事業に好意的だったと判断できる．

コロンビアに帰国後の1936年にクエルボ・ボルダは仲介者としてコロンビア北部への日本人移民プロジェクトを手配した．元マグダレナ州知事であったマヌエル・ダビラ・プマレホは，シエラ・ネバダ・デ・サンタ・マルタ山地西側の，山麓地帯から州都サンタ・マルタまでの約130kmの区間に広がる未開墾地14,588ヘクタールを売りに出した[25]．

この土地売買の仲介役としてボルダは小林に手紙を書き，当該物件については，3次に分かれた移住団の移民業務を扱ったのと同じ会社にコンタクトをとるよう提案した．土地の広さと農業の可能性について，ボルダは「この土地を扱う移民業務取扱会社は，農業に従事する大量の日本人移民を送り込むことができ，その生産物は容易に国内市場向けでも輸出用としてでも取引可能だ」と確約し，特に綿，米，カカオ，バナナ栽培に適していると強く勧めた．土地の肥沃さの保証は，売り出し前までには借地法人だったクヤメル・フルーツ社およびアトランティック・フルーツ・アンド・シッピング・カンパニーから得ていた．ただし，交渉の進捗を記録した文書は何もない．コスタリカの米国大使館付武官の報告の中にコロンビア移民に関する簡単な言及があるが，それがシエラ・ネバダ・デ・サンタ・マルタ計画と関連があるように思われる．

> 　来春，日本からの追加の移民が来る予定だとの噂がある．しかし現時点ではその場所や人数は明らかでない．以前に提出した報告書にも記載したように，日本人はカルタヘナ港南西の肥沃な谷間に入植地を築きたいと願っているが，信頼に足るとはいえ日本人移民労働力に対する反発も表面化しているのは事実だ[26]．

　ここで付け加えるならば，ボルダが医学アカデミーの「黄色人種移民」に対する非難の声を論破できたにせよ，パナマ運河の安全を重視する米国を説得するのは不可能だった．売り出された土地はパナマ運河に近すぎたのである．

　日本からの通商使節団訪問の翌年1928年10月2日に，他の南米諸国ともビジネス関係で繋がっている起業家富田謙一と産業省大臣ホセ・アントニオ・モンタルボの間で契約が結ばれた[27]．この契約は1922年の法令第114号第17条で定められてるように，無償で10万ヘクタールの公有地を提供するものであった．土地はメタの東平原地域にあったが，天然森林保護区は含まれなかった．入植プロジェクトとして，富田は1年当たり200人，総計2000人の移民を連れてくることになっていた．興味深いことに，契約書の第3項はこの移民2000人はすべてカトリック教徒であると規定していた．コロンビアの1886年憲法は，

神を「すべての権限の究極の源」とし，ローマカトリック教会を国教と定めたことは事実だ[28]．しかしこのことが，コロンビアへの移民がカトリック教徒でなければならないとか，コロンビア入国後にカトリックに改宗しなければならない，というわけではない．国民の大多数がカトリック教徒である国の場合，カトリック教徒の移民が好ましいと述べた文献を見つけるのは難しくないのだが，しかし上記の契約のように日本人移民全員がカトリック教徒でなければならないとした規定は権力の乱用である．

　不当な特定宗教の強要という点を除けば，契約内容は契約者双方に利のあるものだった．移民家族は1戸につき最大50ヘクタールまでの土地が無償で与えられた．ただそのうちの4％は米の栽培に使われなければならなかった．富田はコロンビア政府との共同事業で入植地域への技術援助，協同組合制度の導入，保険サービス，首都ボゴタと入植地リャノス・オリエンタレスを結ぶ道路の整備，それに電話，電報，小包郵便の配達サービスといったコミュニケーション網を提供することになっていた．このプロジェクト実施にあたっての最大の障害は輸送網の不備であり，ボゴタでさえ小包や郵便物を届けるのが難しかった．問題解決のために富田は日本政府と交渉し，航空会社スカッタと提携して日本人移民向けの郵便物を沿岸の港から飛行機で内陸に運ぶという既存の国際郵便サービス業務を改善するつもりでいた．

## 4. エリート層の人種的偏見

　農業に関していえば，富田は大規模米作の発展だけでなく，畜産業も開発する構想を持っていた．リャノス・オリエンタレス地域の気候条件は畜産と農業の両方に適したものがあり，これらを組み合わせるメリットはあった．契約条件を精査すると，富田はリャノス・オリエンタレスのように孤立しているが生産の見込みがある地域への入植計画が失敗する／成功する，そのどちらの可能性もよく理解していたようだ．これは元ブラジル移民だった日本人の体験談を参考に綿密な計画を立ててからコロンビア政府と交渉したからだ．契約の調印後，富田はコロンビアの行政府から計画推進の承認を得られれば即座に日本政

府に対しても計画書を提出し，移民の募集を実施するつもりだった．富田の活動はコロンビア国内では無視されることなく，新聞はリャノス・オリエンタレスの現地ルポや産業省との契約内容を公表した[29]．

　契約書の第30項に，契約が効力を持つために，医学アカデミーから日本人の受入れに対する好意的な回答が必須と明記してあった．日本人移民の受入れが，コロンビアの人種環境の改善に「不具合」がないと医学アカデミーが認めれば，入植計画はコロンビアの国会，そして大統領の最終決済へと回される段取りになっていた．モンタルボ産業大臣は契約調印の合法性が確認されてから5週間後に，第30項の問題をクリアするための注釈解説書を著名な社会学者や医学博士たちに送った．医学アカデミーが大臣に正式な返答を返すのに7か月もかかった．それでいて内容はその9年前にカルタヘナの議会に答申したものと同じ考えを同じ言葉で繰り返したものだった．曰く，日本人は劣等な人種なので数多くの移民は受け入れるべきではない．すでに退化してしまったコロンビアの混血人種とさらに混血することになれば，国の民族的情況はもっと悪化するからであるとの論旨だった[30]．この学会の示した結論は全国版や地方版の新聞に掲載され，注目を集めた[31]．興味深いことに，パナマ在住の若林高彦（ワカバヤシ・タカヒコ）領事は，コロンビアの医学アカデミーが日本人移民に反対との答申をするだろうとの情報を事前に得ており，日本政府にもその情報を伝えていた[32]．

　こうしてリャノス・オリエンタレスで日本人移民によって米と畜産事業を展開する計画は頓挫した．日本の新聞は幻に終わった富田の入植計画を特集した．その新聞記事を読んだフランシスコ・ホセ・チャウスは2年後に，「おそらく医学アカデミーの件が否定的だったので産業省はファイルを閉じたのである」[33]と外務大臣に説明した[34]．この新聞記事はまた東京とボゴタに赴任していた別々の英国大使館員の目にもとまっていた．このうちボゴタ在住の外交官は富田と会っていた．そこで富田がコロンビア産業省と契約を結んだこと，日本人移民が10万ヘクタールの肥沃な土地を無償で与えられること，を報告し，あわせて署名を待つばかりの契約書の写しを持参していた事実を語った．この外交官はさらに次のようなこともいっていた．「今やチリやペルーにはほとんど（日本人移民を受け入れるような）土地はないが，コロンビア政府は日本から

の移住を奨励する余地がある」と，東京在住の英国外交官はより詳細で最新の情報を本国に報告していた．この外交官は，富田と産業省の間には契約書が実在したが，事態はその先に進むことはなく，また国会の決議案として提出されることもなかったと解説した．加えて，コロンビア人は中国国籍，日本国籍を問わず，モンゴロイド人種の移住に反対であったことを強調した．

> このような移民はコロンビアに多大な経済的利益を容易にもたらすことは明らかである．しかし教養あるコロンビア人の大多数に共有されている意見としては，すでに混血が深化しているコロンビアの人種に，さらに質を落とす恐れのある別の血統の移民を受け入れ，混血パターンをより低次元に多様化させるのは賢明なことではない，と考えた．彼らは現在のコロンビア人の血統のよりよい要素だけを育み，国家にとって理想のコロンビア人の典型を作り上げる努力に積極的な意義を見出していた[35]．

この英国人外交官の鋭く機知に富んだ解説は，コロンビア人エリート層と政府高官の外国人移民プロジェクトに対する反応を上手に描いている．同時にコロビア人の政治的・社会的通念も説明している．要約すれば，すでに退化した人種と認識できるコロンビアのメスティソと暮らす上での問題と，そのメスティソからさらに下等と考えられている人々との間で混血化が進み，質を落とすことに対する心配を説明している．この英国人外交官はさらに次のようなことも付け加えた．

> しかし，上記のような考えはすべて曖昧で概念的なものなので，例えば反対の声が大きいにもかかわらず，日本人移民を実際に連れてくるなど物理的に拒否できないような，実利本位のプロジェクトを実行する可能性を除外してはならない[36]．

アントニオ・モンタルボ産業大臣と富田がリャノス・オリエンタレス開発計画について交渉していたのと同時期に，日本の海外興業株式会社の経営者はカ

## コラム
### 19世紀的人種差別の呪縛

　19世紀前半に巻き起こる中南米諸国独立に大きな影響を及ぼしたのはフランスの啓蒙思想と英国の功利主義であり，その延長で自由主義やロマン主義が政治家や知識人に支持された．しかし独立後の近代化による国家運営という問題解決にあたって，19世紀後半からはオーギュスト・コントやハーバート・スペンサーの唱えた実証主義が中南米諸国を席巻し，コロンビアもその例外ではなかった．

　支配的だったカトリック組織の権威を排し，物質的な繁栄を善とする実証主義の行動原理は「秩序と進歩」という国家発展の理念に沿うものだったが，同時に社会の近代化に不要な人種と有用な人種という差別意識を強化するものでもあった．「近代化」はほとんど「西欧化」と同義語だったから，最も非西欧的な先住民を抹消すべき劣等種，白人を優秀種という人種観を増幅させた．ヨーロッパからの移民はただヨーロッパ文化を移植する先兵という意味だけで歓迎された一方，アジアやアフリカからの有色人種の移民はいかに有用であっても嫌悪された．しかし20世紀に入ると，強化すべきナショナリズムという国民統合原理に反して国内対立を煽るだけの人種差別政策が国家利益にそぐわないこと，英米に代表される物質主義や功利主義の欲望に対峙するラテン文明の精神主義的特性の積極評価，文化的民族主義のために実証主義は過去の遺物となっていった．そして1920〜30年代には混血主義やインディヘニスモが興隆した．

　コロンビアへの日本人移民が構想されたのはまさにコロンビアの人種観の移行期ではあったが，社会の中枢に座する知識人や政治家，官僚などはまだ古い人種差別教育を受けてきた世代であり，大学など高等教育の場では古色然とした人種観が無批判に再生産されていた，というのが著者の見解である．医学アカデミーの黄色人種への差別的見解や日本人移民に対して移民ビザを発給しないという外交判断，第2次世界大戦中の過剰とも思える日本人移民に対する強制措置などは古き実証主義の残照とも呪縛ともいえるものだろう．

　ちなみに原著の，ヨーロッパにおける人種差別の起源をギリシャ世界にまで遡る記述や，コロンビアの政治思想史的知識があることを前提とした実証主義分析のレトリックには，日本人読者を想定するとかなりの追加解説が必要と判断し，原著者の承諾の下に該当部分を割愛し，当コラム記述に代えさせていただいた．

ウカ渓谷地帯で土地を物色していた．富田ほどには野心がなく，公有地の分譲申請が却下されるという危険を冒したくなかった当該会社は，128ヘクタールという10家族程度の移住で始まる小規模な企画で土地を購入した．カウカ渓谷への日本人移民は3次に分かれて到着したが，ここでは，最後の第3次集団が到着するという噂が広まった時点でのコロンビア国民の反応に焦点をあてて日本人移民受入の社会状況をまとめてみる．

## 5. 日本人移民の受入れ

　ボゴタ市にあるコロンビア国立大学の学生たちは，人種問題からコロンビアにとって有害になるので日本人移民を拒否すべし，という勧告を政府が受けていたことを知った．そして日本人移民第3次集団を乗せた船がまもなくブエナベントゥラ港に到着する直前から，政府に日本人入国を禁じるようボゴタ市内でデモを行い，議会下院ではこれ以上の移民に反対する嘆願書を提出した．その嘆願書の中で学生たちが「コロンビア人が黄色人種と混血することから生まれる悲惨な結果」を強調する医学アカデミー会員の社会学者や医師たちの見解を支持していたことはまず重要である．次に学生たちは日本が「攻撃的な帝国主義国家で，阿片やその他の麻薬取引，スパイ行為などがその人種の際立った特質で不可解で悪意に満ちている」と非難した[37]．

　しかし学生たちのデモも嘆願書も外務大臣を説得するには至らず，無視された．外務大臣はブエナベントゥラの入国管理事務所に対し，日本人移民に入国許可を与えるよう命令した．こうして首都ボゴタでの大規模な学生デモが始まって3週間も経たないうちに日本人移民は上陸したが，ブエナベントゥラからは人目を避けるため中継地カリ市でも休憩をとらず，ユンボ経由で目的地まで最短時間で移動するよう指示された[38]．

　大学生たちのデモ活動は，授業で学んだ内容の直接的反映だと説明できる．ここでひとつの事例を挙げておこう．1938年にボゴタ市のコロンビア国立大学法学部の学士論文として提出された卒業論文のひとつは，「黄色人種の移民」は禁止されるべきという人種差別を正当化する内容のものだったが，優秀論文

として表彰され，全国紙にも転載された[39]．この学生の主導教官はミゲル・ヒメネス・ロペスで，コロンビア人と日本人が混血した場合の生物学的結果に否定的な見解を表明していた．高等教育に従事する教官が「黄色人種」を劣等と見なしていれば，その感化を受けた大学生たちが日本人移民に敵意ある反応を示したのも不思議ではない．

1930年代はというと，このようにコロンビア国内では日本人移民に対する露骨な敵意があったにもかかわらず，コロンビア人の土地販売と日本人の土地購入については双方に利益あるものだったので ビジネス交渉は続いた．例えば，ミロクレテス・ドゥランゴというコロンビア人が少なくとも2回ほど東京の外務大臣宛に手紙を送付し，国土の1/5相当の土地の販売と，日本人人口の1/10相当の移民受入を自信に満ちた文言で訴えた[40]．このほら話は無視するにしても，具体的な記述としてプトマヨ渓谷への入植計画[41]，サンタンデル州への入植計画[42]，さらには太平洋沿岸での2つの移住地建設計画[43]などがあったことには留意すべきであろう．

1937年になって，海外興業株式会社は，「日本政府による土地購入と植民地建設の可能性を視野に入れた」交渉を，弁護士ウィリアム・バイレンダーと開始した[44]．土地はミラー・イバネス家の所有地で20万ヘクタールあり，サン・ファン川の河岸で河口から25kmのところにあった．同年には東京のナガノ・アンド・カンパニーの日本人経営者たちが，太平洋沿岸のソラノ湾近くの広大な土地の借地権をバナナ農園用として得ようと試みた．しかしパナマ運河からは320kmしか離れていなかったため，当然反対するであろうブエナベントゥラ在住の米国副領事に対し，バイレンダーは「日本人農園主の登場は，最悪の環境下で労働している先住民居住者の労働意欲を削ぐという理由で」日本側からの提案を拒否したと報告している[45]．また1940年になると，富谷政明（トミヤ・マサアキ）なる日本人らしき人物が，原油買い付け業務と，その石油と他の鉱物資源の産出が見込まれる太平洋岸の土地のリース契約を結ぶために2人のコロンビア人弁護士を雇ったとの報告書もある[46]．この件に関するデータは当該報告書以外に存在せず，またその報告書にも両国間での交渉過程などは記述されていない．

さて，第2次世界大戦勃発以前の日本人移民に関する最後の資料をコロンビ

ア政府が保有している．これは東京駐在のコロンビア大使館通商部書記官からボゴタの外務大臣に送付された覚書で，日本は満州に移植民を送っているので南米に移民を送る必要がなくなった，と述べていた．このメモに対し外務大臣は「過去において，コロンビアと日本両国政府の間で移民に関しては一度も正式な交渉議題に上がったことはなく」，コロンビアでは日本人移住は認めていない，と返答している[47]．この見解は，東京在住のコロンビア全権大使と英国外交官の間で交わされた会話の真意の理解を促す．全権大使はカウカに定住した日本人家族は「自分たちで経費を支払い，自分たちの資産で土地を購入したので，コロンビアの移民法では移民と見なされない」と主張した[48]．この2点の資料はコロンビアの日本人移民の存在を否定する理由と根拠がわかること，また国際的移民の定義を歪めることで事実を曖昧にしている点で重要である．

　太平洋戦争（第2次世界大戦）が終結し，日本とコロンビアは再び外交関係を開いた．そして1960年代初めに最後ともいえる2つの移民計画が企画された．そのひとつは太平洋岸のトゥマコ近郊の面積2000ヘクタールの土地にバナナ農園を建設するプロジェクトで，17人の若い独身労働者集団が渡航した．しかし湿度の高い熱帯気候の生活環境は耐えがたく，重労働に比して成果は上げられずに，3年後には完全に放棄され，移住者たちは散り散りになって去った．何人かは日本に戻り，他の者はコロンビアの別な場所で仕事を見つけた．当該計画の推進母体となった在ボゴタ日本国大使は「将来の移民の道を開く目的」があったと述べていた[49]．もうひとつの試み，そして最後の移民計画となったのは入植予定地の地名を冠して「コダッチ・プロジェクト」と呼ばれた．セサル州の肥沃な土地を開発するため，かなりの数の日本人移民を移住させる予定だった．しかし予測されたとはいえ，土地価格が急激に上昇し，数か月に及ぶ折衝の結果，責任担当者は永久に移民誘致を中止すると宣言した[50]．これをもってコロンビアへの日本人移民のすべては終了した．その後やってくる日本の経済復興と高度成長は，もはや日本政府が日本人の海外移住を後援する必要のない時代に入ったことを意味し，それどころか1970年代以後は産業の発展で不足する労働力を国内労働者の供給で解消する路線に転向した[51]．1984年に日本政府は，日本人の海外移民組織の解散を発表した．

## 6. 米国人のためのアメリカ

ここまでの記述は，コロンビアが日本人の移住をどのように想定していたかを要約したものだ．「コロンビアはその広大な国土と抱負な資源を持つにもかかわらず，比較的少人数のシリア−レバノン系移民しか受け入れなかった．つまりほとんどどこの国の出身者であれ移民を受け入れなかったのである」[52]．

この評価は正しい．コロンビアは石油，石炭，プラチナ，エメラルドといった天然資源，農業と畜産業に適した多様な気候に恵まれた国であったが，国際的な移民を呼びかけることはなかった．将来市民となる移住希望者に対する支援策に満ちた法律があったにもかかわらず，国土は無人のままだった．原因は憂慮すべき政情不安にあった．海外からの移民を妨げる原因として，スペインからの独立後の政治問題を第1に考慮しなければならない．

1830年のグラン・コロンビア構想（訳者注：1819年に軍人・政治家のシモン・ボリーバルが創立した現在のエクアドル，ベネズエラ，ボリビア，コロンビアを併合した強大な国だったが1830年に終焉）の崩壊後，コロンビアは70回を数える悲惨な内戦と，5回に及ぶ憲法改定を経験した．1899年から1902年まで続いた通称「千日戦争」で内戦状態は終焉した．この世紀の変わり目の内戦では約10万人が死んだが，その前の1879年の内戦でも約8万人が殺された．つまり相次ぐ内戦のせいでコロンビア人口は絶対数が少なく，産業にも農業にも，道路や鉄道といった社会インフラに投入する人材が慢性的に不足し，地方はどこも孤立していた[53]．

「千日戦争」を最後に内戦状態を脱し，ようやく平和を体験した1920年代は政治的安定と経済的成長の時期となり，1870年以来コロンビアが初めて経験した平和と繁栄の10年間であったと，マルコム・ディアスは回顧している[54]．この「平和と繁栄の10年間」の間に，日本人はコロンビアへの移民に興味を持ったのであった．1920年代から試みられた大西洋岸シスパタ湾沿岸，富田謙一のリャノス・オリエンタレス開発計画，海外興業株式会社が企画したアトラト川下流，カウカ渓谷，サンタンデル移住計画はすべてこの流れで生まれた．そし

て同時期に少数の日本人がバランキーリャとウシアクリ，カリ，パルミラなどの町に定住し始めたのであった．

　政情不安に続く第2の問題は土地であった．コロンビア人口は1912年から1929年の間に500万人から800万人と50％以上増加したが，この統計の中には海外からの移民は含まれないので実質の自然増ともいえる[55]．人口増加分に対して分配できる広い国土や，公有地を公平に分配するために制定された無数の法律があったにもかかわらず，土地は数家族の支配下にあり，大多数を占める農民のものではなかった．また法律は土地を所有する支配階級を優遇し，先住民や貧しいメスティソは労働者の地位から脱却できないように定めていた[56]．いわゆる「千日戦争」の後に，政府は特権階級の数家族に概算で計1000万ヘクタールの公有地を与えたとされている[57]．この計算からすると，海外からの農業移民に政府が提供できる土地はあまり残っていなかった．公有地を移民に提供する法律は存在したが，分配する耕作地は現実にはあまりなかったようだ．土地の生態系の問題もあった．コロンビアの国土面積は広大だが，その土地の半分以上は森林で，約10％が川，湖，沼地，湿原地だと計算されている[58]．したがって農業用耕作可能な土地は意外と限られ，それも地勢的に生産性や気候の差異は大きい．国土の大きさ，気候の多様性，天然資源の豊富さにもかかわらず，コロンビアが農業移民希望者を惹きつける魅力に欠けていたのである．

　3番目の問題は流通である．天然自然の物理的地理的バリアがコミュニケーションと輸送システムの整備を遅らせた．地方は孤立し，分割され，小さな村や町同士を繋ぐ道路や公共の輸送機関にも欠いていた．飛行機の出現まで首都ボゴタは「アメリカ大陸で最もアクセスの難しい首都」と描写されていたが驚くべきことではなかった[59]．限定された輸送手段には運賃の問題も加算される．「移民にとって，スウェーデンのストックホルムからコロンビアの港までの旅費のほうが，バランキーリャからネイパ間の移動運賃よりもはるかに安いということは，馬鹿げているというよりもまず信じられない」[60]と在スウェーデンコロンビア領事マヌエル・ホセ・カサス・マンリケは自国政府宛書簡の中で述べた．

　4番目の問題は移民法に人種偏見が投影されていたことだ．移民は，開発を欲する天然資源を持ちながら人材のいない受入国があり，その国に対して人生

によりよいチャンスを求めて移住もいとわない人を組み合わせればいいという単純なものではない．コロンビアの場合，移民法は人種偏見に基づき，望まない人種の入国を規制した．「非常に望ましくない黄色人種の移民を除いて，すべての国からの移民は奨励され，平等な権利や特権を享受する」と明言されていた[61]．前述したように，教育を受けた知的エリートでさえも，日本人移民を受け入れた結果として，日本人とコロンビア人の混血が進行すれば生物学的に悲惨な結果を招くと信じていた．世論は黄色人種の移住を制限する移民法や医学アカデミーの人種差別的見解を支持した．またコロンビア国立大学の学生も，黄色人種移民阻止のデモ行進を行い，政府に入国拒否の措置を求めた．

　こういった強力な日本人移民への反対勢力があったにもかかわらず，日本人移民の最初の集団が1929年に上陸した．それは甘利造次とコロンビア外務大臣ウリベ・コルドベスとの間の外交上の人間関係を超えた個人的信頼関係があったからである．ボゴタ訪問の前にリマ在住のコロンビア領事の元を訪れた甘利は，この領事から日本人移民がコロンビアでは歓迎されないだろうとの情報を得ていた[62]．甘利はコロンビアでは物事がどのように動いていくのかを熟知していた．そしてボゴタでのコルドベス外務大臣との短い面談の結果として，数か月後には日本人移民の入国を実現させたのだ．外務大臣は日本人移民を偽りの「訪問者」というカテゴリーでの入国に切り替え，入国の機会を与えたのである．改めて，コロンビアではいかに全国的なネットワークが形成されようとも，その利害を超える個人的な人間関係によって事態が解決されることが理解できる事例である．

　5番目の問題は，コロンビアの内政問題にまで影響を及ぼす米国の役割である．もし米国がコロンビアへの日本人移住に懸念を示すとすれば，それはパナマ運河の安全と米国の経済的利益が損なわれると判断したときだ．このことはつまり，日本人の移住についてコロンビア単独で移民政策を実施できないということで，「米国人のためのアメリカ」というモンロー主義が悩みの種だった．1903年以来，コロンビアはパナマ地峡と2つの大洋を結ぶ運河の建設から発生するあらゆる恩恵を受けられず，安全保障上の利害を主張する政治的独立の地位も失っていた．

　米国はパナマ運河を守るという大義名分のために，運河の近くに日本人が存

在することを恐れた．中米のある国に赴任中の武官は次のような意見を書いていた．

> しかし，通常日本人の入植に利用する港は，経済的観点からだけでなく，軍事的観点からも調査して選択されることを心にとめておく必要がある．日本人入植者が（コロンビアの）新しい移住先に定着すると，彼らは港を入植基地とし，パナマ運河の安全を脅かすことは明らかである[63]．

この武官が無視した現実は，この覚書に「敵」として想定した日本人とは，自分自身と家族のためにまともな生活をしたいという夢を追って海外に移住しようという貧しい農民であったことだ．

そして日本人側でも移住先としてコロンビアを第1希望先に挙げる人は希少だったが，その理由としては問題ある現地の自然的・社会的事情よりも，この米国の政治的外圧に簡単に屈するという政治的な脆弱さが嫌われたからだろう．ともあれ，日本人移民が米国を困らせるのではないかという恐れは，コロンビアという国と国民にとって何が必要かを決めるのかという判断を超える上位のものだった．農業移民を受け入れるということが，生産力のある人口を増やし，食糧を増産し，日本との貿易量が増える，といったコロンビアにとって間違いなく利益に繋がることは明白だったが，それでも米国の国内政治支配は絶対だった．

だから富田のプロジェクト承認が医学アカデミーの答申待ちだった時期に全国紙の編集長は以下のような論説を自ら執筆していた．

> ……数多くの理由で米国に敵意を持ち，その結果として我々国民を面倒な事態に巻き込む可能性がある国からの移民を入国させることは望ましくないということを我々ははっきりと述べなければならない[64]．

## 注

1) 入江『邦人海外発展史』, vol.1, pp.351〜2.
2) 1905年11月15日, ボゴタ市A. G. SnyderからE. Rootへの書簡, マイクロフィルム#63, NAUS.
3) T. Salamanca, 'Colombia y Japón', *El Mercurio*, 1905年10月21日号, p.2.
4) Izquierdo, *Memorial sobre Agricultura, presentado por Antonio Izquierdo al Congreso de 1909*, pp.37-38. ほかにIzquierdo, *Requeza Nacional*, pp.9,73-75.
5) 野田良治編『移民調査報告』, 1986 (1910), vol.2, pp.94〜109 を参照. 野田はペルーおよびブラジル領事付き書記官として奉職し、南米への日本人移住問題専門家として日本政府に助言する業務を行った.
6) J. M. Henao and G. Arrubla, *History of Colombia*, vol.2, 1972, p.526.
7) 2003年にボゴタ市の中央墓地調査研究を完了させたAlberto Escovar Wilson-Whiteから得た情報によると, A. Izquierdoは彼の墓碑の記録によると1922年に死亡していた. 入江編の『邦人海外発展史』p.352に掲載されていたイスキエルドの死亡年記述の基となった文献は未確認である.
8) S. Galvis and A.Donadio, *Colombia Nazi 1939-1945: Espionaje Aleman, La Caceria del FBI*. ; Santos, *López y los Pactos Secretos, 1986*, p.258.
9) R. Reyes, *Escritos varios*, 1920, p.159.
10) 'Sobre inmigración', RNA vol.14, no.188. 1920年2月号, p.250. ; 'Trabajadores extranjeros para Colombia: La inmigración japonesa', *El Tiempo*, 1920年2月25日号, マイクロフィルム, BLAA.
11) Galvis and Donadio, *Colombia Nazi*, p.258.
12) Charles DoddからJohn Simon卿に宛てた書簡. 1934年7月9日, PRO/F0/371/18194.
13) RNA, 'Necesidad de fomenter la inmigración en Colombia. Conveniencia de abrir nuevos mercados al café colombiano', vol.13, no.181, 1919年7月号, pp.4-13. ; E. Posada-Carbo, *The Colombian Caribbean*, p.183 も参照.
14) J. MacíasからÁlvaro Uribe宛の書簡, 1924年12月2日, MRE.
15) J. Macíasから外務大臣宛の書簡, 1925年12月2日, MRE. 不幸にして, 1934年の公使赴任以前に書かれた文書のほとんどは東京のコロンビア大使館から消滅している. この理由によって当該移民プロジェクトの内容についても、また大使による反対意見なるものについてもそれらの詳細を得るのは不可能である.
16) L. L. Schnareから国務長官宛の書簡, 'Colonization of the Japanese in Colombia', 1925年5月7日, NAUS/821.52J.27,RG59.
17) 同上書.
18) 1913年, カリフォルニア州の外国人の土地所有について, 市民権を取得していない外国人の土地所有権を禁止する条例を発効し, 1921年にはワシントン州が, 1923年にはオレゴン州や他に10の州が類似の土地所有権の制限法令を発効した. 日本人は1882年に中国からの移住者の市民権取得を制限する中国人排除法の適用対象外とはされていたが, 市民権を得るためには最下位の裁判所から申請していかねばならなかった. しかしこの方法も1906年には米国法務長官の連邦裁判所に対する命令で, 日本人の市民権取得申請

をさらに著しく難しいものにした．R.T. Takaki, *Strangers from a Different Shore: A History of Asian Americans*, 1989, pp.203-7.
19) N. W. Campanole, Military Attaché, Costa Rica, report 3,083, 1935年10月5日, NAUS/894.20221/136,RG59.
20) 同上書, report 3,056, 1935年9月25日.
21) Carles Dodd から John Simon 卿宛の書簡, 1934年7月9日, PRO/FO/371/18194.
22) Charles MacVeagh から国務長官宛の書簡, 1927年11月11日, マイクロフィルム, NAUS, RG59.
23) Carlos Cuervo Borda から父親宛の書簡, 1928年6月4日, AECJ.
24) 'New Consul-General for Colombia', *The Japan Gazette*, 1919年12月18日, MRE参照.
25) 土地総価格は17万米ドルと評価された．荒地は1ha当たり6〜10米ドルだったのに対し，平坦地は1ha当たり30〜40ドルだった．Carlos Cuervo Borda から小林武麿宛の書簡, 1936年3月23日, DRO/J1.2.0.J2-17.
26) Military Attaché, 1936年3月21日, NAUS/894.20221/60.RG59.
27) 日本人移民と Llanos Orientales との契約は J. A. Montalvo 大臣と富田謙一の間で交わされ，署名していた．1928年10月2日, MRE.
28) Henao and Arrubla, *History of Colombia*, vol.2, p.506.
29) 'Está casi cerrado contrato para la inmigración de dos mil japoneses a los Llanos, para cultivos arroceros', *El Espectador*, 1928年9月5日, マイクロフィルム, NAUS/821.52J.27, RG59.
30) 産業大臣から医学アカデミー理事長宛の要望書, 1928年11月9日, MRE. 理事長およびアカデミー事務局から産業大臣宛のコロンビアへの日本人移民の評価書, 1929年6月18日, MRE. 6年後にこの医学アカデミー理事長はすでに産業大臣に送付したコロンビアへの日本人移民の評価報告書を出版した．M. Jiménez López, *La Inmigración Amarilla a la América*. (Estudio etnologico, cuyas conclusions fueron presentadas por la Academia Nacional de Medicina, como informe oficial al gobierno de Colombia), 1935.
31) 例として以下の新聞資料を参照．*El Tiempo*, 1929年6月20日号, *Diario del Pacifico*, 1929年11月30日.
32) 若林高彦から外務省宛の報告書, 1929年4月20日, DRO/J.1.2.0.X1-C01.
33) 産業省大臣書記局から外務大臣宛の公文書, 1931年6月5日, MRE. Chaux 書記長は，1929年6月付けの文書による医学アカデミーからの意見書とは別に，産業省は Fabio Lozano T. から「黄色人種の移民」に関する極秘レポートを受理していたことを明らかにした．Lozano の考え方は，コロンビア政府が文筆家として高い評価を与えていた富田のプロジェクトを拒否する一要因としてとても影響力があったと推測される．医学アカデミーの答申に加えて，23頁に及ぶ長いエッセイ（筆者の名前は明らかにされていない）'Sobre la inmigración asiática' が1929年6月26日に産業省に送られてきたことも明言した．このエッセイの文脈を分析すると，筆者は Lozano だと特定できるものであり，産業省書記長から外務大臣宛の書簡で述べたことをベースとしている．Lozano は結論として「黄色い要素は我々のアメリカには望ましいものではない．黄色い腕の力が我々に利益をもたらすとはいえ，生物学的損傷（人種的な）を考慮すると彼らの受け入れは益あるものではなく，彼らは……何ももたらさないし，中国人および日本人の受け入れに始まったコロンビアの実験結果は正当化できるものでもない……これがこのペーパーの唯

一の主張であります」, p.22. 'Sobre la Inmigración asiática', AEOH, Section 2/41/産業省, 1930～34年の期間のコレスポンデンス, ボゴタ市. この記録の存在について示唆いただいたEduardo Posada-Carbó氏に感謝する.
34) 『時事新報』, 1931年3月24日号. 記事は2年前に実施された出来事をあたかも最近実施された出来事のように伝えている. また土地の単位をヘクタールをエーカーで表記するという誤りも見られる.
35) T. M. Snow からA. Henderson への書簡, 1931年5月14日, PRO/FO/371/15519.
36) S. S. Dickson からA. Henderson への書簡, 1931年8月10日, PRO/FO/371/15519.
37) ボゴタ市国立コロンビア大学学生から大学総長および理事への請願書, 1935年10月7日. 掲載はMilitary Attaché, report 3,123, 1935年10月30日, NAUS/894.221/136, RG 59. ほかに以下の資料を参照. 'Un mitin contra la possible inmigración de los japoneses', 'Hoy se efectuará la manifestación contra la inmigración amarilla', 'El japón, la pereza y otras cosas', *El Tiempo*, 3, 7, & 8, 1935年10月号, *The New York Times*, 1935年10月10日号 (順に).
38) 筆者と小椋正雄との面談より. 1997年3月23日. また『コロンビア移住史』p.35を参照.
39) Carlos Lozanbo y Lozanoの序文より. Esguerra Camargo, *Introducción al Estudio del Problema Inmigratorio en Colombia*, p.5収録. Lozano Y Lozanoはこの論文査読者でもあった.
40) Mirócletes Durango から外務省宛の書簡, 1930年9月13日, DRO/J.I.I.O.XI-COL.
41) S. W. Washington, Chargé d'Affairs ad interium, to Secretary of State, Bogotá, 1934年12月8日, NAUS/894.20210/68, RG 59.
42) N. W. Campanole, Military Attaché in Costa Rica, report 3,083, 1935年10月5日, NAUS/894.20221/136, RG 59.
43) E. McKee, Military Attaché Report, 'Japanese Activities along the West Coast of Colombia 1935-1942', 1943年1月13日, NAUS/894.20221/49, RG 165.
44) 同上書, p.1.
45) 同上書, p.4.
46) Naval Attaché Report, 'Colombia-Japan', Bogota, 1940年9月2日, NAUS/894.20221/21, RG 59.
47) 駐東京コロンビア大使館通商部書記官から外務大臣宛の書簡, 1938年3月14日. 外務大臣からボゴタ市通商部への書簡, 1938年4月20日, MRE.
48) 駐東京コロンビア大使館におけるEsguerra大臣と在日英国大使Charles Doddの間の会談メモ. Charles DoddからJohn Simon卿への書簡, 1934年7月9日, PRO/FO/371/18194.
49) 『コロンビア移住史』, pp.92-95.
50) ボゴタ市における著者の知久俊雄氏との面談, 1997年2月18日.
51) Matsushita, Hiroshi (松下洋), *La politica japonesa hacia América Latina en la época de posguerra*, *Análisis Politico*, no.4, 1988, p.99.
52) Fawcett, 'Lebanese, Palestinians and Syrians in Colombia', p.362.
53) Rippy, *The Capitalists and Colombia*, p.23.
54) Deas, 'Colombia', in *South America, Central America and the Caribbean*, p.216.
55) Rippy, *The Capitalists and Colombia*, p.179.
56) Fluharty, *Dance of the Millions*, p.207.
57) F. Posada, Colombia: Violencia y Subdesarrollo, 1969, p.30. 引用は, O. Fals Borda, *Historia*

*de la Cuestión Agraria en Colombia*, 1975, p.49. 加えて Jimeno Santoyo, 'Los procesos de colonización', p.375, も参照.
58) Fluharty, *Dance of the Millions*, p.13.
59) Gunther, *Inside Latin America*, p.161.
60) *RNA*, vol.18, nos.239-40, 1924年5〜6月号, p.309.
61) V.C. Devotie, Military Attaché, Colombia, report 216, 1930年4月16日, NAUS/894.20221/86, RG59.
62) ボゴタ市在の外務大臣はリマ領事から甘利の経済的社会的調査実施を目的としたコロンビア訪問予定についての情報を得ていた. リマ領事はまた甘利に個人的に「コロンビアの反黄色人種移民政策」についてどう感じているか確認したことも述べていた.
    リマ領事から外務大臣 Carlos Uribe 宛の書簡, 1929年5月7日, ANC/MFN/2047.
63) N.W. Campanole, Military Attaché in Costa Rica, report 3,083, 1935年10月5日, NAUS/894.20.221/136, RG59.
64) *El Tiempo*, 1929年2月12日, マイクロフィルム, NAUS.RG59.

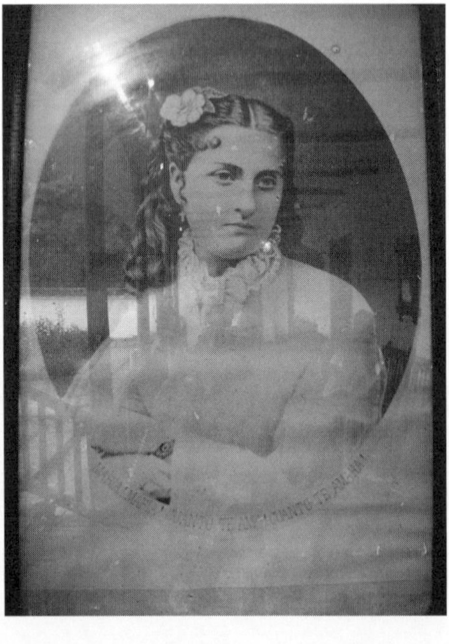

第 3 章

# 日本の海外志向

第2次移住者，日本郵船「楽洋丸」で記念写真。水浴びの後か？
（昭和5年）

## 1. はじめに：鎖国から海外進出へ

　1612年および翌1613年に江戸幕府はキリスト教を禁止する法令を出し，2年後の1614年1月27日には修道会士の追放令を公布した．以来，徳川幕府は2世紀以上に及ぶ鎖国体制を築いた．その幕府が1867年11月末に倒され，徳川家による統治が終焉した．1868年1月に睦仁（ムツヒト）親王が明治天皇として新生日本の君主となり，「明治維新」として知られる改革と新しい国づくりに着手した[1]．なかでも開国政策は日本の未来を決定する上でも重要だった．1860年代から次々とヨーロッパに派遣団を送り，官僚，商人，それに学生などが合法的に諸外国を訪れた．年号が明治に変わってから最初の数十年間にヨーロッパ大陸内陸諸国や英国，米国などに滞在し，近代の科学技術や西洋文明，言語などを研究してきた留学生たちは日本の欧米化に夢中になり，日本語を棄てて英語を国語として標準化する提案[2]や，日本人の遺伝子をより高次なものに変えるために白人との国際結婚を奨励する提案すらあった．日本の近代化はすぐに中央集権的国家主義の体制強化となり，その体制に自信をつけた1880年代には海外への膨張・侵略も考えるようになった[3]．

　幕末から明治初期の期間に，外国側から日本人労働者を海外に移住させる提案があった．その最初の事例は，米国の外交官ユージン・ヴァン・リードが末期の徳川幕府に対し，ハワイのサトウキビ農園で働く日本人労働者を獲得する許可を求めたものだ．そして横浜市内で採用した男性141人，女性6人を，新政権の許可なしに1868年にこっそりと日本から連れ出した．この移民の多くは江戸（東京）や横浜という都市部の出身者で農民ではなかったため，現地ではかなり多くの問題が生じた[4]．問題の所在を知った日本の外務大臣は，東京在住の米国領事に書簡を送り，日本人労働者の即時帰国を求め，成功した．

　日本人労働者を海外に送るという2番目の試みは，グアム島にあったドイツ企業からの依頼で，1868年に42人の労働者が農業目的でパスポートなしで渡航した．しかしプロジェクトは成功せず，1871年に新政府は生存者全員を日本本土に帰還させている．1869年には米国カリフォルニア州北部で，兄弟で共有

する土地に紅茶と絹の生産共同体を立ち上げたオランダ商人ジョン・ヘンリー・スネルが日本人労働者を採用していた．その労働者集団は全員福島県の出身者で，敗れた幕軍側で戦ってきた元武士と女性たちだった．しかしこれ以上にこの移民集団に関する記録はない．しかしおそらく米国本土内で最初に亡くなった日本人女性移民の墓とされるものが残され，墓石に刻まれた碑文には「おけい　十九歳」という文字が刻まれている[5]．

　上記の3例から，明治政府が日本人の海外移民をどう考え，後世にどのような影響を残したかを考えることは重要だ．これら3例は，組織的に海外で仕事に従事したという意味では，後に続く移民の先駆者ともいえる．しかし明治政府は提案者に対し日本人労働者を使った農業プロジェクトの推進を許可せず，どの日本人集団にもパスポートを交付しなかった．このため渡航者たちは全員違法出国者ということになった．勝手に海外に出て働く日本人が，例えばハワイでの対処は例外的で，一般に虐待や差別にあった場合の日本政府の対処の仕方には何か筋を通すというような態度はみられず，唯一実施したのは海外移住の拒否であった．1868年から1885年の間に政府は海外から日本人労働者を求める依頼を受けたが全く認めず，実質16年間も海外移民事業は封印された．加えて一般民間人が海外で働くこともすべて違法になった．唯一の例外としては，1883年になってオーストラリアの北にある木曜島で真珠貝採りの潜水作業と貝殻剥きの専門技術を持つ日本人労働者を募集したいという英国人に許可を与え，37人の移民を送ったものがある．1885年以降になると政府は10年間にわたってハワイへの移民を許可したが，管理条件は厳しかった[6]．

　1894年になると日本政府は海外移住を天皇の勅令第42号として発令した一連の規則で規制しながらも認める方向に転じ，1897年6月には移民保護法として施行されるようになった．日本人移住者を保護する条項は全部で7つあり，移民，移民業務取扱会社，安全保障，移民船，雑則，罰則規定，付則に分かれていた[7]．この法によってどのような海外移住が合法であるか，政府はどのように移住プロセスに介入し規制できるかを明確にした．法的規制は3つのアプローチを想定していた．1つ目は民間企業が移民法に違反した場合，組織活動に介入して是正を求める権限を政府役人に与え，2つ目として，民間企業が違反を犯しても自己反省と自主的是正という個別イニシアティブでの修正を認

め，第3は法規制の実施母体として会社の事業拠点のある地元都道府県に権限を与えた．以下に移民保護法の簡単な解説を行う．

### (1) 移民

「移民」という言葉は，労働する目的で外国（中国と韓国は除く）に移住する人に適用．労働内容は外務省と自治省の協議で決定．政府は移民の従事する業種の分類を，漁業，鉱業，製造業，建設業，農業，流通業といった形で適切に明示する．日本人は政府の許可なく外国へ働きに出かけることは許されなかった．したがって，移民希望者は渡航に際して，指定された民間業者を通して許可を得るか，その移民希望者が病気や事故などで窮地に陥ったときに責任を持つ保証人を2人確保して許可を得るかのどちらかを選択する必要があった．もし移民の緊急帰国が必須だが財力がなく政府が立て替えた場合，その経費は移民業務取扱業者か指名された保証人のどちらかが返金しなければならなかった．移民の保護や安全確保の必須条件を満たす企業や保証人の範囲，また移住手続きの規制や統制の方針も明確にした．

### (2) 移民業務取扱会社

移民保護法の第1条はどのような企業が合法であるかを定義している．日本人移民を確保する募集業務と，応募してきた移民希望者に対して移住の段取りを組み立てる業務全般に従事し，株主が日本人のみの営利会社とされた．つまりここで政府は法律により，日本国民の海外移住は金銭上の利益を求める民間事業者が取り扱う業務であると明確にした．第13条では，移民業務取扱業者と移民希望者は文書による契約を結ぶべきであると述べている．第9条では移住の段取りに関わる諸経費および支援の方法や手段，あるいは病気や災難など不測の事態で日本に帰国する場合の手続きや料金なども確約できるものはできるだけ具体的に契約書に記載することを求めた．第14条（1901年に追加）では，移民業務取扱会社，もしくはその代理人は，移住の段取りに要するもの以外のいかなる手数料も移民申請者から受理することはできないと定めた．これは官

僚的なお役所仕事をわずかな裏金で容易なものにするための原資を企業や代理店から請求されたという苦情が寄せられたために，追加されたものである．

### (3) 安全保障

第16条と第17条で上記の移民業務取扱会社は最低1万円以上の保証金を納めることが求められた．この保証金は，業者が契約に明記されている財政上の義務を果たさなかった場合に，移住者を日本まで連れ帰る費用に充てられる名目だった．当初この保証金の管理は地方自治体に委ねられたが，1901年以降は中央政府が預かるものに変更された．

### (4) 移民船

指定された国の港で下船することになっている50人以上の移民を乗船させると，その船は移民運送船（移民船）と見なされ，船会社は移民業務取扱会社と同様に厳しい規則の対象となった．まず許可を得ること，そして保証金を納めることから始まって，政府の権限で指定する出航港および下船港を遵守し，航海に関わる諸費用の監査を受けることなどが規則化されていた．出帆港は当初横浜と神戸だけだったが，数年後に長崎も加わった．また第20条には，船長は行政当局者に求められれば，乗船している移民に関する様々な事柄を報告する義務についても明記している．

### (5) 雑　則

雑則は同法に改定のあった1901，1902，1907年に少しずつ追記された．この規則の目的は移民の所在地から乗船までの手配をする業者，宿泊施設の提供者，金融業者などへの政府の管理権限を明確にすることであった．移民が出港するまでの最終手配に関与した業者，宿泊施設は料金や移民滞在中の維持管理の内容などが監査の対象となることを意味した．金融業者はローンに対する利子の限度額設定などに政府の許可が必要になった．

## (6) 罰則

基本的には移民業務を取り扱う民間企業の違法行為に対する罰則を規定するもので，第1条だけが移民の違法行為とそれに対する罰則を規定していた．

## (7) 付則

上記罰則規定のうち，罰金で処理する特定の違反について別に定めることにしたもので，1907年と1909年に公布され，政府による統制をより確かなものにしている．例えば，第16条にはパスポートを入手せずに国外に出た者に対しては，2円以上20円以下の罰金を科すと明記された．移民個人に対する罰金の最高額は50円だった．第17条では法律の規定を破った移民業務取扱会社に対し，50円以上150円以下の罰金を科した．業者への罰金の最高額は1万円だった．

移民保護法は，中央政府に国民の海外移住に関連するあらゆる法的権利があり，海外移住の開始，制限，あるいは終了といったプロセスを立法措置によって統制する権限を明らかにするものだった．1885年以来，移民関連の事柄は外務省の通商貿易部が扱ってきたが，1891年にはその通商貿易部門の中に移民課が設立された．この課の重要な任務は，海外在住の日本国民の権利を守ることで，在外の政府代表部は管轄地域に在住する日本人に関する結婚，出産，死亡，犯罪，苦情，労働環境などやその他の活動について詳細に報告せねばならなかった．また各都道府県，民間の移民業務取扱会社，そして個人のものまでも移民関連の文書が収集管理された．公使館や領事館のない国では，地理的に一番近い国の領事館が連絡窓口となった．1934年までのコロンビア移民はパナマやペルーの日本領事館に文書で近況を報告することになっていた．

このように移住業務は中央政府の管理事項となっていたが，移住者の数が増えるにつれ，県レベルでの取り締まりや組織化が実施されるようになった．海外移住希望者は出身県に移住の申請をせねばならなかった．他県に転居している場合は居住県での住民票が必要だった．申請書には渡航目的の詳細，移住の理由，目的地，滞在予定期間などを詳細に記述せねばならず，もしすでに移民

業務取扱会社と契約を結んでいたら，その会社の代表責任者の署名捺印のある契約書複製も提出することになっていた．

移住申請書を受け取った県当局は，月ごとにデータを集計し，年に2回，外務省に出生地，住所，職業など移民一人ひとりの日本での履歴情報を確認した報告書を送付した．しかし県の仕事はこれで終わらなかった．移住先の追跡情報も必要で，もし予定どおり日本に帰国しなかった場合はその理由を調査し，報告するものだった．この種の情報は相続問題解決には役立った．また移民から地元銀行に送金された金額も中央官庁に報告した．

加えて，県は中央政府と移民業務取扱会社，その会社と移民の間の仲介役も果たした．さらに移民業務取扱会社を使わずに2人の保証人を立てる形で移住しようとする人に対しては，その保証人が問題発生時に移住者を日本に帰国させるに十分な蓄えあるいは，売却可能な不動産を持っているか，きちんと納税しているかなどを確認する義務があった．このことはつまり，海外移住希望者はまず県レベルの行政府に対してすべての履歴情報を提出しなければならなかったことを意味したが，東京と横浜の住民は県ではなく内務省の管轄下にあった警視庁経由で外務省に届け出るものになっていた．

政府は海外移住民を渡航先や目的別に分類しておく必要があった．まず第1の分類は，日本の統治権の及ぶ海外の植民地開拓移民と，全く政治的権限のない独立国に移住する移民の区別である．例えば，中国・満州への移住案内冊子には移住の目的のひとつが「ソ連に対する国家防衛の役割を担う」と説明されていた[8]．つまり，日本が侵略した領土に送られた兵士たちはしばしば農業に従事したが，その逆に農業移民者が事あれば銃を持つこともある，という前提だ．これは日本が有効通商条約を結んだコロンビアのような国への農業移民の場合と大きく異なる．第2の分類は，契約内容からいずれ日本に戻るつもりで海外で働く労働者と，永住する目的で移住国に赴いた労働者の区別である．またすべての移民が移民業務取扱会社との契約で日本を発ったわけではなく，個人的に移住する者，友人や親戚一族の呼び寄せに応じた者，またまず学生として渡航した者もいた．コロンビアへの移民のほとんどは，海外興業株式会社と福岡県海外移住組合との間の契約の下に移住したが，それはある一定期間後には日本に戻らなければならないという内容のものではなく，むしろ永住希望の

移住者という扱いだった点に特色がある．

## 2. 海外への移住支援組織

　日本人の海外移住は，基本的には移民業務取扱会社の組織化やそれらの収益性に依存していた[9]．民間の移民業務取扱会社は1894年に最初の勅令が公布されてから出現した．商人はもとより地方の政治家，かつては武士階級であった家系の子孫たちが投資できるベンチャービジネスとして育った．いったん会社が設立されると，政治交渉に長けた人材の貢献が重要になった．廃藩置県以前から政界で活躍するための訓練を受けてきた者，昔から地元の有力者と個人的な繋がりのあった者は，県に新しい官僚制度とネットワークが構築された後も希望者の移住プロセスでの障害を最小限に抑えることが可能で重要だった．こういった会社は大阪，仙台，東京，横浜といった主要大都市で設立されたが，移民の募集情報は本州南や九州北部の県で集中的に得られたというのもこういう事情からだった．

　公民権が一時的にでも停止された者，破産者，犯罪歴のある者は移民業務に就くことはできなかったが，従業員には大体3つの分野での人材が必要とされた．すなわち，会社内の総務的事務仕事に従事し，移民許可，パスポート，ビザの取得や，移住に必要な公文書の作成に貢献するスタッフ，次に主に農村地域で会社の企画を宣伝し，人を惹きつける募集活動に従事するリクルーター，そして移住希望者の予備審査段階から，海外移住後も会社を代表することになる代理人だ．国内での代理人の移動日程は映画上映時やポスター，誰かの講演会の時間を利用して事前に宣伝され，寺や劇場，公共の集会場などを使って移住に興味ある人たちの予備審査を行った．より積極的な募集方法として，代理人は農家の個別訪問，集落や村単位での訪問を実施した．

　移民業務取扱会社には移民の輸送について船会社と交渉する業務があった．しかし政府に認可された船会社，承認された航路，そして指定された出帆港および下船港しか使えないという制約の大きいものだった．さらには最終目的地に着くために，移住者を外国船に乗り換えさせることも許可されなかった．南

米に移住者を運んだのは認可航路を持つ日本郵船株式会社と大阪商船株式会社の2社だった．両社は政府の助成金と庇護を受けた商船グループ社で，この2社は南米の港を地域に分けて，日本郵船が太平洋側の港を，大阪商船が大西洋側の港を使用した[10]．日本人の移住は日本の船会社の商業ルートに準ずるしかなかった．

民間業者の設立とともに，移民協会の創設もまた移住意欲を刺激する重要な要因だった．1915年に広島県と熊本県で海外協会が結成され，続いて他県にも類似の団体が生まれた．そして海外への移住をより効率的に支援する目的で，1927年3月29日に公布された海外移住組合の創設を謳う法令第25号の発布後から移民協会や海外協会の集中一元化が行われ，「海外移住組合連合会」に統合された[11]．

名称や組織運営の問題はさておき，組合の目的は県単位で移民をグループ化し擬似共同体成員として送り出すこと，もしくは海外から届く植民企画の支援方法を考えることであった．県の組合はみずから移民に援助の手を差し伸べるとともに，別の機関から確実に援助が提供されたかも検証した．また援助は移住希望の組合員の家族にも及んだ．海外から届いた企画のひとつに次のようなものがあった．

> 我々は中米の英領ホンジュラス（現在のベリーズ）のスタン・クリーク地区で獲得する3万エーカーの森林地帯の土地開発を企画している．この地域に500家族の移民を送り込み，それぞれが選択した農作物の種類に応じた作付け用の土地を分譲する予定である．現職の英領ホンジュラス総督は否定的見解のないことを我々に伝え，……移民には出生国の市民権を保持したまま，出身国の学校教育を移植し，自分たちの言語や文化を維持しながら入植者同士や農作物の面倒を見るという我々の詳細な計画を本国政府が認めたならばすぐに実行に移す，と述べた[12]．

このような日本人移住者が欲しいという依頼文書から読み取れるのは，日本政府が海外にいる移住者の総体的な福祉面での保証を求めることをあらかじめ

知っていたことだ．この英領ホンジュラスの企画の場合，「福祉」とは子供たちの教育の場を確保すること，そして移住者たちには受入国の言語，伝統，習慣などを強制しないことだと読み取れる．

県ごとに設立された組合は，海外での土地購入や，その土地での入植活動に自己投資する資金を持った人の移住を支援することを目的とした．組合はさらに学校，病院，倉庫などを共同体のために建てたり，その他の組合員の移住に必要な事業を立ち上げることができた[13]．コロンビアでは海外興業株式会社が手を引き，最後の移住者集団が土地を購入する援助組織がなくなった後に資金提供に動いたのは福岡県海外移住組合だった[14]．

組合や協会組織は，移民希望者に対する日本での準備のためのトレーニングセンター設立とそこでの講習を企画したり，あるいはコロンビアのエル・ハグアル入植地の場合のように，現地で指導にあたるサービス業務を提供した．ほとんどの移民希望者は自分の生まれ育った小さな地域社会から出たことがなく，外国人を見たことさえなかった．移住予定国の情報は唯一，業者の募集担当者から得た些細なものだった．横浜，神戸，長崎にトレーニングセンターが設立され，語学講習，洋式の衣服の着脱，洋式の家事・料理の仕方から，社会マナー，習慣，宗教，地理，農作物などの情報を伝えた．しかしすべての移住者が出発前にトレーニングを受けたわけではない[15]．

1900年代の終わりになって中南米への日本人移民数が増え始めた頃，民間の移民業務取扱会社数は1908年までに18社が廃業し，1909年には5社に激減していた．この5社は生き残りのために 合併，系列化，名称変更，社員の引き抜き，増資などを繰り返してきたものである．海外興業株式会社は1917年になって政府主導で既存の民間移民業務取扱会社のほとんどを合併する形で設立された．大蔵省は新会社に資本金900万円を投資した．そして唯一残っていた競争相手の盛岡移民会社も1920年までに吸収合併された[16]．半官半民企業の設立により，移民は政府の統制と支援策を反映し，管理されることにもなった．加えて，現地移民共同体の管理，インフラ整備計画の実施，生産品の開発，資金調達，マーケッティング，知識や情報共有のための出版業など新事業にも手を広げた[17]．

民間および半官半民の移民業務取扱会社は，建前としてはみずから立案した

事業計画に基づいて自由に活動の場を広げることができた．しかし現実にはその関心がアメリカ大陸のポルトガル語圏とスペイン語圏に向かった理由には少し説明が必要だ．日本が南米に目を向けたのは，1906年に米国カリフォルニア州で日本人移民排斥運動が起こったからである．日本人移民を南米に送る運動を始めたのは大隈重信だったが，ただ広大な未墾の土地があるという以上にどこか特定の受入国を想定してのことではなかった[18]．大隈は1906年にカリフォルニア州議会で反日法案が採択されたことへのコメントの一部として南米移民構想に言及したのだった[19]．

しかし1920年代になるまで日本は真剣に南米への移民を促進させることは考えなかった（表3-1）．変化は海外に新しい市場を開拓する必要が生じたという別個の発想からのもので，米国，カナダ，オーストラリアなど白人移民を好む英語圏から日本人移民が嫌われたから，代替地を探した結果という直接的

表3-1　中南米諸国への日本人移住統計：1897〜1942年

| 国名 | 年 | | 計 |
|---|---|---|---|
| | 1897〜1923 | 1924〜42 | |
| アルゼンチン | 982 | 4,416 | 5,398 |
| ボリビア | 22 | 227 | 249 |
| ブラジル | 31,413 | 157,572 | 188,985 |
| チリ | 304 | 234 | 538 |
| コロンビア | 5 | 217 | 222 |
| キューバ | 179 | 437 | 616 |
| メキシコ | 11,763 | 2,904 | 14,667 |
| パナマ | 116 | 340 | 456 |
| パラグアイ | − | 709 | 709 |
| ペルー | 21,420 | 11,650 | 33,070 |
| ウルグアイ | − | 11 | 11 |
| ベネズエラ | − | 17 | 17 |
| その他 | − | 8 | 8 |

出典：外務省編『我が国民の海外発展―移住百年の歩み（資料編）』，1971，pp.140〜1．JICA『海外移住統計』，891号，1994，p.126．

なものではない．1927年に幣原外務大臣は国会に提出した海外移民協会法改正の趣旨説明で，諸外国における日本人労働者の安全対策だけでなく，海外で事業を始める日本人への支援体制の構築や，「日本の産業に原料を供給するルートの確保という観点からも役に立つ」法案であると述べた[20]．

貿易ビジネス拡大のために新しい領土を探すという発想は第1次世界大戦前後に具体化していた．それまで日本の国際貿易は実質外国の支配下にあり，輸入品価格の交渉も日本と原産国の間だけでは決められなかったのが実情だった．第1次世界大戦をはさんで英国の影響力が相対的に衰減したのをきっかけに，発展しつつあった日本の国内産業が必要とする原材料をみずから探し求める活動が中南米でも活発になった[21]．

貿易と移住の可能性を求める商業ミッションが次々と中南米諸国を訪れ，1916年から1919年の間に発行された中南米の新聞は，日本人使節団訪問の記事で一杯だったとも指摘された．同時に貿易促進のための日本・チリ貿易協会，ラテンアメリカ・日本協会，日墨協会などの団体が組織化された[22]．

1924年に幣原外務大臣が座長となる外務省の諮問組織「日本移民会議」は南米に使節団を送ったが，その調査内容は興味深いものだった．移住先としてブラジルを重要視すること，移民は未開発な受入国に対する投資・援助の意味があること，移民業務取扱会社を反官半民組織にすることでより統制のある合理的な選択が可能になること，といったことのほかに，移住者を一定期間の労働の後に日本に帰国する労働者から，制定されたコロニア（入植地）に永住すると期待された農業入植者と定義し直したことで，このときから移住志願者は個人単位でなく家族単位へと切り替えられた．このことはつまり，帰りの切符代は約束されないが，場合によっては移住者は入植の最初から土地を持っていたり，既存の日本人入植地に入った新規移住者が貯金を貯めて自分の土地を買うなど，定住志向ならば自由が利いたということだ．

1929年にコロンビアのエル・ハグアル移住地で始まった農業組織は，ブラジルの通常の入植地組織に倣った．当然，土地取得の一般的な流れや移民業務取扱会社の管理下での規制はコロンビアでも適用された．期待されたのは，移住者とその家族がいずれは会社から独立した土地所有者となることであった．つまりここで日本人移民は受入国の単なる労働者ではなく，農業開発計画への

直接の参加者に変身するのだ．

　この節の記述はいかに日本人の海外移住がしっかりと管理され，積極的に組織化されていたかを示す結果となった．そしてその操作に移住者のエスニックなアイデンティティーが利用されたことも重要な指摘である．共通の目的を持った移住者は同じ県の出身者である場合が多かった．互いに出身地の事情をよく知り，同じような方言を話し，移住した背景として同じような困難を日本で体験したというような絆は励まし合い，目的を理解し合うに必要だった．また同時に出身権への感情的な繋がりや，その繋がり意識が途切れないように定期的に情報を交換する県の移民行政当局の動向も話題として共有できただろう．

## 3. コロンビアへの移住

　1926年に海外興業株式会社はその社員2人にコロンビアに調査のための出張を命じた．目的は日本人移民計画を立案する上で必要な受入国の社会的・経済的状況の調査であった．ひとりは竹島雄三（タケシマ・ユウゾウ）といい，すでにブラジル滞在の経験があり，コロンビアという新規の受入候補国で日本人移住計画を始めるに必要な経験とまた自信も持っていた．竹島はポルトガル語の知識のほかにスペイン語にも精通しており，まだ東京外国語学校の学生だった頃に，コロンビア人ホルヘ・イサアクの書いた小説『マリア』を日本語に訳し，雑誌『新青年』に連載した人物だ[23]．

　一般には，竹島の若い頃の文学作品に対する関心が，その小説の舞台となったバリェ・デ・カウカを日本人の入植地に選んだとか，コロンビアへの移住者に対して熱心に支援の手を差し伸べたと思われている[24]．しかし，野田良治が1910年に日本政府に宛てた報告書の中で，すでに北のカルタゴと南のサンタンデル・デ・キリチャオを結んだバリェ・デ・カウカ県域が将来の日本人移住地として非常に有望であると推薦していた．

　野田はコロンビアへの日本人移住に反対ではあったが，マグダレナ川とカウカ川に沿った肥沃な土地の有望さは評価していた．しかし同時に洪水の危険性

も認識しており，結論としては日本人の農業移民がバリェ・デ・カウカ地域に定住することには賛成でなかった．野田は総論としての日本人移民反対の理由として未発達な社会インフラ，域内交通網の不備，日本との直接コミュニケーションがとれる通信システムがないことを強調していた[25]．

1929年に出張を命じられたもうひとりの社員は農業専門家の巻島得壽（マキジマ・トクヒサ）だった．パナマに赴任していた領事の若林高彦（ワカバヤシ・タカヒコ）は，竹島と巻島とともに日本人移住プロジェクトに最適の場所を現地で探した．1926年7月21日から9月18日までの間にカウカ渓谷，マグダレナ渓谷，メデリン，バランキーリャ，サンタ・マルタ，ボゴタ，そしてボゴタ高原にあるいくつかの町村を訪問した．竹島と巻島の2人は帰国後，イサアクの小説『マリア』への言及を含むコロンビアの地理，気候，資源，移民法，日本以外の国からの移民事情と概数などを記した海外興業株式会社へ報告書を提出し，その内容が全文日本の外務省によって出版された[26]．さらに外務省は移民計画の実施候補地として高く評価されたカウカ渓谷地域の詳細な情報収集のために，竹島に2回目の報告書の提出を求めた．竹島は2回目の報告書ではカウカ地域に移住計画を実施する経済的利点に焦点をあてた．またこの地での農業開発に投資する外部資金を持ってくることの重要性を強調し，さもなくば，日本人移民はただコロンビア人のために働く小作労働者になってしまうと論じた[27]．海外興業株式会社はコロンビアのカウカ地域に入植する企画書を作成し，外務省の最終的認可を得た．

海外興業株式会社はコロンビアへの移住計画を宣伝するために福岡県内の町村を訪問した．「この世に天国があるとすれば，それはコロンビアの移住地を指す」というキャッチコピーとともにトロピカルな趣のあるポスターが貼られ，コロンビア移住に関する記事がニュース速報に掲載された．外務省提出前の計画は最大20家族規模のものだったが，承認時点で10家族規模のものに縮小されていた[28]．しかし福岡県内では結局3家族しか応募せず，その後の募集キャンペーンを他県に移し，ようやく福島県から1家族，山口県からもう1家族の応募があった．結局，1929年秋に最初に出発したのはこの5家族総勢22人であった．そして翌年になって全員福岡県出身の5家族33人が第2グループとして渡航した[29]．

この人気のなさの理由についてはある程度説明がつく．まず日本ではコロンビアについてほとんど知られてなかったことは明らかだった．また実際にコロンビアに滞在して帰国し，コロンビア体験を伝える人はまだいなかった．ある地域から移住者を送るのに成功すると，同じ地域から次の移住希望者が現れる流れがあった．移住先から日本の家族，友人に手紙が送られ，移住者や移住先のニュースが広まるからだ．スタニフォードは「成功した移民は出身国の親戚，隣人，そして友人たちに自分と同じ幸運が得られる」と移住を勧める傾向があったという[30]．その意味でブラジルとペルーの移住地についてはある程度知られていた．コロンビアについては全く知られていなかったが，1次，2次と分かれてコロンビアに渡航した10家族のうち，2家族は以前ペルーに住んだことがあり，他の2家族は元々はブラジル移民が希望だったが，宣伝を見て変心したというものだった．

　興味深いことに，学校の教師が生徒たちに日本脱出を奨励したことにも言及すべきだろう．コロンビアへの移住計画に応募した1家族の主婦は，学校の先生がある日，生徒たちに向かって「皆さんは小さな山に棲む猿のように世界を知らない．日本は小さい国です．仕事の機会があればぜひ外国に行きなさい」といったことを憶えていた．この主婦はまた兄の友人がブラジル移住について熱く語るのを聞き，こういった体験から海外で働きたいと願うようになったという[31]．

　1929年春に外務省から印刷許可を得た移民希望者用のパンフレットを見てみよう[32]．このパンフレットはコロンビアの地理，気候，民族構成など概観的な紹介文を載せた後，移住希望家族はコロンビアに永住することを約束し，また農業に従事するもの，と明示していた．つまりまず商業や個人的事業に従事するつもりの移民希望者を排除していた．そして世帯主は農業経験のあることが必須だが，日本では借地や小作での農業経験がある人材ばかりで問題はなかった．ただし家族構成員として加わった成人男性の中には農業経験の全くない者もいた．

　移住志望者は自分が生まれた県に応募書類を提出した．3か月以上他県に住んでいれば住民票を必要とし，3か月未満ならば新住所の住民であることを証明する証人を必要とした．応募書類の審査費として5円が徴収された．このお

金は移民としての出帆当日に返還されるが，選考に合格してもキャンセルした場合は返金されなかった．

このパンフレットには，応募者の個人的資質についても言及し，これまでの移民には「我慢」の心が欠けていると批判し，穏やかさに通ずる忍耐心が奨励された．「耐える」という意味での「我慢」は日本人社会では価値あるものだ．忍耐心があり平穏を好むという資質は，上位にある組織やシステムに制度的な疑問を持たずに自分の地位や生活環境を受け入れることのできる人材であることを意味した．「我慢」には「服従」が伴うというわけだが，コロンビア移民を扱った海外興業株式会社も移民たちには入植地の運営に関して断固として服従を要求した．ここから発生した管理人と管理事務所の問題は後述する．

従順で我慢強いという以外に，移民は健康で肉体強靱であるべきだともされていた．精神病，肺結核，トラコーマ（トラホーム），麻疹といった病気の保持者がいる家族はコロンビア入国を拒否されるので応募不可だった．妊娠6か月以上の女性，あるいは生後間もない赤ん坊のいる女性は船旅が長いために許可されなかった．農業移民は衛生設備のない，熱帯病が待っている入植地に入るという冒険に乗り出すため，健康で強靱な肉体の持ち主が期待された．実際にコロンビア移民はマラリア，皮膚病，下痢を間違いなく患い，マラリアでは何人も死んでいる．遠いカリの町以外，入植地周辺には病院がなかった．移住地に到着した移民たちはまず井戸を掘り，地下水のある場所を確保してから家づくりに入った．一段落すると耕作予定地の開墾などの準備で重労働だった．まだ存命の移民イッセイ（1世）たちは，最初の1年間はどれほどの重労働だったかを苦々しく憶えているが，強い肉体は確かに必要だった．

パンフレットに記載された家族条件とは，最低3人の成人，すなわち50歳以下の既婚男女と12歳以上の子供で構成されるものになっていた．子供がいない，あるいはいても年齢が12歳以下であるような場合は，最低条件を満たすために，申請代表者の父母，配偶者の父母，祖父母，養子となった息子もしくは娘とその配偶者などを「付属」家族として追加することができた．実際にはほとんどの移民希望者は追加の成人を加えて申請した．家族の大小にかかわらず土地は家族単位で公平に分配され，名義は家長のみ取得できた．

移住者は一般に日本では困窮した農民か，跡取りになれずに借地で農業に従

事する次男以下の者だったとされている．父親系の土地相続は1人の息子，通常は長男，に限るというのが，第2次世界大戦後の連合国軍駐留期間（1945〜52）に導入された農地改革より以前の慣習だった．息子のいない夫婦は通常養子をとり，苗字や農地が継承されるように図った．コロンビア移民の場合も1家族を除いて長男はおらず，したがって日本での家督の継承問題はなく，先祖の名の入った位牌を所持せずとも日本を去ることができた．両親，既婚者も含む若い兄弟姉妹とともに移住してきた坂本一家だけは家長である長男が位牌を持ち込み，なくなった祖先を偲ぶための祭壇を設けた．これは例外的で，移民業務取扱会社は一般に，日本への送金の責任や義務のない移民希望者に好意的だった．

　海外移住への応募は日本での生活苦が主たる動機だが，無一文では応募できなかった．コロンビアへの応募には4人家族で1690円以上の貯金があることを証明しなければならなかった．この貯金の中から素行と健康が良好であることを証明する証書，戸籍謄本，パスポートやビザの発給，写真や予防接種などにかかわる経費を支出した．また入植後の最初の7か月間に生活費として最低必要と見積もられた支出は630円と計算された．さらに現地で新たな機器や物資を購入する必要が生じた際の予備金として1000円程度を用意しておくよう勧められた．貯金の1690円以外には陸路の移動交通費，35日間ある船旅の食費，そのほか新生活を始めるに必要と思うものの購入費も加算しておかねばならなかった．日本政府は，国内移動費の半額，船賃の全額，コロンビア国内移動費の一部を助成したが，それぞれに上限があり，国内移動交通費の補助の場合190円（12歳以上），85円（7〜11歳），42円50銭（3〜7歳）だった．

　パンフレットにはまた持参すべき基本物資についても挙げていた．洋服，下着，靴，調理器具，皿，コップ，毛布，タオル，蚊帳，傘，防水コート，石鹸，歯磨き粉，歯ブラシ，櫛，ヘアオイル，鏡，鉛筆，紙，ノート，針，糸，砥石，野菜の種，それに大工道具や野良仕事用の道具などがリスト化されていたが，男性のネクタイや女性用帽子は不要とわざわざ注意していた．虚栄心から移民たちが流行のエレガントな衣服で着飾る行動を戒める意図があったようだ．移民業務取扱会社は，コロンビアに日本人の農業移民がいることが明らかになることを恐れていたようで，入植地に近い町村で姿を見られないよう移民に求め

たり，粗末な服を着用するよう指示した．その理由としては，もしコロンビア人の注意を惹けば，苦情の口実になるかもしれず，そうなれば和解のために余分なエネルギーを使う損失に繋がる，と考えたようだが，どこの出身の移民であろうと，服装が良いか悪いかでその移民に対して苦情を述べたり襲撃したりする地元住民がいたかは定かでない．

　その他の持込み禁止品には，ピストル，ライフル，刀やその他の武器類，マッチなどが挙げられたが，これらはブエナベントゥラ港での厳しい税関検査にひっかかるのは必須だったからだ．絹糸や味噌，醤油は少量ならば持込可だった．荷物は重たい木製の箱詰めにはできず，重量1個当たり47kg以内の籠状の行李に詰める必要があった．移民船の業務としてはコロンビアへの新規移民のほかにすでに入植している各地日本人移民に向けた貨物の運搬というものがあり，そのスペースを確保するために旅客の荷物の重さや大きさを制限しなければならなかったのである．

　日本国内で海外興業株式会社がコロンビアへの移住者を募集していた頃，竹島雄三はコロンビアの土地購入交渉に取り組んでいた．竹島は合計128ヘクタールの土地をカウカ県コリント市在の地主から購入した．購入の内訳は96ヘクタールが移住計画用の会社名義の土地になり，残り32ヘクタールは竹島が個人用に購入した．道路など管理用の共有地と栽培作物の試験農場を共有地として確保した後，入植各家族に7ヘクタールを割り当てた．竹島は6年後に個人所有地を福岡県海外移住組合に売却した．この32ヘクタールの土地は，竹島が追加購入していた隣接地70ヘクタールの土地と合わせて福岡県海外移民組合に売却され，福岡の第3次移民集団の入植地として使われた[33]．関連して，福岡県海外移住組合理事長が，竹島に対してコロンビアにおける組合代表者としての法的地位や権限を委任するという書類も見つかっている[34]．

　竹島が土地を購入し，コロンビアで初の日本人入植地となった「エル・ハグアル」は，ハグアル川の近くでカウカ県コリントの町から南西に約5kmのところにあった．北にあるバリェ・デ・カウカ県の県都カリ市と往復する交通路といえば，コリント，ミランダ，フロリダ，そしてカンデラリアあるいはカロトとプエルト・テハダを通るものだったが，交通事情は非常に悪く，入植地に

通じる公道はなかった．最も近いカロトやコリントの町に行くには徒歩しか手段がなく，そしてこの地域に住む他の住民たちからも孤立していた．

さてここで海外興業株式会社が運営するエル・ハグアル入植地の管理事務所および管理人の問題について述べよう．いくら半官半民とはいえ，企業であるからには収入を確保し利潤を上げなければならない．その目的達成のために築いたシステムが必ずしも移住者の納得のいくものでなかったことがコロンビア農業移民の運命を決した．

コロンビアに最初の移民が到着する6年前から，海外興業株式会社の現地管理人として有望な人材候補だった島清（シマ・キヨシ・サミュエル）が，先行してパルミラの近郊で農業から共同体運営に必要な現場体験を積んでいた．他の日本人や地元コロンビア人との付き合いもあり，エル・ハグアル入植地の開設からその後の発展に信頼できる存在となった．移民業務取扱会社が移住者向けのトレーニングを日本で開講できなかった場合，現地で島がその分を補った．入植地内に建てられた彼の家は「トレーニングセンター」となり，そこで彼はコロンビアの地理，気候，宗教，伝統など様々な話題について講義し，また語学教師にもなった．移住者の家には電気がなく，また人家は広範囲に広がっていたので，夜の授業には安全を考えて男性だけが参加した[35]．

海外興業株式会社の社員としての島の役割が，会社の利益を確実なものにすることだったことに間違いはない．移住者は，入植地に定住することを前提に居住し，生産物は運営組織を通じて独占的に買い占める海外興業株式会社の代理店に売るが，3年後には無償で土地を受け取ることになっていた．その代理店は，単に移民の生産物だけでなく，消費物資もまた管理事務所が独占的に扱うように計画した．個人的に必要な物資を地元の店で買うことはできず，管理事務所売店でのみしか入手できなかった．島は事前に注文を受けた物資を運ぶためのラバや馬，それに助手を伴い，一番近くの町コリントまで買い物に出かけた．

1929，1930年に到着した最初の2集団の契約書には，最初の3年間は自分たちの生産した作物を個人的に売ってはいけないことは記されていたが，消耗品の購入までも管理事務所売店を通さなければならないとは明記されていなかった．しかし会社側としては，3年契約が満期になるまでの期間は買い物に関し

ても会社の方針に従順で抗議もせずに忍耐してくれるものと期待した．

　移民業務取扱会社が土地譲渡の交換条件として移住民の生産物に対し3年間は権限を持つことはまだ理解できる．しかし移民たちが消費行動を通じて外部の住民たちと接触したり交流したりする機会を奪い，商品選択の自由を制限された消費環境に文句もいわずに3年間も耐えられると期待することは異常である．コリントの町は徒歩で数時間の距離にあったから，スペイン語がわからないということを除けば，往復は大した冒険でもなかった．以前に家族と一緒にペルーに住んでいた経験があり，スペイン語の理解力や運用能力のあった1人の移民が，24時間移民監視の態勢をとっていた管理事務所の目を盗んで，コリントの町に出かけた．そして彼は即座に，管理事務所売店を通して買わなくてはならない食糧品やその他の消耗品の値段が不当に吊り上げられていることに気づき，帰ってその事実を皆に報告した．入植地全体が不穏な雰囲気に包まれた．発端をつくったこの移民とその移民家族は契約満了とともに取得した土地を他の移民に売り払い，引っ越していった[36]．

　個人的な買い物に対しても手数料をとる管理事務所への批判と，3年従順に働いたら土地の所有権を確実に得るものにしたいという矛盾する願いの間のスタンスの取り方で，この共同体内には和解しがたい分裂ができてしまった．日用消耗品にも手数料を上乗せして独占的に管理事務所売店が売り，移住者はそこからのみ買わねばならない，ということは契約書には明記されていなかったが，3家族は管理事務所方式を支持し，7家族は買い物の自由を要求した．この7家族はまた約束された7haの土地の即時移譲も要求したが，分譲予定の土地所有者は竹島の名になっており，共有地は養老保険の抵当に設定されていたので，交渉は不可能だった．

　1935年に第3次の移住集団が到着した．応募条件は1929年発行のパンフレットに準じたが，土地の取得と生産物の売り方については以前の移民集団と異なる契約になった．すでに2家族がエル・ハグアル入植地を去ったことを教訓にしたのかもしれない．また土壌の質が悪く生産量が上がらなかったことも考慮したようだ．

　海外興業株式会社は竹島と島といった古参社員との契約を打ち切った．竹島の最後の仕事は，この第3次移民集団のための土地を獲得することであった．

竹島は福岡県海外移住組合の代表代理人名義で隣接地70ヘクタールを購入し，合わせて竹島の個人名義にしてあった32ヘクタールの土地を放出して，合計102ヘクタールをこの新規移住集団のために確保した．さらに第1次，第2次の移民集団のために設置した各種設備や備品，共有地としてトラクター倉庫や飼育動物の草場，試験農場，学校に使われた土地も提供した．日本政府は学校建設費用と現地で雇う日本人教師の給料分の財政的援助を実施した．

一方，第3次移民集団は以前の移民集団の場合と違って，入植地の土地を有料で購入しなければならなかった．その原資として福岡県海外移住組合から9年ローンで相当額を借りた．10家族の各家長は土地代金2400円，それに共有地使用権と登録料計200円が加算され，借金となった．ローン総計は2万6000円となったが，最初の2年間は利息払いのみで元金返済は猶予された．組合は移民集団が月払いで7年以内に完済することを期待し，返済不能になった場合の罰則規定などは契約に明記しなかった[37]．

結局，第3次移民集団は組合にローンを返済できなかった．その理由の1つには，土質が悪く，予定していた豆の連作が不可能で，ローン返済を開始するには利益が少なすぎたことが挙げられる．2つ目には，最初の1年を生き延びるために結局現地で新たに1000円（あるいは米ドル相当額）を用意するしかなかったのだが，しかし第3次移住団には入植地に住み続けなければいけない義務や，生産物を移民業務取扱会社の代理店のみに売らねばならない契約もなかったので，共同体を離れて個人的に耕作可能でより広い土地を独自に探し，借りた．利益のでない痩せた土地にしがみついてローンを返済するよりも，耕作できてより大きな収入の上がる田畑を得るためにわずかな利益を再投資したのだ．組合からの督促は，第2次世界大戦（太平洋戦争）勃発後に途切れ，戦後も長らく放置された．移民へのローンの存在を戦後になってある共産党員が古文書保管庫から見つけ，ローンが解消されたのか，また返金がどこになされたのかが不明だったので問い合わせるまですっかり忘れさられていた．その後，1961年になって農業日本人会（SAJA：Sociedad de Agricultores Japoneses）会長の坂本時茂（サカモト・トキシゲ・パブロ）が個人的に日本を訪問した際に福岡県海外移住組合からの借金を完済した[38]．

結局，エル・ハグアル入植地は崩壊し，第2次世界大戦（太平洋戦争）後に

は移民は全員離散した．移民家族たちが土地の所有権を持たなかった事情をよく理解したあるひとりの地元有力者がすべての土地を買い取った．今日残っている跡地は黒砂糖[39]の精製工場のあるサトウキビ畑になっている（viii頁の写真参照）．

コロンビアへの農業移民は少数とはいえ，無視するには多すぎる人数の移住者が果たし，日本政府の海外進出政策の一部を成した．移民業務取扱会社や福岡県海外移住組合が移住計画を組織的に推進した．しかし企画立案した側の人間の期待と実際に移住した人たちの現実の間には大きな溝があった．移民が直面した問題は立案者が想像していたものとは大きく異なり，また入植地の情況に直接コミットして改善策を考えるような意識も薄かった．結局，移住民たちはただ生き延びるために，また生活の質を改善するためにも入植地から出ていかねばならなかった．当時のことをまだ記憶している移民1世たちは，いまだに怒りや不満，幻滅などを語る．本書はしかしそういった恨み，つらみの言説を正当化するために用意されたものではない．コロンビアへの移住は国策として日本政府が深く関わっていた．ということは外交関係や国際的商業取引の制度的な問題，そして日本とコロンビアの2国関係において移住が果たした役割，といった要素の分析が必要だということだろう．

## 4. 初期の外交：経済関係

明治新政府にとって，中南米諸国との個別国際条約締結はかなりの期間にわたって関心事であり，率先して通商友好条約に同意するよう各国に申し入れてきた．1873年にペルーとの間で最初の友好条約は結ばれ，続いて1888年にはメキシコ，1895年にブラジルとの間で同様の条約が結ばれた．1898年にはアルゼンチンの条約批准を待っている情況であり，チリとも条約締結の交渉中だった．そんな時期，1898年2月10日に日本の閣僚がワシントン在のコロンビア代理大使に以下のような書簡を送り，2国間の外交関係を開く提案を行っている[40]．

日本とコロンビア間の条約交渉は賢明なことであるということに貴国

政府が同意することを確信しています．なぜなら，友好関係にある国同士の条約締結はそれ自体常に望ましいことであるだけでなく，遠く離れている国の間での商業的関係を発展深化させる意味で必要なことであり，現在は国際的にも相互発展の端緒として重要なことと認識されているからです．

所轄大臣は当時締結予定だったアルゼンチンとの友好条約の草稿を同封し，同様の条約をコロンビアとの間でも作成する準備があると提案した．これに対しコロンビア政府は時期早尚という否定的な回答を寄せたが，日本の担当者はファイルに付録注記として，日本との条約締結に無関心と記していた[41]．

条約締結への交渉が実を結んだのは10年後のことだった．ラファエル・レイエス大統領の任期中，1908年5月25日に友好通商航海条約が締結され，同年12月10日に批准された[42]．日本は1898年時の草稿を再検討し，同等の立場，また少なくとも利益を損なわない条約なら同意することを予定していたが，1908年に調印した条約の「相互利益に基づく条約関係」[43]は，日本の一方的な利益を意味していた．

日本政府は不平等条約が外交上いかに不利かを体験し，米国，英国，フランス，オーストリア，ロシアといった欧米諸国と一度締結した条約の改正で治外法権，協定税率，最恵国待遇を求めた．治外法権の不平等とは，日本に住む外国人は日本の司法に拘束されないのに，海外に住む日本人はその国の法律に従わねばならないことであった．協定税率の不平等とは，輸入品や輸出品に対する税率を日本の認可なしに一方的に決定できる権利を持つことにあった．最恵国待遇とは，ある国から与えられた免税事項や利益は自動的に他方の条約締結国から同等の特権を与えられることを意味した．どれも欧米列強と結んだ最初の条約では認められていなかったため，改正に動いたのである．さて，強化されていく国家主権の問題として，国際条約で他国が日本にとって不利な条項を強いることを許さないという姿勢は，しかし日本より力が劣ると認識した国との国際条約では立場を変えて，不平等な条項を含むことに躊躇しなかった．日本はコロンビアとの友好条約で最恵国待遇を与えなかった[44]．そしてこのことが，1934年にコロンビアが日本との条約を破棄する口実になったのである．

コロンビアは1918年に日本駐在の最初の名誉領事を任命し，1919年には最初の領事館を横浜に開き，1934年には東京に公使館を置いた．ちなみに日本が最初の外交団をボゴタに派遣したのは1934年であった．公使館が開設されるまでの間，コロンビア人ルイス・カルロス・コラールがビジネス業務の国家代表役を担う臨時名誉公使になった．その役職にはどのような外交活動も含まれず，単にコロンビアを代表して商取引の交渉に応じただけだった．信頼できる両国間の通商貿易に関するデータは，正式な領事として赴任したカルロス・クエルボ・ボルダの時代にコロンビア外務省に送られた報告書から得ることができる[45]．一連の報告書とそれらに対する添付コメントは，両国間の関係を推察するに重要な証拠書類となっている．

1928年に不愉快な外交問題が起きた．この年に行われた昭和天皇即位の礼の式典にクエルボ・ボルダ領事の席の用意がなく，怒った領事は自国政府に対し，1908年に調印した友好条約の破棄を意味する提案を行った．主たる理由として，日本がコロンビアに最恵国待遇を与えなかったこと，そして貿易の不均衡を挙げていた．貿易に関して，日本政府は当時コロンビアからの輸入品に対して100～300％の高い関税を課しており，公正な貿易関係には程遠いという趣旨だった．クエルボ・ボルダ領事は，1928年年頭から9か月間の日本からコロンビアへの輸出金額は831,626.04米ドルに達し，これに残る3か月分の取引額がさらに追加されると予想し，総額でメキシコ，チリ，ペルーといった他の中南米諸国への輸出額を超えるだろうと指摘した．そして「それに比べて日本はコロンビアから1セントも価値のあるものを買っていない」と述べた．しかし彼が憂慮したのは貿易の不均衡問題だけではなく，もうひとつ考えなければいけない大切な事柄として「友好条約で定められているように日本人にコロンビアが入国，居住，そして定住の自由を許すことになると，将来のコロンビアの人種問題に悲惨な結果をもたらす可能性がある……」点も挙げていたことで，この心配は当時コロンビア国内で広く信じられていたことだった．

1930年に日本とコロンビアの港間を直行する航路が開設されたときも，クエルボ・ボルダ領事は本国外務省に対し，1930年以前に日本との間で締結されたすべての条約を破棄するよう強く勧めた．さもないと，現行条約のために貿易の不均衡是正も，コロンビアへの日本人移住も抑制できないと主張した[46]．

この報告書の1頁目に受理した外務大臣が手書きで「非常に興味深い」とコメントしていたが，コロンビア政府に条約，貿易，移民に関してどのような直接的対策を働きかけたかは不明である．

日本政府は中南米諸国が貿易量の不均衡の結果に失望していることを認識し始め，抗議の声を抑えるために貿易ミッションを派遣した．そして市場調査なども実施したが，相手国を満足させるような解決策は見つからなかった．ある国の輸出拡大希望産品が他の国の輸出拡大希望産品と重複している事例が多く，日本としてはどうしても中南米地域全体で年間いくらと設定し，それから各国に対してバランスを考慮しながら取引額を割り振るという発想になる．1935年と1936年に貿易不均衡問題解消を目的としたコロンビア，エクアドル，ベネズエラ，ドミニカ共和国，ハイチの5か国を訪問した使節団の膨大な報告書や書簡を検証しても，個々の国からの要望に個別に応じるというものでなく，地域全体として取り決めをまとめたいという意図が明らかで，相手国の不満解消には繋がらなかった[47]．

貿易不均衡の是正に関して日本政府は不誠実であるという認識から，数か国が友好条約の破棄という報復手段に訴えた．コロンビアも，日本が最恵国待遇を与えず，貿易赤字は増大する一方という事態に不満を持ち，ボゴタ市に日本公使館が開設されて間もなくの1934年10月30日に友好条約関係を破棄した．1928年から1934年の期間，コロンビアの日本製品輸入額は合計9,144,401コロンビアペソに達したが，日本への輸出総額はわずか27,635ペソにすぎなかった．（図3-1および付録3を参照）この貿易不均衡問題に対して，コロンビアは1935年5月から6か月の暫定期間中に日本からの輸入品総額を1,372,856コロンビアペソに制限し，日本政府も合意した．この額は1928年から1934年の間の平均的日本産品輸入額に相当した．1935年11月に前述の使節団がコロンビアを訪れ，コーヒー，石油，プラチナ，塩の輸入拡大を提案したが，将来の中・長期にわたる日本の輸入拡大政策の詳細は提供できずに去り，暫定期間が終了した後は日本との貿易はほとんど途絶えた[48]．

日本が第2次世界大戦に介入したため，コロンビアと日本の外交関係は断絶した．しかしその頃までに貿易関係も日本人移住もないに等しくなっていた．おそらく満州への進出で日本は十分な土地を手に入れ，同時に政治的な目的も

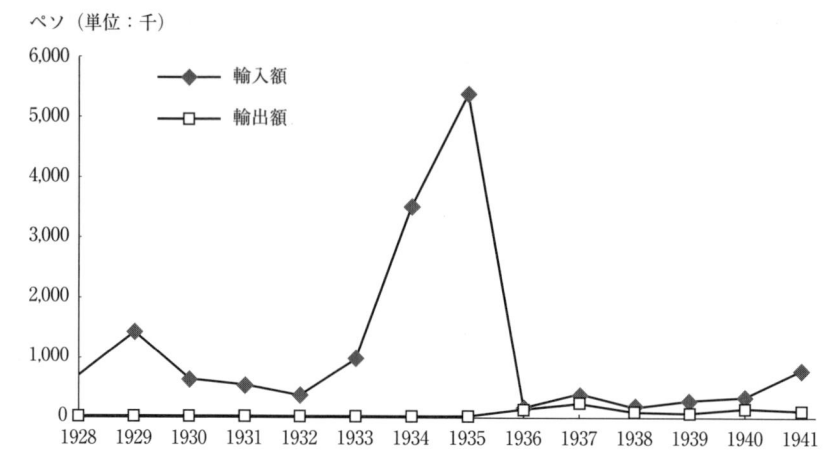

**図3-1** コロンビアと日本の貿易：1928〜41（通貨コロンビアペソ：単位千）
出典：Disparches from Consulado General en Yokohama. 1927-35. MRE: and Republica de Colombia. Ministerio de Relaciones Exteriores. *Memoria del Ministro de Relaciones Exteriores al Congreso de 1942*. pp. 290-1. 付録資料3を参照のこと.

達成したので問題を感じなかっただろう．1934年10月から友好条約が廃棄されたことにより，移住計画はいつでも放棄できる状況に変わった．1935年に日本を出発した最後の移民集団はまずビザを得るのに苦労し，7月31日出港という当初の予定は9月22日になった[49]．そして1936年から1941年の6年間にコロンビアに入国した日本人はわずか14人となった[50]．

第2次世界大戦が終結してから，1954年に両国は再び外交関係を結んだ．1957年には東京に駐日コロンビア大使館が開所したが，もう国策としての日本人移住時代は終わっていた．

## 5．平和的な侵略

日本人の海外移住の際立った特徴としては，その最初から政府の関与と積極的な組織的取り組みが挙げられる．移住のすべての実施段階で政府の介入があった．明治時代に近代国家としての地位を獲得しようと奮闘した日本は，自

国民が海外で不当な扱いを受けたり，奴隷扱いされることを許すつもりはなかったし，その危険がある場合は予防措置もとった．例えば移民保護法第3条には，日本と国交条約を締結していない国への移住者に政府はパスポートの交付を拒否することもある，としている．また国交があっても日本人移民が歓迎されていない国には移住者を送らないという方針に固執した[51]．1925年1月21日の国会演説で幣原外務大臣は，「歓迎されていない国に移住者を送るというのは我々の方針ではない」と，確認している[52]．

　日本政府の移民統制の背景にはヨーロッパ先進諸国への対抗心と拡張志向があった．資源確保と市場確保という目的のために地の果てまで拡張するという欧米諸国の欲望の強さほど開国直後の日本人を印象づけたものはない．貿易網の拡大，植民地化，そして移住という歴史的プロセスで常にヨーロッパ諸国が世界に影響力を与えてきた世界史を認識した日本は，鎖国政策で長い間抑制されてきた拡張志向を開放し，海外移住はヨーロッパ列強と肩を並べる必要不可欠の要素と考えられた．「拡張」がキーワードとなった．明治時代の最初の数十年間は，拡張が必ずしも軍事力を背景とした新領土の確保が優先課題ではなく，それ以前の輸出力の増強であり，それを可能とする産業の発展と品質の向上や原材料の確保，造船業の振興など多くの課題を同時に解決し，立ちはだかる諸外国の支配網を打ち破ることだった[53]．

　拡張はまた増加する人口問題の解決策ともみることができる．アジアでは軍事力をもって余剰人口を定住させる入植地を獲得することができた．太平洋の東をめざした日本人移民は最初はハワイや北米に向かった．しかし1906年にカリフォルニア州で始まった反日運動から1908年には米国に向かう日本人に発行するパスポート数を制限するという紳士協定を結んだ．このとき以来中南米に注目し始めたのである．しかし太平洋を越えた遠方での軍事力によらない平和的な拡張でなければならず，新しい市場の開発にも資源確保にもならなかったし，何よりも移住地の確保が難しかった．唯一の例外がブラジルであろう．国会での海外移住に関して政府は特定の国を考えているのかという議員からの質問に対して幣原外務大臣は，特にそのようなことはなく，移住者は自由に移住先を決めることができると一般論を答える一方，「特にブラジルに移民協会の関心は向いている」とも述べた[54]．広大な領土の一部を日本人移民に

提供し，日本国内で拡大発展する産業に必要な資源を供給する潜在力のある国としてブラジルを最適な国に挙げている彼の政治的先見性は称えられるものである．移民数が増えると中央政府は県単位での行政当局に任務を委託した．以来，県が移住手続きなどで重要な役割を果たし，移民の監督と保護のために移民業務取扱会社や組合が生まれた．

## コラム
### パナマ運河・コロンビア・日本

現在のパナマ共和国は，1903年までコロンビア領の一部だった．パナマ地峡は太平洋と大西洋の接点でもあり，1810〜1886年にかけてコロンビアが共和国として独立する過程で，米国は地峡に鉄道を敷設し，フランス人のレセップスは運河建設を試みて挫折した．

米国は，アジア・太平洋に進出するルートとして運河を不可欠とみた．しかし運河建設条約の批准をコロンビア議会が拒否したので，T. ローズベルト大統領はパナマ州の分離独立を画策し，実現とともにその新興パナマ共和国と条約を結んだ（1903年）．しかし米国の治外法権下におかれた運河地帯（Canal Zone）に国土を二分されたパナマでは反米意識が強くなり，このためコロンビアの日系移民を通して日本政府が反体制派のパナマ市民に近づくのではと，米国は警戒した．一方，運河地帯を拠点とする米国のさらなる侵略を恐れるコロンビアからは，監視役として運河の近くに日本移民を定住させる案も浮上し，この点からも米国はコロンビアの日本人移民の活動を抑圧する必要が生じた．

第二次大戦後，パナマで高まる運河返還要求は，1977年にトリホス将軍と米国のカーター大統領の間で調印された新運河条約のもとで約束され，1999年末に返還が実現した．

（乗　浩子）

## 注

1) 日本の年号は天皇在位期ごとに名称が変わる．明治維新以来4回年号が変わった；明治時代（1868〜1912），大正時代（1912〜26），昭和時代（1926〜89），そして平成時代（1989〜）．
2) 1872年5月21日，当時ワシントン在特命全権大使で後に文部大臣となった森有礼はイェール大学教授William D. Whitneyに手紙を送り，「構想中の大日本帝国に英語教育を導入する件……（何故なら）……我々が英語のような欧米語を採用しない限り……文明開化は明らかに不可能だからだ」という自説への意見を求めた．森は「日本国内で使用することを考慮し，全てあるいはほとんどの例外的不規則変化動詞を排し，例えば動詞過去形の "saw" は "seed", "thought" は "thinked" に置き換えるなど，英語運用者のみでなく世界中の人々が使えるように改革し，表意法性を脱構築した言葉通りのフォネティック・ベースの正字法を確立した―それはまた大きな利益をもたらす「簡略化された英語」―なるものを提案していた．書簡原文は川澄哲夫編『資料日本英学史：英語教育論争史』，第2巻，1978, pp.48-51. R. A. Miller, *Japan's Modern Myth: The Language and Beyond*, 1982, pp.107-9.
3) M.B.Jansen, "The Meiji Restoration", in M. B. Jansen ed., *The Cambidge History of Japan*, vol.5, 1989, p.336.; S. Hirakawa, "Japan's Turn to the West", in Jansen ed., *The Cambridge History of Japan*, vol.5, pp.432-5.; A.Waswo, *Modern Japanese Society*, pp.23-34.
4) Alan Takao Moriyama, *Imingaisha: Japanese Emigration Companies and Hawaii, 1894-1908*, pp.1-2.
5) 同上．
6) 同上書, pp.xviii, 8-9.
7) 移民保護法の有効期間や定義についてはMoriyama, 同上書pp.33-39, 189-94を参照．加えて東京の外務省文書アーカイブ, DRO/381.3を参照．
8) 蘭信三, 'Race Relations in Manchuria during World War II', 文学部論叢, no.36, 1992, p.60.
9) 移民会社に関する文献で最もまとまったものとしては，Moriyama, 前掲書．この文献で記述されたどちらの会社も，コロンビアへの移民開始時期には消滅かどちらか一社に統合されていたが，基本的な組織はそのまま残った．
10) J. F. Normano and A. Gerbi, *The Japanese in South America: An Introductory Survey with Special Reference to Peru*, 1943, pp.30-31.
11) 同上書, pp.29-30.
12) Edward Ewer, Caribbean Company Ltd. 社長から日本帝国内務省外事課宛書簡, 1928年5月14日, DRO/J.1.2.0.J3-5.
13) 東京の通商部書記官から海外貿易課への書簡, 1927年1月25日, PRO/FO371/12523.
14) 『コロンビア移住史』, p.26.
15) E. F. Weil, 'Training Japanese for Emigration', *Asia*, vol.9, no.17, 1917, pp.725-6.; T, Ogishima（荻島）, Japanese emigration', *ILR* 5, no.34, 1936, pp.626-7.
16) 以下の文献を参照．入江, 'History of Japanese migration to Peru', *HAHR*, vol.31, no.4, 1951, p.659.; Moriyama, *Imingaisha*, pp.155-156.; Bradley, *Trans-Pacific Relations of Latin America*, p.57.; Normano and Gerbi, *The Japanese in South America*, p.74.; A.

Morimoto, *Los Inmigrantes Japoneses en el Perú*, 1979, p.55.; I. Lausent-Herrera, *Pasado y Presente de la Comunidad Japonesa en el Perú*, 1991, p.16.
17) KKKK（海外興業株式会社）, *Actividades da Kaigai Kôgyô Kabushiki Kaisha em o Brasil: Aclimaçao dos Emigrantes Japonezes*, 1934, pp.5-6.
18) Normano and Gerbi, *The Japanese in South America*, p.26.
19) K.K. Kawakami, *American-Japanese Relations: An Inside View of Japan's Policies and Purposes*, 1912, p.16.
20) J. Tilley 卿から東京の Austen Chamberlain 卿宛書簡, 1927年10月11日, PRO/FO/371/12523.
21) 事例として以下の資料を参照。Yamochi,Yoshizaku, 'Imigraçâo japonesa: Ontem e hoje. O Exemplo dos japoneses da comunidade Nikkei de Urai (PR-Brasil)', *Kenkyû Ronsô*, no.5, 1992年12月5日, p.53.; Normano and Gerbi, *The Japanese in South America*, p.13.; A. Iriye, *Pacific Estrangement: Japanese and American Expansion 1897-1911*, 1972, p.13.; Matsushita, 'La politica japonesa hacia América Latina en la época de posguerra', *Análisis Politico*, p.97.
22) Normano and Gerbi, *The Japanese in South America*, p.27.
23) この小説を竹島雄三が1人で翻訳したとされている。東京外語学校の機関雑誌『新青年』に掲載され、読破した後輩のコロンビア渡航を鼓舞したとされる。ホルヘ・イサアク（Jorge Isaacs）の著作『マリア』は1886年に出版されたもので、主たる舞台はバリェ・デル・カウカ県にあるエル・パライソというアシエンダであった。イサアクのスペイン語による小説を日本人移民たちのほとんどが知らなかったにせよ、「エル・パライソ」なら訪れたことがあった人は多かった。巡礼地に生まれ変わっていたし、また移民たちの移住地点近くでもあったからだ。著者は竹島の後輩たちの証言を基に1920年から1950年までの『新青年』バックナンバーを調査したが不幸にも該当する小説「マリア」の和訳文掲載誌を見つけることができなかった。この小説の日本語への翻訳完全版は日本人移住70周年の記念プログラムのひとつとしてコロンビア-日本協会の資金援助により出版された。堀アキラ訳『マリア』、武田出版、1998.
24) G. Ramos Núñez, *Reseña Histórica de la Colonia Japonesa de Corinto—Cauca, Colombia*, 1974, pp.31-32.; 'La María atrajo japoneses al pais', *El Siglo*, 1976年10月2日.; 『コロンビア移住史』, pp.150, 162.; 『コロンビア日本人移住70周年史1929-1999』, 2001, p.484.; 'Los hijos de una novella de amor', Gente, 1989, p.17.; Galvis and Donadio, *Colombia Nazi*, p.257.; 藤本芳男『知られざるコロンビア』、サイマル出版会, 1988, p.213.; G. Patiño, 'El influjo de Maria, Relato sobre la inmigración japonesa y el desarrollo del capitalismo en la agricultura del Valle del Cauca', *Boletín Cultural y Bibliográfico*, vol.29, no.29, 1992, pp.36-39.
25) 野田良治「移民調査報告」, pp.101～3.
26) 外務省編「移民地事情」, 南米コロンビア国移植民事情視察報告, vo.14, 1927年7月。この報告書は元々は海外興行株式会社のために竹島と巻島が執筆したもの。
27) 外務省編「移民地事情」, 南米コロンビア国移植民事情視察報告, vol.20, 1929年4月. p.126.
28) コロンビアに20家族を送るという計画を記した海外興業株式会社（KKKK）井上社長の署名入り書類を参照。1929年8月3日、東京, DRO/J.1.2.0.J2-17.
29) 『コロンビア移住史』, pp.24～25, 33.

30) P. Staniford, *Pioneers in the Tropics: The Political Organization of Japanese in an Inmigrant Community in Brazil*, 1973, p.9.
31) 『コロンビア移住史』, p.33.
32) 海外興業株式会社（KKKK）編「コロンビア国—バリェ・デ・カウカ県試験農場雪移民案内」(1929年5月22日, 外務省認定), この案内書のスペイン語完訳版を作成したCuervo Borda 領事は, ボゴタに邦文案内書およびそのスペイン語訳 Guia de la emigracion a Colombia を送付していた. 横浜領事から外務省宛一般書類授受記録1918-38 (1929年6月19日, MRE) を参照. 本書で採用したプログラム日程データはこの移民案内書記載のもの.
33) 『コロンビア移住史』, pp.23, 36. Ramos Núñez, *Reseña Histórica de la Colonia Japonesa*, pp.38, 59-60.
34) 1935年7月26日, 福岡県海外移住組合長松本は横浜市在コロンビア領事を訪れ, 竹島雄三を彼の法的代理人とする書類に署名した. 1935～39年間の書類の授受を参照, ACET.
35) 島清の生涯に関する情報は『コロンビア移住史』, pp.44～45, およびRamos Núñez, *Reseña Histórica de la Colonia Japonesa*, pp.11, 17-21を参照.
36) カリ市における著者と故部福右衛門の息子森部勝との対話から. 1995年8月27日.
37) 移住者と福岡県海外協力協会との間の契約書は東京の外務省アーカイブに保管. J.2.1.0.X1-C01.
38) カリ市における著者と新地学との間の対話より. 1995年8月19日.
39) 精製されていないブラウンシュガーの塊.
40) 星亨全権大使からJulio Rengifo への書簡. Chargé d'affaires ad interim of Colombia, Washington D.C., 1898年2月10日, DRO/251.42.
41) 記載日は1898年3月17日付. DRO/251.42.
42) *Anales Diplomáticos y Consulares de Colombia*, vol.6, 1920, pp.491-5.
43) 星全権大使からRengifoへの書簡, Washington DC., 1898年2月10日, DRO/251.42.
44) 条約のフォリオ参照. DRO/251.42, および*Anales Diplomáticos y Consulares de Colombia*, p.492.
45) クエルボ・ボルダ (Cuervo Borda) の前に3人の前任者たちがいた. 最初の名誉領事はペルー人シブラク・デ・ボルヘス (G. De Civrac de Borges) で1918年4月26日に天皇からコロンビア領事としての協約書を受理. 彼は横浜の個人オフィスを開設し勤務. 2番目の領事はエドアルド・エスピノサ・グスマン (Eduado Espinoza Guzmán) で, 1919年6月に総領事として横浜に赴任. 3番目の領事はホセ・マシアス (José Macías) で1923年4月に任命. マシアスは1923年9月1日に横浜から東京地域に大きな被害をもたらした関東大震災の直後に領事館を神戸に移した. クエルボ・ボルダは1927年1月13日に就任し, オフィスを再び横浜に戻した. ボルダは1935年11月まで総領事だった. 1935年12月1日からグレゴリオ・アルメンタ (Gregorio Armenta) が横浜領事館の最高責任者になり, 1941年12月に外交関係が断絶するまで在職した.
46) Cuervo Borda から外務大臣宛書簡, 横浜, 1928年9月26日, MRE.
47) DRO/K.2.1.0.4-1-3.
48) 外務大臣から東京の公使館付通商部書記官Leopoldo Borda Roldán間の一般授受文書, 1918～1938, MRE. *Tratados y Convenios de Colombia*, 1919-1938, pp.878-79. Gardiner, 'Los japoneses y Colombia', *Boletin de la Academia de Historia del Valle del*

*Cauca*, vol. 40, nos. 158-60, 1972年8月, pp. 224-27.
49) 『コロンビア移住史』, p. 26.
50) Gardiner, 'Los japoneses y Colombia', p. 227.
51) ベネズエラと日本間で協定に署名しなかったという失敗と, 日本人移住の阻止条件の分析は野口の 'Historia de las relaciones económicas y sociales entre Venezuela y Japón antes de la segunda Guerra mundial', pp. 20-34.
52) *The Trans-Pacific*, 1930年1月30日, p. 11.
53) M. Fukumoto, *Hacia un Nuevo Sol: Japoneses y sus Descendientes en el Perú, Historia, Cultura e Identidad*, Lima, 1997, pp. 17, 109.
54) J. Tilley卿からAusten Chamberlain卿宛の書簡, 東京, 1927年10月11日, DRO/FO/371/12523.

# 第4章

# 第2次世界大戦以前

運動会最後のプログラム相撲大会（昭和13年）

## 1. はじめに：移民のエスニシティー

　コロンビア人の大多数は日本人がコロンビアに移住したことを知らない．第2次世界大戦以前は移住者の絶対数が少なく，人的交流に関する研究にも関心が薄かったことに加え，国家レベルでは日本人移民の存在も否定されていたからだ．現在でこそ，日本人と日本製品の存在は身近にある．日本製品を宣伝する派手なネオンサインが大都市に溢れ，日本車を運転し，家の中が日本ブランド（日本で作られたものでないにしても）の商品で満たされ，日本食レストランで豪華な食事を楽しむのも珍しいことではなくなったし，首都ボゴタには日本人学校さえあり，短期・長期駐在の日本人ビジネスマンやその家族が集まっている．しかし，20世紀初頭の数十年間にボゴタのようなコロンビアの都市部に移住し，そこで新しい人生を始めた少数の日本人の存在についてはほとんど知られていない．

　霧が立ち込め，アクセス方法も限られ，また外部からの到来者に冷たいといわれるボゴタだが，それでも冒険心に溢れた日本人の足跡はある．ボゴタ市のほぼど真ん中にあった男性刑務所の後ろ側の街路にレストラン「ミカド」を始めた2人の日本人兄弟[1]がいた．1908年にアントニオ・イスキエルドが連れてきた川口友広以下3人の造園職人は博覧会終了後の消息は定かではなく，現地に子孫を残したような記録はない．川口に関しては，ボゴタ市郊外の地に墓碑を見つけたとの情報もあるが著者は未確認である．しかし，地方都市であるバランキーリャやウシアクリに移住した集団は後からきた移民集団と絆を持ち，同一のエスニック・グループに属しているという意味は強化されていった．

　コロンビアへの日本人移住の歴史は当然異なるいくつかのグループに分類することができるが，その最も初期の移民は，半官半民の移民業務取扱会社の采配とは無関係に自分たちで入国の手配を行い，1930年代までにコロンビアに渡航し，主として都市部に定住した人たちで，首都のボゴタ定住者を除けば大西洋沿岸に近いカウカ渓谷の北と南の地方都市に定住した人たちである．前章で解説したカウカ渓谷に移住したのは，移民業務取扱会社の手配により家族単位

1. はじめに：移民のエスニシティー　93

で移住した地方での農業に従事する移民で，正規の移民ビザが発給されなかったために「農業試験移民」という暫定的な身分だったが，本書では便宜的に「初期農業移民」と定義する．すでに都市部やカウカ渓谷近くに移住していた日本人たちは，この初期農業移民たちのプロジェクトを支援するための移民業務取扱会社の現地代理店の手伝いや経済的，社会的関係を築いた．

　第2次世界大戦の前後の約十年間の間にも移住してきた日本人が少数いた．この時期の移民は「後期移民」と定義するが，誰も移民業務取扱会社の手配によらず，また都市部と農村部の両方に定住したことに特徴がある．後期移民のうちカウカ渓谷地域に定住した人たちは初期農業移民と個別契約に基づき一緒に働いただけでなく，その家族と結婚もした．都市部に定住した後期移民たちもまた初期農業移民と経済的社会的関係を築いた．

　移民集団は受入国の文化への順応にある類似したパターンを示してきた．一般論として，第1世代の文化的順応度は低く，第2世代では融合の様子が顕著になり，第3世代では完全に同化する傾向がみられる[2]．日本人のコロンビア移民もこの例外ではなかったようである．とはいえ，ユダヤ人や他のいくつかのエスニック集団の場合と同様に，日本人移民もみずからのエスニック・アイデンティティーを保つのに非常に成功している[3]．

　本書は世代交代に伴う文化変容や同化の表象を議論の対象にはしないが，筆者の関心は，コロンビアにおける日本人とその子孫たちの「民族的帰属意識」の表れにある．その背景には，日本人移民を受け入れた国々が第2次世界大戦中は連合国側に加担する政策の反映として日本人移民を迫害したが，戦後の関係改善と日本経済の復興の結果として日本の文化的ルーツへの関心や移民社会内でのエスニック・リバイバルの波があったという現象が，コロンビアでもみられるのではないかという想定がある．

　エスニックな要素の再活性化（Ethnic Revitalization）の動きは，政治的な利益があるとの判断がない限り長く続くことはなく，2, 3世代後には弱まるものと思われる傾向にある．さらには，エスニシティー研究とは，基本的には政治権力と民族集団の利益を守るための争いが絡んだ政治現象であると一部の研究者はみる[4]．しかしこの解釈に陥ると，エスニック・アイデンティティーへ

の固執やエスニックな要素の再活性化運動が，必ずしも政治ゲームにおける理屈にかなった戦略的選択だけではないという点を見失う．つまり，イサフジがいうように，民族的帰属意識の再活性化には「非常に顕著な感情的側面，論理的には全く説明できない側面がある」[5]ので，あまりに政治的側面でこのような運動を分析しようとすると偏向した解釈しか生まないのだ．エスニック・リバイバル現象にはそのエスニックなものに適応しようとする人々の希望にも左右されるために複雑である．個人という立場でいえば，集団の一員として自分を同一化したいという理屈ぬきの欲望と，その行動に関わることでもたらされるかもしれないある種の利益，の両方があるということだ．

第2次世界大戦後のコロンビアにおける日本人のエスニック・アイデンティティの顕現化は，他のアメリカ大陸の国々の場合と同じく，文化的アイデンティティーの外的発露として展開した．日本人の子孫は先祖が日本人であることを誇りに思い，子供たちに日本人名をつけ，日本語や生け花，造園様式，あるいは習字を学ぶために個人レッスンを受けさせ，インテリアには日本あるいはコロンビアで製作されたものかは不問にしてもいわゆる和風の装飾品を飾りつけ，庭も日本庭園風に造った．

1990年代の日本における出入国管理法及び難民認定法の改正後，日本政府は海外で生まれた第2世代，第3世代の日系人に対し，限られた期間，日本国内で就労することを許可した．高いインフレ率や失業率，そして政情不安といった多くの問題を抱える中南米の日系人にとって，日本で働くことは非常に魅力的であり，彼らの日本への流入は1990年代の特色であった[6]．日系人にとって「先祖の国」に移住できる可能性の存在は，コロンビアにいながらも新しい価値観の探求，新しいアイデンティティーの模索，そしてエスニック集団としての再結束と強化の流れを生み出した．

第1世代の日本人はコロンビアに住み，現地に適応する過程でも彼らのルーツや出身地域との関係を保った．こういった移住者はその子孫とともに2つの異なる文化を共有し，時や場所や情況に応じて使い分けてきた．エスニック・アイデンティティーということで考えれば，コロンビアでのほぼ1世紀に及ぶ日本人移民の歴史において異文化同士の結びつきによって主体性が形成されてきたともいえる．

# 1. はじめに：移民のエスニシティー

グレーザーとモイニハンは，「エスニシティーは新しい用語のようだ」と主張した[7]．彼らはこの単語が『オックスフォード英語辞典』に最初に掲載されたのは1972年だったと強調する．しかし語源的には古いギリシャ語のエトノス（ethnos）に由来し，異教徒とか未開人を意味した．何にせよ，1960年代から社会人類学的研究でよく用いられる用語になり，文化的に自他共に明確に峻別できると考える集団間の関わり合いを示すようになった．日常会話では含意として「マイノリティー問題」や「人種間関係」も表す．エスニシティーは，ある社会の構成員として分類された集団間同士の関係に影響を及ぼしていると考えるのが一般的である[8]．

社会人類学にとって，エスニシティーは1960年代終わり頃から最大の関心事であり，今日でも大きな課題であり，そのエスニシティー研究はフィールドワークに依存している．フィールドワークはいかに人間が日常生活の中で行動し，社会的に相互に影響し合っているかの情報を直接に集めることができる．またフィールドワークはいかに人間が自分の属する集団や他の集団について考えたり話したりしているか，そしていかに人生のニーズや挑戦に応じているかを明らかにする．エスニシティー問題を隔離とか孤立ではなく，人的接触や交流の結果として考えれば，フィールドワークはエスニックな人間関係を理解し，説明する手段を提供するだけでなく，特定のエスニック集団への帰属意識の重要性を喚起し，その帰属意識の表し方の差異を認識する手段にもなる．

コロンビアへの日本人移民は，それまでに経験したことがない全く異質な情況に直面したことから理解しなければならなかった．未知の言語，異なる宗教や政治制度，社会的価値観や習慣などである．熱帯で暮らすということは，四季の変化がある場所に住むのとは決して同じでない．日本人移住者はこういった社会環境や気候の違いだけでなく，人数的にも社会的地位や経済力，政治力などの面をとっても非常に脆弱な立場にあるマイノリティーの一員として入植し，順応への過程を歩み始めた．

移民たちはその脆弱性を前提に，生き残るためのある種の手法を生み出した．ある者はみずからの異質性を隠し，偽装して受入国の社会に溶け込もうとした．別の者はみずからのエスニック・アイデンティティーに固執した．あるいは，単に生き残りの戦略として両方の文化への帰属意識を随時切り替える道

を選んだ人もいた．いずれにせよ，彼らを受け入れたコロンビア社会のほうでは移民の側のどのように見て欲しいかという願いとは無関係に，あるときは最も望まない範疇にさえ分類してしまうのだった．「AでもBでもないが……」という情況と「AとBの両方ではあるが……」という情況という曖昧な領域は，T・H・エリクセンのいう「変則的民族性」の表象である[9)]．かなり若いときに移住した移民は，たとえイッセイ（＝1世）であっても，ニセイ（＝2世）と同じくらい，どの集団と同一化しようとしても楽なことではなかった．一般にイッセイたちはニセイのことを「鳥でも鼠でもないコウモリのようだ」といった[10)]．

　エスニック・アイデンティティーは，家族とともに移住した，あるいは近しい文化的背景を持つ他の移民家族の一員と結婚した人たちの間では強まる傾向があるといえる．これに対して，独身で移住し，地元社会の中から伴侶を得て独立した家庭を築いた人たちの間では弱まる．だが，その強弱の問題があるにせよ，現在コロンビアに居住する日本人移民の子孫たちの間では一般のコロンビア市民とは少々異なるエスニック・アイデンティティーを保持し続けてきたことも明らかなようだ．

　著者が考えた疑問とは次のようなものである．どのようにして移民の第1世代は母国文化へのアイデンティティーを保つことができたのか，どのような要素を保持する傾向にあり，どのような要素が新しい環境の中で消えいく傾向にあったか，そして母国のことを知らない第2世代以下とどのような家族関係を築いたのだろうか，居住地が都会であれ農村であれ，与件となる環境の中で他の移民とどのような関係を築いていったのか，全く異質な社会的背景を持つコロンビア人と契約を結ぶ時に困難があったとすればそれは何か，母国日本とコロンビアの間を往復する移民の果たす役割は何か，そしてエスニック・アイデンティティーを持つことはどのような意味において重要と思われるのか，というものだ．

　これらの疑問に対する答えを導き出すために，E・H・エリクソンの分析（1951, 1959）とA・L・エプスタインが用いたアイデンティティーの概念（1978, 1984, 1992）を議論の中心に置き，検討する．エプスタインは上記の疑問に対する取り組み方について，エスニック・アイデンティティーの分析モデ

# 1. はじめに：移民のエスニシティー

ルを用いた研究方法を指導してくれた．著者はその研究のアプローチだけでなく，エプスタインが「感情の社会人類学」[11]と名付けた新しい社会研究の方向に大いに啓発され，恩義も感じている．

著者が本書に関連する調査のために取材したすべての男女移住者は，ある1点で共通項を持っていた．それはインフォーマント（情報提供者）の移住後の経過年数の関係なく，心では「日本人」だと感じていることである．著者が，自分をコロンビア人だと思うかどうかと質問したときの答えとして，「やはり，私は日本人です」[12]，あるいは「日本人よ．心は変わらない」[13]というものが返ってきた．これらの回答は簡単明瞭だが非常に大きな意味を持つ．それは集団の内的統一性というべきもので，アイデンティティーとはエリクソンが述べるように，「ある人の属する民族集団の個性的歴史によって発展した個性的な価値観とその繋がり」を表すだけでなく，「集団を構成する個人の内面で持続する同一性とそれが他の人と持続的に共有されるという相互関係の両方を含む」[14]からである．

エスニシティーの問題研究の核心にアイデンティティーの概念を置くことにより議論は活性化するようだ．エプスタインはザンビアのコパーベルトのアフリカ人移民労働者，ニューギニアのトライ人，そしてユダヤ系米国人の比較分析にあたって，そもそもいかに集団として生き残ったのか，そしてなぜに集団としてのアイデンティティー感覚を保持しようと意識しているのか，と問い，その答えとして，「非常に多くの民族的行動を取り巻いていたり，あるいは根底にあるかのように思える力強い感情的な『推進力』」[15]を重視していた．

さてここで多民族社会におけるエスニック・アイデンティティーの表象について整理してみよう．これらは後述する個々の取材事例を分類する上での指標にもなるものだ．まず第1は，エプスタインが強調するように，エスニック・アイデンティティーは個人が人生の中で参照する唯一のアイデンティティーではなく，社会と同一化する上での多くの可能態のひとつである．第2にみずからのエスニック・アイデンティティーを隠すことも個人の自由意志による選択であり，この選択は自己イメージを形成する際に入り込む無意識の抑制を含めて多くの上位にある社会的制約の影響も受ける．第3は，同じ民族の仲間の輪に入っていることで共通の理解，信頼，そして感謝の気持ちが自然に湧き出て，

自信や自己の存在価値への確信などを回復するとともに，他のメンバーの苦悩や幸福が個人的関心事になる[16]．またエスニック・アイデンティティーには必ず受け入れる社会のリファレンス・グループとして認識されるときに指標となるリファレンス・マークがバーチュアルに設定されるが，このマークの位置設定で受入側の社会の期待を満足させることができれば，移民集団が社会的経済的に生き残る確率は高まる．

　本書で扱うデータは著者がコロンビアで直接観察して得たものや，日本で移民やその子孫に実施した非公式な取材から得たものである[17]．その他の主要情報源としてはカウカ渓谷への移住30周年，50周年，そして70周年を記念して出版された記録集，数は少ないが出版物，そしてアーカイブスの記録などである．移民集団の回顧録ともいうべき記録集は移民第1世代の話を中心に記録を開示し，日本語で編集された．また版を更新するごとに事実補足やより詳細な記述，部外者にも理解しやすくするための背景説明などが加えられ，段々と厚みが増した．記録集は移民たちによって定義された「オフィシャル・ストーリー」であり，彼ら自身がどのように認められたいかを書いた文献である．何を積極的に残し，何を忘れ，何を隠すかが編集段階で話し合われたその結実である．

　直接取材した人たちのうち，初期の移民とその家族たちは引っ越していたとはいえ，元の移住地からそれほど遠くない場所にいる例が多く，追跡し探すことは比較的容易であった．しかしこの調査を始めた1994年までにすでにほとんどの人が死亡しており，得られた情報は乏しかった．それでも生存中の第1世代やその第1世代移住直後に生まれたニセイ（2世）たちと会い，話すことができたのは非常に幸運だった．アトランティコ県，バリェ・デ・カウカ県，そしてカウカ県に移住した第1世代やカウカ県入植計画の現地担当者だった男性などほとんどが亡くなっていた．何人かの女性家長は存命中だったが，彼女たちの遠い過去にあった土地契約や金銭授受に関する記憶も知識もまた限られたものだった．どのように日本人がコロンビアで生活を始め，発展させていったかという情報を客観的な観察視線で提供してくれたのは，移民家族の家長の兄弟や未亡人，その娘や息子，第1世代でもコロンビア人と結婚したその未亡人やそのニセイ，サンセイの子孫あるいはこの世代の配偶者たちであった．

フィールドワークでは，常に新しい対象の人と会っていただけではなく，すでに取材した人にも，事実再確認や追加情報収集のために再会することもできた．コロンビア人も含めあらゆる年代の人々のバランスには注意を払い，公平な判断ができるように努めたが，いずれにしても年配の人から話すのが優先事項であった．調査期間中に亡くなられた人も出てきたからだ．録音した取材記録を聞き直したり，収集した資料を読み込んでいる過程で，著者は何か文化史プロジェクトに関わっているというよりは，精神分析学者の興味を惹くような私生活情報の多大なコレクションが形成されているのに気がついた．著者が情報提供者に対して誘発した状況とは，人を過去に追いやり，記憶を蘇らせ，過去から現在に至る私的な時間の詳細を調査者にも共有させるものだった．ある意味で著者は情報提供者に，あのポール・セローの小説に出てくるハンセン病入院患者と同じような，あの何も秘密にできないという状況を生み出してしまったのかもしれない．

多くの人々の間で共有されている「秘密」の存在が，個々の日本人移民とその子孫たちが物理的にどんなに遠方に住んでいようとも，集団全体を活性化させ，コミュニティー内にあっては連帯感を強化する．言い換えれば，情報が再出力されない場合，それは無関心や無知が理由ではなく，何かへの気遣いであると解釈したほうがよさそうだ．

## 2. 初期の都会生活者たち

コロンビアへの日本人移住者は，単独渡航者か集団渡航者に区分できる．集団渡航者は送り出し国である日本で組織され，地方の農業地域に向かった事例が多い．さらには日本にいる親戚や友人を呼び寄せ，結婚を前提に未婚女性を誘った．一方，単独渡航者は一般に都市部に定住する傾向があったといえるが，個別事情に負う要素が大きい．

大西洋沿岸地域に最初に到着したとされる日本人移住者は水野小次郎（ミズノ・コジロウ・エンリケ）であった．まだ若くて独身だった水野はペルーで旗揚げする目的で故郷の広島県竹原を旅立ち，ペルーで数年間働いた．しかしそ

こでコレラを患い，パナマに移住することにした．しかしパナマにいても体調は回復せず，そこでコロンビアのウシアクリ温泉で湯治し，治療効果のある鉱泉水の飲用や入浴を繰り返すように勧められた．1915年になって水野は，知人は誰ひとりとしておらず，温泉地ウシアクリの名前だけしか知らない状況にもかかわらず，コロンビアに向かった．そしてそこで奇跡的に健康を回復したのに加え，幸福な人生と満ち足りた家庭生活を約束するコロンビア人女性にも出会った．水野は以来，この地を決して離れようとはせず，1960年に76歳の生涯を終えた．ウシアクリからバランキーリャまでが彼の知る世界だった[18]．

1913年にバランキーリャの医者ニカノール・インシナレスがウシアクリで湧出する鉱泉水の成分を研究し，何本もの小川に分かれた流水ごとの効能と治療可能な病気を関連づけた論文を発表した．マスメディアはこの情報に飛びつき，『エル・チョリト』，『チャカニータス』，『エル・イヘロン』，『エル・オビスポ』などの新聞は，ウシアクリが辺鄙な場所にあることを残念がりながら，その効用で多くの患者の苦痛を和らげ，治療の助けとなるだろうと指摘し，ヨーロッパでは多くの病人が健康や保養のために旅行者となり，温泉地を訪れる事例を挙げた．

インシナレス医師はウシアクリについて，「バランキーリャの南方，約9レグア（約46 km）の距離にある村．昔からあった伝統村で住民数は3000人から4000人．丘陵地にあり，道はでこぼこしている」と描写した．そして住民は控えめだがよい働き手であり，トウモロコシやユッカの栽培，牧牛，そして麦藁帽子の生産に専念していたそうだ[19]．

インシナレス医師の意図は，政府に興味を持たせ，ウシアクリに通じる自動車道路を建設させることだった．確かに水野がバランキーリャからウシアクリに向かったとき，人々は馬か徒歩で移動するしかなく，1日はかかった．ウシアクリの鉱泉は異なる成分を持つ岩の間から湧き出し，それぞれに異なる渓流をつくっていたが，1970年代の終わりに当時の町長が新しい水路に一本化してしまったので，本来持っていた鉱泉水の治癒力は減衰してしまった．それでも水路の水はある日は黒色，別の日は黄色，あるいは緑色に変わるなど昔の面影を残している[20]．かつて鉱泉水の町と知られるウシアクリだが，今はコロンビアの詩人フリオ・フローレスの家が町の繁栄のシンボルとなっている[21]．

水野はパナマ滞在中に理容技術を学んだようだ．パナマには幾つもの理容室があり，日本人にとって理髪はいつも人気のある職業だった．パナマ運河建設期間は日本人の労働者も多くいた．1914年に運河が完成すると，日本人労働者はパナマに残り別の仕事を始める機会もあったが，就業して地元の女性と結婚し家庭を築いた事例は少なかった．日本人に限らず運河建設労働者として世界各国から集まった労働者たちは永住する気はなかったから，運河の開設により南米やカリブ海諸国，それに日本との間のコミュニケーションが容易になったこともあり，新天地をめざした人が多かったのだろう．ちなみに1943年データではパナマに335人の男性日本人が登録されていたが，女性はひとりとしていなかった．これら男性の大多数が独身で，ごく一部の日本人が現地女性と暮らしていた．これら男性の従事した職業として理髪店経営が多かった．米国FBIの報告書[22]では「日本人移住者の中心で求心力となったのは理髪店業界で，そこにはほとんどの日本人が所属していた」と書かれていた．水野がパナマを訪れたのは運河完成直後のことで，ちょうど日本人の多くが新天地を求めて離散しようとしている時期だった．水野はどこにいても通用する理髪技術をこういった日本人から教わり，短期間に修得したのだろう[23]．

ウシアクリでの滞在中に健康を回復した水野は，即座に理髪店を設立した．そして地元の女性と結婚し，子供も授かった．1918年になって，水野は思いがけない日本からの訪問者と出会う．水野と同じ広島出身の従兄弟安達俊夫（アダチ・トシオ・ラファエル）と彼の友人道工利雄（ドウコウ・トシオ・エドアルド）というまだ20歳代になったばかりの独身男性2人がある日，ロバに乗ってウシアクリにやってきたのだ．この2人はパナマで水野に会うことを期待して日本を出発したが，1916年のパナマ到着時はもう水野は去っていた．しかし水野の消息を突きとめた2人は1918年6月にバランキーリャ行きの船に乗り，そこからウシアクリにやってきたというわけだ．2人の定住は大歓迎で，理髪店の裏にビリヤード台を置いた食料雑貨店を共同経営するようになった．水野はまた2人に理容技術も伝授した．数年後に3人はバランキーリャに引っ越し，それぞれが自分の理髪店を開いた．しかし水野と安達は経営に失敗し，ウシアクリに戻った後は別々の家に住み，別々の店で理髪の仕事を続けた．道工はウシアクリ出身の妻とともにバランキーリャにとどまり，理髪店のほかにビリ

ヤード台のあるバル（バー：居酒屋）を経営するようになった．

　1920年代の10年間にバランキーリャにやってきた日本人は男性12人と女性3人の計15人であった．うち女性の2人は既婚者で夫も同行していたが，1人は到着後まもなく病死した．残る1人はバランキーリャで婚約者と結婚予定の女性であった．この集団に加えてキューバで生まれた3人の子供（男の子1人，女の子2人）を伴った1組の夫婦（後述の移民A）がいた．したがって10人の男性が独身で到着し，バランキーリャで定住と新生活を開始した．

　この頃の日本人移民の一般的な経路は，日本からまずペルーに向かい，パナマに移った後，コロンビアにくるか，日本からまずキューバに渡り，パナマに移動した後，コロンビアにくるというものだった．どちらのルートを辿ったにせよ，コロンビアに到着したときには20歳代後半から30歳代前半になっていた者も数人いた．バランキーリャ市民は日本人移住者に友好的で社会的環境にも恵まれたので，定住後まもなく現地女性と結婚した者もおり，遅くとも数年後までには独身男性全員が，幸せな家庭を築ける気立てのよい伴侶を見つけていた．

　バランキーリャ日本人協会会長の道工薫（ドウコウ・カオル・ホセ）が人口調査を実施したときのデータでは，1994年までに10家族の子孫総計は613人になっていた[24]．誰もが大家族を形成したわけだが，このうち数人の1世移民は妻や子供をコロンビアに残して誰にも理由を告げずに姿を消した．おそらく日本に残した家族の元に帰ったものとされている．コロンビアにとどまった1世たちはバランキーリャやウシアクリに家を持ち，自分たちの商売や家族の繋がりを通して徐々に地元地域社会に溶け込んでいった．

　1930年までに自費でコロンビアまで渡航し，定住していった日本人移民個々の過去の経歴については残念ながらほとんどわからない．コロンビアで獲得した家族たちには，日本に残してきた家族や自分自身の生活についてめったに話さなかったし，日本を脱出してからコロンビアにくるまでの海外での活動についてもほとんど触れなかったようだ．過去を消し去り，未来にのみ目を向けたいという移住者の心理が，たとえ家族であっても人前で過去を語るのには躊躇したものと思われる．

　登録された記録には日本での出身地の記入欄があり，そこを見ると，東京，

横浜のほかは広島，石川，福岡，熊本，鳥取，山口といった西日本の県出身者で占められ，なかでも広島県出身者が一番多かった．また大多数が農村出身者であることから農業体験や村落生活を経験してきた可能性も高い．またほとんどの者が海外に出たのは独身で20歳代だったと推測できる．コロンビアに到着する以前に他のスペイン語圏国を経由してきているので，バランキーリャにくる前にすでにスペイン語の基礎は習得していたようだ．

　断片的ではあるが，ここで少しは個人情報が記録されている数人の移民のプロフィールを紹介しよう．移民Aは日本で結婚し妻子もいたが1人でペルーに渡航した．そして6年の間を，最初はコカ農園で働き，その後リマ市に出てきて氷水の行商で過ごした．機会があってキューバに移り，大農園で働く労働者の理髪師として働いた．キューバ在住中に兄弟と，娘と息子を日本においたまま妻が1人でやってきた．Aと妻は新たに3人の子供をつくり，次にコロンビアに移転するまでの12年間をキューバで過ごした．この期間にAは日本に残した子供たちの教育費と生活費相当額を送金し続けたが，一度として会う機会は訪れなかった．

　移民Bはわずか15歳で単身ペルーに向かった．そして11年間働いた後，船便でコロンビアのブエナベントゥラ港に辿り着いた．そしてカリ，マニサレス，イバゲ，ボゴタなどの都市を転々とした後に，1925年にバランキーリャにやってきた．そして終生ここを離れることはなかった．移民Cは7年間にわたって様々な仕事に就き，適性を求めてキューバとパナマの間を往復するような生活を送ってきた．その後，キューバにきた兄弟とレストランを開き，経営状態も悪くなかったが，その兄弟が何らかの事情で日本に帰ってしまった後は放浪癖が出てまたパナマに移り，その後にコロンビアに再移住した．

　バランキーリャに定住した移民のうち5人は元船員だった．そのうちの1人移民Dは米国，英国，ノルウェーの船会社で働き，ヨーロッパ，北米，南米の国々を訪れた経歴を持つ人物だった．元船員の移民Eは徴兵忌避者だったとEの未亡人は聞いていた．1905年の日露戦争終結後，1873年の徴兵令——日本人男性全員に兵役義務——が強化されるが怖くて，日本を脱出するためにヨーロッパ行きの船にもぐりこみ密出国した．そして着いた英国で勉強した後に英国船の船員として働き，縁あってコロンビアに移住することを決めた．

元船員だった移民Fと移民Gの経歴はやや複雑だ．この2人は最初は1922年からパナマに住んでいた．同時期コロンビアでは米国のユナイテッド・フルーツ社が大成長を遂げていた．マグダレナ県のバナナゾーンの名で知られるアラカタカ，シエナガ，フンダシオン周辺地域で働く労働者不足を補うために，コロンビア国内はもちろんのこと，海外からも契約労働者を採用した．海外からの労働者は主に英領西インド諸島からの黒人だった．コロンビア人は黒人労働者の増加を快く思わず，過去にも1908年にマグダレナ県の政治家がジャマイカからの黒人労働者移住に反対したとき[25]のように，カリブ海地域からの黒人移民を制限しようとした．ユナイテッド・フルーツ社の歴史をみると，1900年から1920年の間に急成長を遂げていたが，コロンビアでの労働者不足問題を解消するためにはコロンビア国外にある自社関連の農園で働く非黒人系の労働者を移転させなければならなくなった．パナマでもコロンビアのバナナ農園で働く意思のある人材をユナイテッド・フルーツ社の息のかかったブローカーが募集し，そこで応募してきたのがFとGだった．契約後にコロンビアに渡航したが病気にかかり（1人はマラリヤ），結局辞めざるをえなかった．しかしパナマには戻らず，サンタ・マルタにしばらく逗留後，バランキーリャにきたのだった．

初期には多くの日本人男性移民が理容師になり理髪店を経営した．理髪技術は母国語で移民同士間での訓練で身につけることができたし，顧客も移民の人たちの協力で確保できたからである．助手のような身分で独立後の業務の流れを修得できたし，誰かとパートナーを組んで開業するのも，独立独歩で開業するのも可能だった．その開業資金も設備投資にかかる費用は少なく，資本金が少なくとも問題なかった．理髪師は客の髪の毛を切り，整えるだけでなく，髭を剃るのも仕事のうちだったが，必要だったのは手先の器用さと清潔感であった．バランキーリャやウシアクリで日本人移民の経営する理髪店はどこも清潔で，注文を注意深く聞き，扱いが優しい，という評判を得た．そして「小さな絹の手（manitos de seda）」といえば彼らの仕事ぶりを連想させるものになった[26]．理容師として再出発した日本人移民の多くはそのまま理髪店経営で人生を終えたが，家族の共同事業としては食糧雑貨品商売，地産地消市場向けの野菜や果物の栽培，バルなどの経営も同時並行で実施していた人もいた．眼を

## 2. 初期の都会生活者たち

悪くして整髪がもはや無理とわかってから園芸に転向した移民や，かつてペルーで憶えた氷商品の行商を新天地でも続けた移民もいた．

大西洋北部沿岸部で理髪業を中心に定住していったのとほぼ同じ時期の1923年に4人の日本人がコロンビアめざして太平洋を渡った[27]．この4人は友人同士であり，竹島雄三のカウカ渓谷についての説明を聞いたり，文献を読んだりして海外生活に夢中になったという共通点を持つ．まだ20歳代前半だったこの4人とは，松雄太郎（マツオ・タロウ・マヌエル），中村明（ナカムラ・アキラ・アドルフォ），西国徳次（ニシクニ・トクジ・アントニオ），それに島清（シマ・キヨシ・サムエル）で，ブエナベントゥラ到着後，カリ市まで旅を続けた．カリ市はバランキーリャ同様，地域で一番多くの就労機会を移民に提供したことで知られていた．（訳者注：『コロンビア移住史 五十年の歩み』年表（p.17）中ではもう1人多田野克己（タダノ・カツミ）を加えて計5人としている．）話は少し逸れるが，このカリ市に定住した最初の日本人移民は田村小一（タムラ・コイチ）である．田村はペルーで理髪店を経営していたが1919年までにパナマに移住し，そこからさらにブエナベントゥラ港からコロンビアに入国したものだった．田村はカリ市では食糧雑貨品店とホテルを経営していた．ちなみにこのホテルは後にカウカ渓谷に移住してくる日本人移民のための一時滞在施設に指定されていた[28]．4人の青年はカリ市到着直後に田村に会い，彼の推薦でパルミラ市近郊の砂糖工場ラ・マヌエリータに就職した．4人のうち3人は東京生まれの東京育ちで，残る1人は北海道出身だったが，共通点として農業の実地体験は皆無だった．しかし数年後に全員が独立のために退職した頃には各々が現地の農業分野で多大な貢献者となるほどの知識と経験を蓄えた．付け加えれば，彼ら4人の存在が，この地域に後から入植してきた日本人の農業移民を好意的に受け入れる素地をつくったともいえる．農業で成功する日本人というイメージが定着し，コロンビア人の心に日本人と農業が結びつく要因となった．

海外興業株式会社の斡旋でエル・ハグアル入植地に移住してきた第1次，第2次移民集団のための現地管理者として島清が雇用された．彼の持つ地域情報や知識は，海外興業株式会社の現地代理人にとってかけがえのない貴重な情報源として機能した．というのもコロンビア政府は日本人移民の入国を正式に認

めておらず，したがってコロンビア側からの何らかの有益な手助けは皆無だったからだ．しかしコロンビア側の予想に反して入植計画はスムーズに立ち上がった．集団移民に先立って移住していた4人の日本人の存在が大きな助けになったことはいうまでもないが，彼らの貢献は立ち上げ後の継続面でも大きかった．例えば中村明はパルミラの農業試験学校に職を得ていたが，そこで取得したトラクターの操作技術などの経験が，エル・ハグアルの土地耕作に大型機械を導入する際に非常に役立った[29]．

　コロンビア社会の日本人のみに対して抱く期待感に応える職業は庭師であった．移民当初に始めた商売には失敗したが，造園業で再出発して成功した事例として星野良治（ホシノ・リョウジ・ホルへ）のことが挙げられる．1921年にボゴタ市にやってきた元ビジネスマンの星野は，最初日本からの輸入品を売る店の経営を委された．しかし不幸にも1923年に発生した壊滅的な関東大震災のせいで日本からの仕入れルートが途切れ，店をたたまざるをえなくなった．途方にくれた星野だったが，試しに始めた造園業で成功した．スタート時は個人邸宅の庭造りであったが，やがてボゴタ市の緑化プロジェクトや公園のデザイン・施工など行政からの仕事も任されるようになり，さらには農業省の果樹園や菜園設計の運営に関する指導者役にもなった[30]．庭師の場合，庭仕事といっても日本人はコロンビア人よりも高いステータスが得られた．単に芝生を刈ったり，掃除するだけの身分の低い肉体労働者とは見なされず，何か創意をもってオリジナルな庭を造る創造的な個人業者と思われたのだ．

　都会で働く日本人が従事した主な職業を時系列的に整理してみれば，まず理髪店，そして造園業であったことがわかる．これらの仕事は個人が単独で開業可能であり，資本金も少なくて済む一方，器用な技術力と発想の異なる創造力を駆使する余地があり，政治家などの有力者に一度でも気に入られれば顧客は口コミで着実に増えていった．しかし，理容師や庭師のようにある程度専門的技術力が要求される職業を選択したのはイッセイ止まりで，移民の第2世代以降が家業として受け継ぎ，就業する率は段々と低下していった．

　移民を出身国別に記号化していく際に必ず正と負の2つの側面が現れる．負の側面とは，個人の能力の問題であるにもかかわらず，ある日本人に否定的な評価が下ると，それが民族全体の劣性だと類推され，侮辱や汚名が日本人移民

全体に及ぶことである．逆の正の側面とは，誰かが実りある成果を上げた場合にそのイメージが日本人移民全体の積極的評価に繋がるというものだ．マルセロ・G・ヒガは，アルゼンチンの初期日本人移民を取り巻く意味論的世界では，人種差別は免れなかったものの，ただ給料をもらうだけの労働者から，個別に経済活動を始める自立した経営者というプラスの評価をえるのに成功した，と分析していた[31]．イスキエルドが初めて連れてきた日本の庭師・川口は腕がよく，ここから日本人であることと造園業の創造的・実務的能力を発揮するというイメージが形成された．このコロンビア人の思い込みが後の星野の転職の場合に作用したと思われる．ボゴタ市では造園業者や庭師といえばそれは日本人のことになった．同様にバランキーリャやウシアクリでは理容師という職業と日本人のイメージが重なり，カウカ渓谷ではそれが農業ということになった．つまりは，移住前に仕事の訓練を受けていなくても，ある特定の地域である特定の業種に日本人が従事する限りは成功する確率が高かった，ということである．この意味で特定の分野への就業をエスニックな活動と結びつけて考えることも可能である．

## 3. 初期の農村生活

　海外興業株式会社（KKKK）の支援と組織力によって，1929，1930，1935年の3次にわたる農業移民が片道35日かけて移住地エル・ハグアルに送られた．総計で159人になるが，家族の大小はあり，第1次移民集団の平均家族構成員数は5人で最小は3人だった．第2次，第3次移民集団の平均家族構成員数は7人であった．移民たちは到着した年次によって苦労の度合いも異なった．到着時点で最も基本的なものが最小限しかなかった第1次集団が当然最も多くの困難に直面し，第2次集団はやや改善された情況の中で到着した．先行した2集団が改善と経験を積んだ後にやってきた第3次集団は相対的に楽だったと考えられる．それでも全家族の約20%が失望して，海外興業株式会社（KKKK）との契約終了（第1次と第2次の移民集団）であると否とにかかわらず，コロンビアを見捨てて日本に戻った．

**表4-1　エル・ハグアル入植地移民集団の性別・年齢別分布：1929〜35年**

|  | 年齢 | 独身男性 | 既婚男性 | 独身女性 | 既婚女性 | 合計 |
|---|---|---|---|---|---|---|
| A. 第1次移民<br>(1929) | 1〜 7 | 3 | 0 | 1 | 0 | 4 |
|  | 8〜14 | 4 | 0 | 3 | 0 | 7 |
|  | 15〜21 | 2 | 1 | 0 | 2 | 5 |
|  | 22〜35 | 0 | 3 | 0 | 3 | 6 |
|  | 36〜50 | 0 | 2 | 0 | 1 | 3 |
|  | 比率% | 36 | 24 | 16 | 24 | 100 |
| B. 第2次移民<br>(1930) | 1〜 7 | 4 | 0 | 2 | 0 | 6 |
|  | 8〜14 | 4 | 0 | 3 | 0 | 7 |
|  | 15〜21 | 3 | 1 | 4 | 1 | 9 |
|  | 22〜35 | 0 | 1 | 0 | 3 | 4 |
|  | 36〜50 | 0 | 5 | 0 | 3 | 8 |
|  | 比率% | 32 | 21 | 26 | 21 | 100 |
| C. 第3次移民<br>(1935) | 1〜 7 | 10 | 0 | 9 | 0 | 19 |
|  | 8〜14 | 9 | 0 | 8 | 0 | 17 |
|  | 15〜21 | 11 | 1 | 11 | 1 | 24 |
|  | 22〜35 | 3 | 10 | 1 | 10 | 24 |
|  | 36〜50 | 0 | 7 | 0 | 7 | 14 |
|  | 65〜75 | 0 | 1 | 0 | 1 | 2 |
|  | 比率% | 33 | 19 | 29 | 19 | 100 |

出典：Ramos Núñes, *Reseña Historica de la Colonia Japonesa de Carinto-Cauca, Colombia*, pp.41-43, 60-63；および『コロンビア移住史　五十年の歩み』, pp.40-44.

　表4-1を参照すると，男性人口は女性人口よりわずかに多かったが，男女比はほぼ一定だった．第3次移民集団が到着したことで新しい選択肢が増え，移民集団内で伴侶を探し，結婚する可能性が増えた．そして現在でも移民家族間での伴侶探しが好まれてはいるが，日本人コミュニティーの中だけで配偶者が見つかる可能性は低くなっているため，別の選択肢から見つける試みは増え続けるだろう．やはり一番多いのはコロンビア人を伴侶とする事例である．何人かの女性は特に農業入植地とは関係のない日本人男性移民と結婚したが，これら男性配偶者は結婚後には入植者家族たちとの交流が人間関係の中心になっていった．
　さて，ここで家族という単位とその構成員について掘り下げておこう．エル・ハグアル入植地にきたすべての移民は，家族単位であり，各移民は家族の一員

でなくてはならなかった．家族とは，家長とその配偶者，この2人と親子・親戚関係（養子縁組も可）にある者，血縁関係にないがそれに準ずる者などで，いわゆる「拡張家族」として認識されてきた単位であり，家族構成員は，家長がきめた規則の下で同じ家に一緒に住んだ．つまり家族は社会の最小単位として要求できるあらゆる権利と義務の授受を行う「世帯」ということである[32]．

　家長は必ずしも家族の最年長男性である必要はなかった．法的には海外興業株式会社と福岡県が移住目的を達成するために文書で契約を結んだ人物のことである．何にせよ家長は権威のある者で，リーダーシップを家族全員が認め，信頼し，従い，頼りにする人物だった．また将来の新たな土地契約をどうするかも家長の判断で決まった．家族外部との商取引は家長の名で行われ，拡張家族でも誰であれ家長の判断に介入する権利はなかった．家長はまた日本での場合と同じように，食事のときは最初に供され，風呂も1番先に入った．

　移民家族の現地適応には家長配偶者の積極的な協力が必須の条件だった．妻は田畑で仕事し，家族の食事を作り，子供の面倒をみる．その他にも世帯全員の福利厚生に気を配る必要があった．妻には移住生活を成功させるという強い意志と夫を支える献身の心，それに適応力が必要だった．不満一杯で世帯単位の活動に非協力的・消極的な配偶者がいると，結局は家族全員が帰国するしかなくなる．エル・ハグアルの場合も全20家族のうち4家族が計画を放棄して日本に帰った．ある一家の場合は家長を残して妻と子供だけ日本に帰国した．残された家長はコロンビア人女性と再婚して家庭を維持した．

　典型的な女性の日課は次のようなものだった．まず夜明け前に起き，共有地まであるいて馬を連れてくる．かまどに火を起こし，朝食の準備をする．外で仕事をする家人たちが出かけた後は，小さな子供や飼育動物の世話をし，洗濯をし，井戸から水を汲む．次には田畑で働く家族の昼食を準備し，届ける．昼食後は農作業に加わるか，家に戻って別の用事を済ませた．家族構成員は日没まで外で働いたが，彼らの帰宅のタイミングに合わせて風呂の用意をし，夕食を作り，片付けや翌日の準備のため，寝るのはいつも最後になった．豆類の収穫の時期は夕食後も家族全員で売り物になる豆の選別を手伝い，睡眠時間が数時間しかないときもあった[33]．このことだけでも世帯の維持に女性が絶対必要なことは明らかだ．スタニフォードは──これはブラジルの日本人農業移民

研究の報告だが——コロンビアの農業移民の場合にも当てはまることとして，「世帯全員が家長の妻に頼っているので，入植地全体の円滑な運営を損なう危険を回避する意味でも，家長は彼女の気持ちを無視することはできない」としている[34]．

　子供たちは移住家族にとって大きな価値があった．その子供たちも他の家族構成員同様に辛い仕事に耐えなければならず，特に収穫の時期には夜中まで仕事を続けた．電気はなかったので石油ランプは必需品だった．危険を伴う仕事としてはトラクターの操作やトラックの運転（年齢を偽っての免許証取得は当たり前のことだった）があり，時に致命的な事故にも遭遇した．ラバに農作物を載せ，近隣の村の市場まで往復する手伝いもあった．子供たちは寂しさや悲しみにもひとり耐えなければならなかった．ある移民女性は7歳ころの思い出を語った．移住後に母親が亡くなり，父親は再婚したが，祖父母や福岡に残った姉とは縁遠くなり，孤独感が募った．家事のために家族不在の家にいなければならない時間が多く，父親は物真似の上手なオウムを買ってくれた．このオウムはやがて「お嬢ちゃん，おはよう．ココアを飲みたいかい」といった科白まで憶え，唯一の話し相手となった．しかしある日，1匹の豚がこのオウムを殺してしまった．このときのことを思い出すと今でも涙が止まらないようだった[35]．

　核となる家族に準じる同一世帯の拡張構成員は貴重な労働力であった．多くは家族と血縁関係のある親戚で，若い独身男性が大多数だったが，少数ながら親族以外の独身女性がいた事例もある．書類上の記載では甥，従兄弟，友人と表記されていたが人数比でみると第1次移民集団の32%，第2次移民集団の26%，第3次移民集団の28%に達した．大体が家長との口約束だけで参加し，期待された勤続年数は男性が10年，女性が5年だった．移住に必要な役所や海外興業株式会社への申請に伴う一切の経費は家長が援助し，コロンビアでは住居と食事が無料で与えられた．新しい靴や服なども無料で支給されたが，1銭の報酬もなかった．コロンビア到着時に日本政府は一人ひとりに補助金を与えたが，家長がまとめて受け取り，プール資金とした．家長だけが使途と金額を決める権利を持っていた[36]．

　世帯の構成員として同行してきた独身女性たちの条件などはもっと緩やかな

ものだったが，結婚相手が見つかり，新しい家庭を築くまでに最低5年間は無報酬で家族のために働くことが不文律だった．

　すべての拡張家族構成員男性が真面目に10年間働いたわけではなかった．これはコロンビア入植後に新たに呼んだ人（呼び寄せ移民）や農業経験のあまりない人も混じった第3次移民集団の中に多く，「10年」という拘束条件についての説明を聞きもらしていたために生じた問題である．第3次移民集団が到着してから約1年後に，6人前後の拡張家族構成員が，10年間の拘束は不当であると反抗し，仕事に対する報酬も要求した．そしてある日，1人がカリ市へ，5人の男性（すでに家族ができた者は家族と一緒に）がバランキーリャに去っていった．

　拡張家族構成員男性は，一般に到着後数年間は独身のままだった．おそらく資金援助などを受けたスポンサーなどへの返済が最優先だったからだろう．この拡張家族構成員男性が移住地内の女性と結婚すると，通常は女性が男性の家に移り住み，男性が責任労働年を全うし義務から解放されるまで一緒に働いた．時折，拡張家族構成員男性は家長の娘と結婚した．10年間働けば配偶者や子供を連れて独立するのも可能だった．その独立生活を始めるための資金援助が家長から受けられた．借地で農業を始める場合には，家長に肩代わりしてもらったその借地料を生産される作物の売り上げから返済する方法にも理解が得られた．このように単に配偶者を得るという以上に多少とも利益あるものだった．拡張家族構成員として移住してきたある女性は，5年間を家長のために働いた後，未来の夫となる家長の弟と共同生活を始めるために引っ越したが，義理の兄となる家長は2人の新しい服を買うために一族全員を連れてカリ市にまで行った．そしてその日は休日とし，カリ市内で飲食の宴を張り，2人を祝福した．翌日は通常の労働日として仕事に戻った[37]．結婚は口頭による合意の確認だけで，カップルはすぐに共同生活に入るのが普通だったが，概して安定した家庭を築いた．

　日本の農村部の結婚は，エンブリーの分析によると，「主として2つの家族間の社会的，経済的な取り決め」であり[38]，含意としては両家にとってプラスの利益が見込める新たな結びつきということだ．しかしエル・ハグアル入植地では短期で考える限りそうはならなかった．入植者の別々の家族の独身男女

が縁あって結婚するとき，その段取りを組む仲介者は，労働者を1人失う家族の事情を十分に考慮しなければならなかった．つまり，花婿や花嫁を相手側の家族に提供することが，両家の共同作業の機会増大や社会的ネットワークの拡大，家族間連合の強化といった両家繁栄への礎に結びつかなかった．どの家族も歯車ひとつでも狂うと崩壊するぎりぎりの状況で生きており，まず重要だったのは同一世帯の構成員が同じ屋根の下で共同生活し，家族という組織体を維持するために懸命に働くことだった．移住地の人間関係は，外部からみると個人の自由や個人主義がまかり通るようだが，実態は同一世帯内の強固な相互協力の呪縛でがんじがらめになっていた．

　家族内の働き手を失うことなく外部から新たな労働力を得る理想の状況とは，拡張家族構成員が義務年季の間に外部から配偶者を連れてくることで，事実，頻繁に起こった．相手としては日本から独身の男女が呼び寄せられ，結婚して家族の中に入った．女性の場合，写真でしか知らない未来の夫と実際に会うとがっかりして逃亡するような事件もあった．ある家長の日本の実家には父親を亡くし，引き取ることになった血縁関係にない娘養子がいた．娘の伯父になったこの家長は，拡張家族構成員である1人の男性と結婚させようと思い，日本から娘を呼び寄せた．現地で本当の理由を知った娘は拒んだ．そして以前に日本で知り合い好ましいと思っていた別の男性と偶然に出会い，そこに逃亡した．落胆した伯父の家族が2日後には消息をつかんだが連れ戻すのは諦めた．伯父が臨終のときに，許しを請うためこの娘が訪れたが，伯父は無言で壁のほうを向いたままで和解することはなかった．伝統的な家長意識からすれば許しがたいことだったのだろう．

　エル・ハグアル入植地の年間暦は労働中心の過酷なものだった．初期の労働は週7日間休みなく続き，元旦だけ祝祭日として休んだのみだった．やがて毎週日曜日の午後は休むようになったが，これはコロンビア人がカトリック信仰に基づく聖人の祝祭日や休息日とすべき日曜日にも働く日本人移民を指して「ロバ」とか「けだもの」と蔑称で呼ぶようになったことへの反省からである．入植地内でも外でも社交的な活動は何もなかった．日本人同士でも他の家族のことはよく知らず，入植地内での外部のコロンビア人との接点といえば，日当払いで雇用した主にコリントやカロトに住む黒人や先住民の労働者たちだっ

た．海外興業株式会社の運営する管理事務所は，外部からの日雇い労働者に賃金を払う程度の資金的余裕はあった．

　1935年に第3次移民集団が到着すると子供の数が増え，自分たちの学校が必要となった．それまでの第1次，第2次移民の子弟たちはコロンビア政府が開設したすべての地域住民の子供を受け入れる小学校に通った．エル・ハグアル入植地から子供たちでも徒歩で通える距離内にあった．しかしその学校で唯一の教師は残酷な男性で，生徒たちに対して日常的に体罰を課した．この男性教師はある日，過剰な体罰に怒ったコロンビア人の祖母に殺されかけ，逃亡し二度と戻らなかった．日本人移民たちは教育の重要性を痛感していたので，日本政府に対して自前の学校建設のための財政援助を申請し，認可された．加えて，日本人教師の給料を払う予算も得た．1936年に学校が完成し，男子21人，女子20人の最初の生徒を受け入れた．建設には住民が無償参加し，大工仕事のできる大人はボランティアでテーブルや椅子を作るなど協力した．スペイン語教師はカロトから呼ばれたエミリオ・ソラルテ・オルティスが務め，日本人教師にはカリ市から荻野恒雄（オギノ・ツネオ・ファン）が採用され，エル・ハグアルに引っ越してきた．荻野は後に池田桂三（イケダ・ケイゾウ・イグナシオ）と交代した．学校の効用としては，長年不仲だった第1次移民集団と第2次移民集団を仲直りさせる役割を果たし，1937年には最初の全校運動会が開催された[39]．

　学校建設が進行するほぼ同時期にエル・ハグアル入植地の外に土地を求め，引っ越す住民が出てきた．エル・ハグアル農地の土壌は脆弱で，元々は陸稲を常時栽培する予定だったが，2年間失敗を繰り返した．結局日本から輸入した生産性の高いうずら豆と小豆の豆類およびトウモロコシの作付けに変更して初めて大成功という結果を出した．耕作には馬や運転技術を覚えたトラクターなどが使われた．しかし土質は弱く，多年続けての生産は無理で，定期的に休耕畑にして何年か養生する必要があった．最良の解決策は入植地外で耕作する土地を借りることであった．しかし借地可能な土地は放牧地のみで，このため耕作地に変えねばならず，その作業を効率よくこなすためにも引っ越す必要が生じた．コロンビア人の土地所有者たちは放牧地が耕作地に変わっていくのに驚き，3年後の契約更新時には契約延長を拒否した者もいた．3年間も豆類やトウ

モロコシを連作し続けると地力は弱る．借地人たちもまた減少していく収穫にこだわるよりも別の場所に引っ越す道を選び，契約は更新しなかった．借地料は産品の売買利益を担保に入れたものではなく，一括現金で支払ったこともこの判断を容易なものにした．

　第1次と第2次移民集団は契約により収穫した豆類をすべて海外興業株式会社の運営する管理事務所に売らなければならなかった．しかし1934年の年末にはその契約も改正され，販売も自由化されたので，移民たちは個々に地域の市場で売るようになった[40]．

　この段階でカリ市在住の初期移民であった田村小一と西国徳次という2人の日本人がコロンビア人との商取引契約を手伝ったり，自分たちが経営する食料品雑貨店での販売用に豆とトウモロコシを買い付けた．また1930年代になって組合結成の提案もあったが賛同者は少数で組織化の話は流れた．ほぼ時期を同じくしてエル・ハグアルの4家族が共同で，デスバラタド川チョコシート地域にある約120プラサ（70ha相当）の土地を1プラサ当たり100コロンビアペソで購入した．1家族当たり30プラサの配分だが，土地を共有する発想はなかったし，新たなコミュニティー形成のための努力もしなければ，将来に向けた損益分析の準備もなかった．単に借地ではなく購入の機会があったので買ったものと分析できる[41]．

## 4. 民族的団結

　本章第2節で取り上げた初期の日本人移民の特徴を改めて民族性という観点から考察する．都市部への日本人移民の特徴の第1点はバランキーリャ，およびそのサテライトであるウシアクリという，かなり限定された場所に集中したこと，第2点は職業として理髪店の経営に従事する人が圧倒的に多かったことが挙げられる．第2点のデータとして1915年から1930年までの間にやってきた15人の日本人移民中13人が理容師となった．技術的なものは日本人の先輩たちの教育を受けたり，助手として働きながら経験を積むことも可能だったからだ．繊細な技術能力は「小さな絹の手」の仕業だという好意的な呼称の起源

となり，注意深く清潔で器用な人たちだと思われた．

都市移民の大多数は十分な資本を持って渡航してきたわけではないが，コロンビアでは賃金の悪い仕事から探す必要もなかった．新規移民はどういうわけか住居，仕事，そのほか食事など諸々の支援をいとわず，やがて身元保証人にまでなってくれるような先住の日本人と付き合いから新生活を始めた．このことはもちろん，自立までに困難もなく，最初から正当な賃金がもらえたことを意味しないが，少なくとも，移民初期の適応時期を過ごすうちにすでに様子を知っている先輩の指導を受けられたことで得だった．

また取り組んだ事業や職業がその移民にとって最適なものだったかは別問題だった．優先度としては，新しい環境での経済的生き残りが一番高かった．成功するにはどのような社会的・専門的技術や知識を身につけたか，それにどのくらいの大志や願望，価値観を持っていたか，によって差ができる．これに移り住んだ場所の状況や機会の巡り合わせという運的要素が加わる．バランキーリャには「経済的機会と社会的流動性」[42]という2つの重要な要素があった．バランキーリャとウシアクリ地域に移住した日本人の集団規模は小さかったが，消滅することなくコミュニティーを形成し，新しい環境に適応できた．この現実を可能にした社会の適所はどこにあったのか．著者には関心のあるところである．

米国西海岸地域に住む日本人に関する社会学的研究で，ミヤモトは日本人移民を成功に導いた要素を分析している．ミヤモトはシアトル市地域の調査で日本人移民の「効率的なコミュニティー組織をつくりやすい性質」[43]を強調していた．そしてさらに日本人移民は集団以外ではまれにしか米国生活に順応していないことに気づいた．つまり日本人コミュニティーの集団的支援を考慮に入れないで日本人移民の問題を考えると，順応の様態を見誤るというものである．

日本人移民は集団でしか新しい生活に順応できないというのは全く正しいというわけではなく，新しい社会環境にうまく適応できるか否かは，移民個々の個性や願望，性格といった他の要因も作用する．しかし否定できない事実として，都市移民の場合，後からきた移民は先に到着した移民の経験を活かすメリットがあるということだ．集団で共同生活をするわけではなかったが，1つのエスニック・グループのメンバーとして助け合う面があった．同県人や同郷人と

いう繋がりから特定の職種に特定地域出身の日本人が集中する事例はある．ミヤモトのシアトル市日本人移民調査では，最初の理髪師が山口県出身だったので以後理容分野で山口県出身者が占める割合は高い．同様に飲食業に従事する日本人は愛媛県出身者が多い．どちらも先人が成功した後，同県人移民に対して職業訓練や資金援助などを実施したからだ[44]．

　コロンビアの大西洋側に移住した日本人の絶対数は少なく，出身県による特別な結びつきは生じなかった．あったのはより大きな同国人感覚であった．とはいえ，支援の具体的な場面では同郷意識が作用しただろうことも推察でき，否定できるものでもない．コロンビアにおける農業や小規模ビジネスの成功について，キタノはそれが個々の移民が持つ成功への願望の強さにあったと説明する一方,「日本人グループ内での結束」の結果だったともいう[45]．バランキーリャ地域における理容業発展の事例が当てはまるようだ．

　バランキーリャ地域の日本人移民たちは，隣同士や近所に住むようなコミュニティーは形成せず，住居はあちこちに分散していた．ただし経営する理髪店のほとんどはモントーヤ駅近くのバリオ・アバホ地区内にあった．この駅は約20km離れたプエルト・デ・コロンビアという港とバランキーリャを結ぶ鉄道路線の最終駅で，バランキーリャ市内に向かう鉄道客は皆ここで降りた．したがって理髪店の客は地元住民だけでなく，水夫も多くいた．水夫たちは世界中のニュースを持ってきたし，日本船がドックに入ったり，入港予定があればそのことを伝えた．日本人移民たちは母国の情報を得たいと思っても短波ラジオ放送を聞くのも，日本の新聞を入手するのも困難だった．日本にいる家族や知人・友人とのコンタクトが途切れていた人も多かった．だから水夫たちのもたらす情報や物品の授受は貴重だった．あるニセイは，彼が7歳だったときに，父親が50羽の熱帯原産のオウムを入れた籠を船長に届け，そのお返しとして船長から竹製の飾り物が送られてきたのを憶えていた[46]．ほかにも，水夫経由で入手した日本の食材を家に持って帰った話などがある．

　定住を志す移民にとって住居の確保と安定した食事の供給は重要な要素だった．バランキーリャでも，理髪業者のうち家族持ちの日本人移民は独立した一軒家に住んだが，独身者たちは一般に雇用者の家の一部屋をあてがわれ，時に2人以上で共用したし，食事も一緒に食べた．血縁はない拡張家族としての扱

いは「大家族制度」という観点から分析されるものだが，ともあれ，キタノは大家族制度が「経済的な搾取と長時間労働と拘束を意味する一方，アイデンティティー意識，所属意識，安心感，快適性をも意味する」[47]と述べる．不満や問題はあるにせよ，雇用者の擬似父親的温情主義は，衣食住すべてを自分で賄う生活や，コミュニケーションの問題を抱えながらコロンビア人家庭に下宿するストレスを考えれば，より恵まれた生活環境に思える．資金をかき集めて独立した理髪店を経営するに至った移民は，仕事場の裏に増築や間仕切り壁で寝泊りする部屋を確保した．またコロンビア人と共同経営の場合では，そのコロンビア人の住んでいる家の一室を借りることもあった．

バランキーリャ地域の日本人移民たちは金融面では「回転信用制度」を構築した．「回転預金」とか「信用組合」という用語も出てくるが，会員が毎月用意する積立貯金で資金を貯め，会員のビジネスに投資したり，クレジットによる前貸しなどを出資会員相互の合意により実施する互助組織であり，非公式の金融制度である[48]．日本では江戸時代初期から普及し，一般に「頼母子講」とか「無尽」と呼ばれた制度でもあった．

「回転信用組合」は会員相互の信頼関係を核としている．一般の金融機関から借用書に要求される本人署名や保証人の裏書きなどは一切不要だった．さらに借入利息はゼロかあっても極めて低利であった．会員資格は同一家族，出身地を同じくする同郷人，同県人，あるいは同業者という限定されたものだった．会員は月に１回程度定期的に会い，基金に貯める掛け金を払った．会合ではまたくじ抽選を行い，優先順位１位になった会員は預金上限の範囲内で一括払い金を受け，自由に経営資金として使える権利を獲得する．返済は分割方式である．

バランキーリャにも会員数十人程度の回転信用組合が結成された．その機能や運営について詳細に説明できるイッセイはもはや存在しないが，イッセイと結婚したコロンビア女性未亡人と非会員だが若くして初期移民として移住した男性の２人から概要を聞き出すことができた．まず会員は男性のみで月に１回，道工利雄が所有するバルに集まった．会員は共同基金に割当相当額を出資した．集金後，その総額が１人の会員に渡され，理髪店の改善や困窮者への支援など使途は自由で返済は無利子であった．月ごとの定期預金はもし組合名で市中銀

行にローンを申し込む際には，確実な返済を保証する要素としても機能した．

会員の割当額は月5ペソであった．1929年までの散髪料は0.15ペソ（15セント）だった．1930年から割当額は月10ペソに倍増したが，散髪料は0.20ペソ（20セント）程度だった．だからもし50ペソ，あるいは100ペソを受け取ると，それはかなりの資金になったことがわかる．

会合は道工の店が休みの日曜日に開催された．会合後の宴会料理は，元船員で熟練のコックでもあった中村そとお（ナカムラ・ソトオ・ペドロ）が毎回準備した．一番人気は蒲鉾に醬油，それに野菜の漬物だった．酒を飲むこと，トランプゲームに興じることも会合の楽しみだったが，最も重要だったのは，日本語で話し，和風に調理された料理を食べ，嬉しい話しや失敗談を共有し，噂話でフラストレーションを解消することであった．特に食べ物を分かち合うことは，エプスタインの言葉を借りれば「愛情と友情の最高の象徴」で，社会的結束の表現と見なされた[49]．

残念ながら信用組合の活動は1930年代の末にはなくなったようだ．その理由は，何人かの会員が借入金を返済できなくなったためである．金融機能は消滅したが，月に1回の食事会はおしまいにならなかった．1930年代後半にカウカ渓谷地帯からバランキーリャに移住してきた日本人移民にとってこのようなパーティーはとても印象深いものだったらしい．食事会への出席は男性の移民イッセイだけに限られ，配偶者や家族，コロンビア人などは参加できなかった．中村が食べ物と飲み物を準備したが，その費用を参加者から集め，裏庭に広い空間のある誰かの家に集合した．食事会は第2次世界大戦が始まり，敵性国民である日本人の3人以上の集会が禁止された1941年末まで続いた．戦後，この食事回の回数は大幅に減ったが復活し，元旦と昭和天皇の誕生日である4月29日に催すことになった．

カリやパルミラの日本人都市移民たちは頼母子講的制度も食事会のような社交的行事も必要としなかったようだ．パルミラにはホテルと食料品雑貨店を経営していた田村小一以外に4人の日本人がいたが，この4人全員が給与生活者であり，信用組合からまとまった資金を受け取って投資するようなビジネス環境を持っていなかった．それに田村は非常に気前がよく，ひとりでカリ，パルミラ在住日本人移民の援助に熱心だったのでどのみち不要だった．

## 5. エル・ドラドを求めて

　コロンビアの日本人移民は，新しい移住先環境が都市部か農村部かによって，異なる社会的行動をみせた．都市部の人々は同胞コミュニティーからの援助を期待し，農村部の入植者たちは家族のサポートに頼った．移住先がどちらであれ，世代的には明治時代の後半に生まれ，急速に近代化を遂げた日本の激動期の価値観で育ったという共通点があるが，移住場所に適応していくため経済的，社会的に異なる制度や慣行をそれぞれに築き，発展させていった．

　バランキーリャ移民の注目すべき点は，みずからのビジネスを発展させる財源を開発した点である．頼母子講ともいうべき信用組合結成は，理髪店を開き，維持する資本を得る上で重要で，大事業というわけではなかったが，基本的な経営手段となった．一般に移民は海外移住にあたっては予想された危険に備えて十分な資本金を持参したわけではなく，また世界を知りたいという冒険心が勝り，長期にわたって定住することも，資本金を使って金儲けすることにもあまり関心がなかった．しかしバランキーリャに到着すると，そうはいっていられない現実に気がつき，民族として生存できる適所を見つけて安心を得ようとした．

　日本人に共有されていた礼儀正さ，誠実さ，他者への尊敬を尊ぶ価値観は，彼らを受け入れたコロンビア人にも歓迎された．愛称となった「小さな絹の手」を持つ日本人理容師たちは協会を設立し，地域社会への適応と成功の基盤をより確実なものにした．とはいえ，会員の絶対数は少なく，それゆえに地元コロンビア人の同業者たちの脅威にまではならなかった．懸命に働く彼らの態度と，異質な要素を陰湿に排除しない社会環境が相まって，社会的・経済的な上昇志向は満たされた．

　頼母子講の制度は単に経済的利点からのみ語られるべきではない．個々の会員にとっては社交的な機能が最大の楽しみだった．地元のコロンビア人の友人やコロンビア人の配偶者との間にできた家族の中で共有できるものは多かったが，母国語と食べ物に関しては無理で，これが集団と個人のエスニックな絆と

なった．移民たちのスペイン語能力は日常生活には問題がないというレベルで，使いこなせる語彙も少なく，文法的にも間違いだらけだったといわれる．母国語による自然なコミュニケーションのとれる場は，たとえ月1回でも楽しいものだった．食材の多くは地元で入手できるもので代用されたが，和風に調理され，日本式の調味料と箸で食べた．母国語と日本食で満たされた月例のお祭りイベント的会合は，まさにエスニック・アイデンティティーを再確認する機会として機能した．

農村移民は都市移民と異なった状況や問題に直面した．第1にコロンビアの農業移民は政府の移住計画に沿ったものであったことが挙げられる．農業移民たちには入植地が用意されていた．家族単位で分譲区画の土地を受け取り，家族単位の独立した生活を送ることが期待された．入植地の生活管理もそうだが，生産品ビジネスまで海外興業株式会社の現地代理店や管理人が管理した．つまり農作物の市場は確保されていたことであった．このこともあって共有地の運営を除いては，独立した家族間の相互協力は必要なかった．もし追加の労働力がどうしても必要になれば現地コロンビア人を外部から雇用したが，通常は家族の構成員同士でやりくりした．ただ第3次移民集団はビザの発給が送れ，2か月遅れで現地に到着したときはすでに種まきには遅すぎ，仕方なく第1次，第2次移民家族のために働き，賃金を得た．

第2に挙げる点は，農業移民たちは日本でも農業経験があり，入植直後から家族ごとに独立して開墾作業に入ることができたことである．さらに海外興業株式会社は，各家族がある程度の資本金を持参することを移住条件とした．これは当該会社の社員だった竹島雄三が会社経由で外務省に提出した調査報告書で強く勧めた事項であった．能力と夢に満ちた移民たちは資本金を使って，より農業生産に集中できる環境づくりを試みた．家族内同士の自助努力と資本金の存在がエル・ハグアルという入植地を共有しながらも世帯ごとの独立独歩の気運を認める風潮を生んだといえるだろう．もちろん共同体構成家族同士で何も共有しなかったわけではない．例えば田中正雄（タナカ・マサオ・エドアルド）は豆類の出荷にあたって，大幅に労力と時間を削減できる機械を発明したとき，その機械を複数台造り，他の共同体構成員と共有した[50]．この指摘はしかし例外的なものであり，入植地は社交上の共有空間であっても生産面では

相互扶助の気運はなく，逆に家族同士の不和，不満，競合，対立が増大し，エスニックな集団意識を強固にするような仕組みをつくる意識には向かわなかったようだ．

都市移民と農村移民の差異は，さらに「世帯」意識の強弱でも説明できる．農村移民には日本での農村生活から移転した世帯制度を維持し，家長が土地を所有し，権力と序列の頂点に君臨し，世帯構成員——必ずしも血縁によって直接繋がっている必要はない——は，家族というまとまりの中で経済活動を実施した．都市移民の場合と違って，農村移民が世帯制度を採用したのは，やはり生き残る可能性を高め，家族の伝統が継続される保証が得られる制度だったからである．世帯の生き残りや発展のために，家長は搾取といわれてもしょうがないほどの労働を家族に求め，うまく機能すれば成功であった．

移民たちはある意味では敗残者である．彼らは日本の社会で失敗したか，あるいは少なくとも自分自身でそう信じた．日本の貧しい農村で生まれた子供は，後継者以外は都市部で働くよう実家から追い出された．移住という道を選んだ者は，意志の強さと肉体的頑強さ，加えて野心が必要で，海外で成功して故郷に戻ることを夢見た．コロンビアに渡航してきた日本人もその例外ではなく，うまく金儲けしたら日本に帰るつもりでいた．だから黄金郷（エル・ドラド）伝説にあるような黄金で舗装された道路や，地中で掘り起こされるのを待っている宝物との遭遇や発見を現実なものにしようとも考えた．ある移民はブエナベントゥラ港で下船するときに手伝いにきた1人の黒人の手の中で金色の硬貨が輝いているのを見つけ，驚愕していた[51]．

コロンビアへの移住者の中で大成功を収めて日本に帰国したと豪語する者はいない．しかしその理由は，コロンビアでの生活の中で改めて「成功」の意味を再解釈し直し，当時の日本では得られない質の良い生活が送れる可能性の高い国に残ることに決めたからである[52]．

## 注

1) ボゴタ市における筆者と高橋弘昌氏との間の会話．1995年7月25日．
2) 文化変容や世代間調整については以下のような事例から．N. Glazer and D. P. Moynihan, *Beyond the Melting Pot: The Negros, Puerto Ricans, Jews, Italians, and Irish of New York City*, 1970 (1963).; F. Barth ed., *Ethnic Groups and Boundaries: The Social*

*Organization of Cultural Difference*, 1969.
3) 日本人の世代進行による変化やアイデンティティーの持続性の研究には異なるアプローチがある。参照事例は, S. M. Lyman, *The Asian in North America*, 1977 (1970), ; C. W. Kiefer, *Changing Cultures, Changing Lives: An Ethnographic Study of Three Generations of Japanese Americans*, 1974, ; Harry K. L. Kitano, *Japanese Americans: The Evolution of a Subculture*, 1969, ; G. N. Levine, and C. Rhodes, *The Japanese American Community: A Three Generation Study*, 1981, ; D. Montero, *Japanese Americans: Changing Patterns of Ethnic Affiliation over Three Generations*, 1980, ; S. S. Fujita and D. J. O'Brian, *Japanese American Ethnicity: The Persistence of Community*, 1991, ; P. R. Spickard, *Japanese Americans: The Formation and Transformation of an Ethnic Group*, 1996.
4) A. Cohen, 'Introduction : The lesson of ethnicity', in A. Cohen, ed., *Urban Ethnicity*, 1974, pp.xv-xvi.
5) W. W. Isajiw, 'Olga in Wonderland: Ethnicity in a technological society', in L. Driedger, ed., *The Canadian Ethnic Mosaic: A Quest for Identity*, 1978, p.34.
6) H. Mori, *Immigration Policy and Foreign Workers in Japan*, 1997, pp.106-8. ; Y. Sellek, 'Illegal Foreign Migrant Workers in Japan: Change and Challenge in Japanese Society', in J. M. Brown and R. Foot,eds., *Migration: The Asian Experience*, 1994, p.189. ; Y. Sellek, 'Nikkeijin. The phenomenon of return migration', in M. Weiner, ed., *Japan's Minorities: The Illusion of Homogeneity*, 1997, pp.185, 192. ; H. Komai, *Migrant Workers in Japan*, 1995, pp.201-5.
7) N. Glazer and D. P. Moynihan,eds., *Ethnicity: Theory and Experience*, 1975, p.1の共編者序文部分を参照.
8) F. Barth, ed., *Ethnic Groups and Boundaries: The Social Organization of Cultural Difference*, 1969, pp.9-38中 Barth 著の序文. ; A. Cohen, 'Introduction: The lesson of ethnicity', in A. Cohen,ed., *Urban Ethnicity*, pp.ix-xxiv. ; L.A. Despres,ed., *Ethnicity and Resource Competition in Plural Societies*, 1975, pp.87-118. ; Glazer and Moynihan, eds., *Ethnicity: Theory and Experience*, pp.1-26中, 共編者の序文. R. Cohen, 'Ethnicity, Problem and focus in Anthropology', *Annual Review of Anthropology*, no.7, 1978, pp.379-403.
9) Eriksen, *Ethnicity and Nationalism*, p.62.
10) カリ市における著者と高山徳弘氏との対話より, 1995年8月15日.
11) A. L. Epstein, *Ethos and Identity: Three Studies in Ethnicity*, 1978; *The Experience of Shame in Melanesia: An Essay in the Anthropology of Affect*, 1984; *In the Midst of Life; Affect and Ideation in the World of the Talai*, 1992.
12) パルミラ市における故中村サダエさんとの対話から, 1995年8月25日. この女性は1929年, 26歳のときにコロンビア到着.
13) カリ市における著者と徳永ヤスヨさんとの対話より, 1995年8月24日. この女性は1930年, 19歳のときにコロンビア到着.
14) E. H. Erikson, *Identiry and the Life Cycle*, 1994 (1959), p.109. 加えて Erikson の *Childhood and Society*, 1995 (1951), p.235 も参照.
15) Epstein, *Ethos and Identity*, p.xi.
16) 同上書, pp.xiv-xv.
17) 1987年, 東京にある国立国会図書館の専任スタッフがコレクションに移民個人の生涯を

記録した資料収集のプロジェクトのために南米数か国を訪れた．コロンビアではカリ市に滞在し，移民第1世代から資料を収集．著者は同図書館に保管された音声カセットテープを聴きながらノートを作成．著者はまた1993年にバランキーリャ市を訪問したカリ出身の日系人学生シミズ・ナオタロウの録音したカセットテープを聴く機会もあった．シミズは著者が最初のバランキーリャ調査に赴いたときにはすでに物故者となっていた初期に移住した日本人最長老でまだ存命中だった竪川繁樹氏や数人の日本人移民の第2世代の人たちとの対談を音声記録していた．著者はまた1994年にCamila Loboguerro の企画でコロンビアのTV局が製作した移民に関する番組を見たが，その一部は日本人移民に関するものだった．1994年にはAntonio Dorado が製作したドキュメンタリー映画も見た．

18) 著者とバランキーリャ市における故水野小次郎氏の義理の娘ハシンタ・アイデル・デ・ミズノさんとの対話より．1995年8月9日．
19) N. Insignares, 'Aguas minerales de Usiacurí', *Revista Médica de Bogotá*, vol.31, nos. 368-78, 1913, pp.315-20, マイクロフィルム，BMS.
20) ウシアクリ市における著者とRafael Márquez氏との会話，1995年8月11日．
21) Julio Flórezは1867年Chiquinquirá (Cundinamarca) の生まれ．鉱泉による病気治療の道を探ったが，1923年，ウシアクリで没した．
22) 'Field Notes in the Japanese in Latin America, Part IV, Panama', in NAUS/OSS 894.29219/220, RG59, 1943年3月26日．
23) 大西洋沿岸の移民情報は，異なる個人とのインタビューから得たもの，ワシントン (NAUS) およびボゴタ (ANC) の国立アーカイブスから得たもの，バランキーリャ市道工薫氏の個人コレクション (AJKD)，塚田『バランキーリャの日系人』，1991, の出版物1点，および未出版資料2点；N. Shimizu, 'Los inmigrantes japoneses en Colombia', 1993, および道工薫著, 'Pioneros japoneses en el litoral Caribe de Colombia',1998を参照．
24) 道工薫の個人的調査で1915年から30年の間に大西洋沿岸地域に到着した移民とその子孫たちの記録，AJKD.
25) C. Legrand, 'Campesinos asalariados en la zona bananera de Santa Marta 1900-1935', in Bell Lemus,ed., *El Caribe Colombiano, Seleccion de Textos Historicos*, 1988, p.185.
26) 塚田『バランキーリャの日系人』，p.87.；N. Shimizu, 'Los inmigrantes japoneses en Colombia', p.13. どちらの文献も日本人の理容師の手が「絹のようになめらか」だったと称賛していた．
27) 『コロンビア移住史』，pp.44, 61, Ramos Núñez, reseña Histórica de la Colonia Japonesa, p.11.
28) 『コロンビア移住史』，p.46.
29) 中村明, 'Un recuerdo de Jagual', and 'Un recuerdo de Corinto', *Nikkei Colombia*, vol.1, no.9, 1983年7月号，p.1, no.10, 1983年8月号，pp.1-2.
30) パルミラ市における筆者と鈴木貴氏の未亡人ソフィア・モントーヤ・デ・スズキさんとの対話から，1997年3月19日．
31) Higa, 'Desarollo histórico de la inmigración japonesa en la Argentina hasta la segunda guerra mundial', *Estudios Migratorios Latinoamericanos*, vol.10, no.30, 1995, p.488.
32) 家庭内の家族構成員が果たす義務的仕事分担を参照しながら家族構造を研究する方法は，移住者たちが母国でどのような生活を送ってきたかよりよく知るのに有効だ．例えば以下の事例を参照．J. F. Embree, *A Japanese Village; Suye Mura*, 1946 (1939), pp.60-83.

; Fukutake, Tadashi, translated by R. P. Dove, *Japanese Rural Society*, 1967, pp.39-59.; Fukutake, *Rural Society in Japan*, pp.27-70.; Nakane, Chie, translated by the Japan Interpreter, *Kinship and Economic Organization in Rural Japan*, University of Tokyo Press, 1980, pp.1-40.; Hendry, Understanding Japanese Society, pp.21-25.
33) 『コロンビア移住史』, pp.37～38.
34) P. Staniford, *Pictures in the Tropics*, p.58.
35) 倉富忍さんの視聴覚コレクションより. NDL.
36) 家族構成員が得た収入の「すべてが家長の懐に入る」のは日本の地方ではごく一般的な慣習だった」と記録しているのはフクタケの *Japanese Rural Society*, p.46.
37) 著者と田中カネ子さんとの対話から, 1995年8月19日.
38) Embree, *A Japanese Village; Suye Mura*, p.151.
39) 『コロンビア移住史』, pp.47～48. この出版物によると (pp.18～19), 移住者たちは1931年, 1934年, および1937年に第1回から第3回の「運動会」を開催したとあるが, p.48には学校が完成した1937年に最初の運動会を開催したという記述と矛盾する. この点について質問したところ, 初期の移住者たちは2つの集団に完全に分かれてしまっていたので一緒に運動会を開催するなど考えられなかったはずだという返答だった. そして第3の移住集団が到着し, 自前の学校建設を検討するまでの数年間は互いに話さえしない状態が続いたそうだ. コミュニティーが分裂した理由については前章 (pp.77～80) で解説.
40) 海外興業株式会社と移民との間の契約は3年から5年に延長された. その理由は最初の2年間の米栽培に失敗したため.
41) カリ市における筆者と坂本繁俊氏との対話より. 1995年8月23日.
42) Fawcett and Posada-Carbó, 'Arabs and Jews in the Development of the Colombian Caribbean, 1850-1950', p.59.
43) Miyamoto, S. Frank, 'Social solidarity among the Japanese in Seattle', University of Washington Publications in the Social Sciences, vol.11, no.2, 1939年12月, p.57.
44) 同上書, pp.74-75.
45) Kitano, Harry, *Japanese Americans*, p.19.
46) バランキーリャ市における著者と湯中まさべ氏との対話, 1997年3月10日.
47) Kitano, *Japanese Americans*, p.20.
48) P. J. Drake, 'Revolving credit systems', in P. Newman et al., eds., *The New Palgrave Dictionary of Money and Finance*, 1994 (1992), vol.3, p.349.
49) Epstein, *The Experience of Shame in Melanesia*, p.45.
50) 『コロンビア移住史』, p.50. Ramos Núñez, *Reseña Historica de la Colonia Japonesa*, p.67.
51) 『コロンビア移住史』, p.35.
52) Moriyama, *Imingaisha*, p.204.

# 第5章

# 第2次世界大戦後

フサガスガ強制収容所（昭和18年頃）

## 1. はじめに：戦争の影響

1941年12月7日の日本軍による真珠湾攻撃は、1945年まで続く太平洋戦争（第2次世界大戦）の始まりだった。ヨーロッパでの戦争が開始された直後から連合国側についたコロンビアは、真珠湾攻撃の翌日、宣戦布告まではしなかったが、枢軸国（日独伊）との国交を断った。東京ではスイス大使館が撤退するコロンビアの利益を代理で代表し、ボゴタではスペイン公使館が日本の利益の代理代表となった[1]。

日本の真珠湾攻撃後に外交関係を断絶したことで、コロンビア国内の一部の地域では日本人に対する不信や憎しみの念を増大させた。バランキーリャでは日本人経営の理髪店、商店やレストランに石が投げ込まれ、姿を見るや口汚く罵られた。カウカでは1軒1軒の家が離れて建っていたので、略奪の対象ともなった。母親と小さな子供しかいなかった家に強盗が入り、抵抗した母親石橋百世（イシバシ・モモヨ）が殺されるような事例もあった。またバランキーリャではある日本人移民が宝くじに当たったが、敵国出身だという理由で当選金が支払われず、またそうした対応が全国紙に掲載されたところ、その措置を称賛する声が集まった[2]。この幸運と不運に見舞われた日本人男性は、経営する理髪店の椅子を新調しようとしたときに騙された経験を持ち、以来、日本に帰ることを切望していた。しかし年数が経ち、日本の親戚たちとの連絡もすべて途絶えていた。そこで購入した宝くじが当選だったわけだが賞金が支払われず、日本帰国の望みも絶たれたとあって、最後はマグダレナ川に投身自殺した。

米国ではハワイの真珠湾攻撃後、ドイツ、イタリア系に加えて日本出身の市民が逮捕された。太平洋沿岸に沿って警備地区が設けられ、そこからは1/8以上日本人の血が混じっている人は即移動が命じられた。フランクリン・D・ルーズベルト大統領は10か所の強制収容所の建設を命じ、そこに米国西海岸地域にいた11万人以上の日本人や日系人を抑留した[3]。さらに古い1798年の在留敵国人条例なるものを引き合いに出し、連合国側を支持する中南米諸国の政府が日本人や日系人を強制移送するための財政支援を行うことを伝えた。ただこ

の18世紀の法律を中南米諸国在住の日本人に対して適用するためには，一度米国の法的権限が及ぶ領域に連れてこなければならなかった．その成果としては，コロンビアを含む中南米13の国が総計約2000人の日本人（連合国の敵）を捕らえ，米国に輸送することに協力した．この囚人たちは米国在住の日系人のための収容所には抑留されず，移民帰化局が運営する特別な施設に収容された．

コロンビア政府は日本人公使館勤務者とその家族や移民の一部の米国経由による本国帰還を認めた．追放と米国抑留がセットとなったこの措置が以下のように報告された．

> 少なくとも200人のコロンビアにいる枢軸国出身市民が汽船エトリン号で米国に向けて出国する．この船はすでにペルーやエクアドルからの被追放者も乗せていた．……200人の内訳は，160人が自発的に撤去する者で，40人はおそらく破壊活動に従事したり，それに準ずる危険な活動の恐れがあるという名目で強制的に本国に送還される[4]．

外交官についていえば，公使館の16人すべての日本人は1942年4月20日にブエナベントゥラ港からアカディア号に乗って出国した．アカディア号は米国領土の目的港に到着する途中で，他の国の日本人外交官を乗せていったのでかなりの時間がかかった．そして米国領土内で一定期間拘留された後，日本に送還された．コロンビアから撤去する外交官たちは公使館の設備備品など大量の荷物を鉄道で送った．それら荷物はカリ市からブエナベントゥラまでの移動区間で検査された．その際にスーツケースに格納した無線送信機が抜き取られ，代わりに同じ重さの石が積み込まれ，スーツケースの重量が変わらないようにした．この窃盗が発覚したとき，日本人外交団はこのような非国際条約的行動に驚いた．また元駐米公使は，後に米国でその無線装置がコロンビアの州警察本部に保管されていることを知らされた．日本政府は代理代表となったスペイン公使館を通じて無線機返還を提訴した．

無線機は日本の外交団が撤退した後にも非合法的にコロンビアの情報を探る目的で使われるとの恐れから押収したものだが，疑いの目は個々の公使館員に

も向けられ，公使館のコロンビア人スタッフが，「すべての館員は肌の上にゴム製のコルセットを着用し，その中に圧縮した書類をしっかりと隠した」ことを認めた，という情報まで流した<sup>5)</sup>。

　日本人に対する疑惑の心は，1903年にパナマがコロンビアから独立した後に生まれた．米国は，コロンビアがパナマを取り返す工作に日本が加担するだけでなく，太平洋と大西洋を結ぶ別の運河建設に参入するのではないかとの不安を持った．1905年の新聞『エル・メルキュリオ』に掲載された，太平洋沿岸地域の移民プロジェクトや経済発展の可能性を考慮し，日本との外交関係を結ぶことの利点を教唆した記事や，パナマ運河の代替案としてアトラト川に運河を建設する案が浮上したことなどと重なり，米国にとって日本の存在が将来の危機に繋がるのではないかと警戒心を煽った<sup>6)</sup>。

　パナマ運河に隣接するコロンビア領土内における日本の動きについて，米軍情報部の1943年のレポートは1938年6月までに遡り，収集した情報を列挙していた．その中にはコロンビア・プラセラ・S. A. という現地鉱山会社に雇われた4人の日本人技師が，自社鉱区の調査と称して，エクアドルとの国境から北の主な川をすべて調査したという．4人の技師はほとんどの時間をモーターボートで沿岸を巡航し，測量したり地図を作成したりしていたようだ．さらにドイツ資本の航空会社スカッタのチャーター機から航空写真も撮っており，そのネガが何かを「検討」すべく日本に送られたとも推測している．彼らがトゥマコに移動したとき，米国から裏で操られたコロンビア当局は，地質学者という偽りの肩書きでスパイ行為を行っていると告発した．ほぼ同時期に隣国エクアドル北部沿岸地域でも似たような小グループが同じような活動を行っていたのが目撃されていた<sup>7)</sup>。

　おそらく実際の所属が陸軍か海軍の当局者らしい偽の日本人地質学者たちが，1939，1940，1941年にもコロンビアを訪れたと考えられていた．ある者は外交官用パスポートを持ち，ある者は観光客や通商代表としてコロンビア国内を旅行した．詳細は不明だが，サン・ファン川の下流で乗船していた日本人が逮捕され，諜報活動の一環として地図を作成したり写真を撮っていたと訴えられた．また1940年から1941年の間にバランキーリャ，カルタヘナ，ブエナベントゥラ，カリ，メデリン，そしてキブドを含む大西洋沿岸地域を訪問した

## 1. はじめに：戦争の影響

日本人の正体は「カカオの密輸ルートを通って軍需物資の秘密運搬路を開拓しようとした秘密工作員」であり，パナマとコロンビアとの国境に近い沿岸部や島々に住む先住民クナ人から，ダリエンのジャングルを通る秘密の道についても聞いて知っていたと米国諜報機関は報告していた[8]．

いったん，コロンビア側から日本との外交関係が打ち切られると，太平洋沿岸に日本の潜水艦が出没したとの噂話に信憑性が増した．日本人がゴム製のボートで上陸し，ゲリラ活動に十分な装備と武器を携えていたとの噂だった．また日本がパナマ運河攻撃に使う軍用品がトゥマコで陸揚げされたとの誤報もあった．滑走路建設についてもルーズベルト大統領は公表しているが，内容は噂話の域を出ない[9]．ブエナベントゥラの近郊に1本，内陸のダグア川沿いに2本の滑走路が建設されたとの話のほかに，エル・ハグアル入植地の豆類農園も飛行機の離発着に適しているとみられた．移民たちはかなりの台数のトラクターを購入していたが，その真の目的は，命令あればすばやく豆を刈り取り，農園を広大な滑走路に変えるものだとされた．上記ルーズベルト大統領の談話では，ドイツ人は大西洋岸の4つの県に飛行場に変換可能な用地を取得し，日本人もカウカ県に同様の用地を1か所持っていることを「発見」したと述べていた．

日本がコロンビアの敵であるとのイメージを強化するために，コロンビア在住の日本人の活動がスパイや侵略行為と証拠もなく結びつけられた．背景には1932年から1933年にかけて勃発したレティシアのアマゾニア地域における国境紛争の際に日本がペルー側に軍事援助したとの噂話があり，そこから生まれた不安が増幅したとみられる．バランキーリャのニッキオ貿易商会は諜報機関だと噂された．庭園や都市の緑化プロジェクトのプランナーでもあった星野良治は，裏で爆弾製造に従事しているといわれ，貿易振興のために派遣された使節団も武器製造に必要な原材料である皮，木，金，ゴム，石油，プラチナ，くず鉄などの購入のための調査であると非難された．ボゴタの日本公使館には秘密の無線局があると疑われ，パルミラ在住の渡邊六郎（ワタナベ・ロクロウ）は日本の情報局の代理人として働いていると告訴された．カリ市の加藤保次郎（カトウ・ヤスジロウ・ホルヘ）は反米思想の新聞『ラ・ルチャ』に情報を提供しているとやはり告訴された．大型トラックを所有していた西賢一（ニシ・ケンイチ・アルベルト）は，エクアドルから武器や爆弾の入った小さな箱を運

び，カリ市周辺に住むドイツ人農家に配達していると告発された．エル・ハグアル入植地は低電圧の警報装置付フェンスで囲まれ，国内にある他の秘密基地と交信する無線装置を所有していると非難された．ほかにも日本軍によるシンガポール陥落の際には「にぎやかなどんちゃん騒ぎ」で勝利を祝ったなど，多くの馬鹿げた妄想から生じた非難の標的となった．

　米国FBIの活動報告書から米国政府は何を実現したかったのかが理解できる．すべての日本人は潜在的脅威なので強制収容所に入れなければならない，とコロンビア政府および米国自体を納得させたかったのだ．太平洋戦争が勃発してから，米国FBIは日本人居住者が最も多い大西洋沿岸とカウカ渓谷に何回も出向き，コロンビアの州警察の協力の下で，日本人男性への個別面接を実施して個人情報を収集した．1942年6月23日にコロンビアのスクーナー船レソリュテ号がドイツ軍に沈められた後，7月17日にはドイツ人，イタリア人，日本人は大西洋沿岸およびマグダレナ川河口部の港から去るよう命じ，反社会的国民の公表リストに対象者の名前を記載した．そして布告第59号によって民間人の個人資産は凍結された．1943年7月に県警察による日本人移民の家宅捜査が実施された後，裏で指令していた米国FBIの報告書には以下ように書かれていた．「コロンビア政府が入植地をさらに南に移し，すべての日本人を1か所に集め，農産物を育てるためのより肥沃な土地を提供する計画があるという主旨の噂がある」[10]．

　コロンビア政府主導の移民対策に仕立て上げているが，米国FBIの意図が反映されていたことは明らかだが，コロンビア政府が日本人農業移民に対して何をしたかったのかは混乱している．何にせよ，かつて植民地時代にスペイン人が先住民に対して実施したように，日本人を保留地に集める考えは奇妙で時代錯誤に思える．上記報告書の中にはまた，「県警察はサイコロ遊びや酒を飲んで時間をやりすごしている」ので，カウカ在住の日本人は国家的に監視されていないと訴え，地元当局者によるガソリンやその他の燃料に関する管理体制に欠け，また農業移住地が「本当に農業コミュニティーなのか一度も証明されていない」ことを強調した．

　1944年5月30日からボゴタの南西63kmのところにあったフサガスガに11人の日本人移民が送られた．市内のサバネタ・ホテルはドイツ人，イタリア人，

## 1. はじめに：戦争の影響

そして日本人を拘置するために使われた．すでに3月23日から44人のドイツ人が拘留されていた．イタリア人は数名程度だった．拘束された日本人の名簿や写真を見ると，コロンビアで成功を収めた日本人移民の商売を接収する意図があったことは明白で，移民の中でも裕福だった人たちをターゲットにして強制的に収容したようだ．女性や子供は拘留されず，家族は一緒にフサガスガ市内の借家に住み，妻は昼間は夫を訪問することも，夫も1泊ならば家族と一緒に過ごすことも可能だった．ホテル生活は枢軸国出身者同士の外交関係を深めるようなものではなかった．ドイツ人はコロンビア社会の上層階級に属しており，日本人やイタリア人移民を見下していた．そしてイタリア人は日本人を見下していた[11]．日本の降伏が通告された直後の1945年9月6日に日本人は釈放されたが，拘留期間中の部屋代や食事代などの経費が各人に請求され，支払いは現金で行われた．残念ながら請求費用の明細は著者が調査し始めた時点ですべての拘留者は鬼籍にあり，追跡不可能であった．

フサガスガへの強制収容のほかにも多くの日本人が転居を強制されていた．1943年9月28日にはバランキーリャで裕福な生活を送っていた堅川繁樹（タテカワ・シゲキ）が日本人の妻と5人の子供を連れて，ブカラマンガに強制転居させられた．そこで堅川は小さな店の番をし，妻はラ・モディステリアという店名の小さな裁縫店を営んだが，非常に貧しい生活に転落した．ドイツ人，イタリア人，日本人に帰属する企業，並びに個人の凍結された資産管理は，半官半民組織である共和国銀行の業務となり，その基金部は生活費として査定相当額を各個人に支払った．堅川一家もささやかな生活費補助として月50コロンビアペソを受け取っていた[12]．やはりバランキーリャに住み，裕福だった道工利雄と家族はボゴタ市に強制移住させられた．道工利雄はエドアルド・デュークとスペイン語名に改名していたが，元の苗字・名前に戻すよう求められた．道工家族はボゴタ市内で小さな菓子づくりの店を出したが，生活自体は苦しかった．堅川も道工もまた最後はフサガスガに収容された．

強制転居まで要求されなかったバランキーリャ・ウシアクリ地域在住の日本人移民は，定期的にバランキーリャ警察に赴き，報告することが義務づけられた．警察がリストにある名前をチェックするだけのことなのに朝から1日待たされたほど効率の悪いものだったようだ．

カウカおよびバリェ・デ・カウカ両県に住む他の日本人も尋問されたり、家宅捜査され、猟をしたり強盗から身を守る護身用の銃などは押収された。地元の新聞は捜査の成果として、「ショットガン12丁、リボルバー拳銃3丁、護身用ピストル2丁が県警察の強制捜査により没収された」ことを確認している[13]。警察は小火器が護身用に必要だったことをよく知っていたので銃器押収後について、「コリント全体は強盗の中心地である……日本人は、強盗が襲撃用に武器を持っていることを知っていたので、強盗に襲われた場合は抵抗せず、彼らが欲しがるものを渡した」[14] そうだ。

日本人農村移住者の家宅捜査や尋問は1942年前半に1回目が実施された後、1943年7月30日に第2回目が行われ、そのときの記録は彼らの物理的な分布状況だけでなく、家族個人個人の財産や、所有地・借地などのデータを記載している。エル・ハグアル入植地を中心に家の数は全部で40～50軒、どれも藁葺き屋根の質素な小屋で、そのうち4軒だけが壁を白色の漆喰で仕上げていた。家具類も質素なもので、購入希望品としてはミシン、自転車、ラジオ、望遠鏡、タイプライターなどを挙げていた。2回の捜査が行われた時期は、日本人移民がエル・ハグアル入植地からカンデラリア、セリト、フロリダ、ミランダ、パルミラ、プラデラ、サンタ・アナといった異なる場所に転居を始めた時期でもあった。捜査の過程で空き家が確認されたことからようやく当局も居住者が転居することに気づき、また耕作地（そのほとんどは借地）が10倍程度増加していることも確認している。報告書には、

> ……電気がなく、ケロシンランプまたはガソリンランプが使われていた。日本人は価値あるものは何も残さず、家屋は永久に見捨てる考えのようだった。入植地が存在している間に恒久的な構造物は建設されなかった[15]。

とあった。

エル・ハグアル入植地からの転出——耕作地の問題から新たな農耕用借地または分譲地を求めて——は1941年以前からあったようで、その事実は日本在住のコロンビア公使も承知していたほど知られていて、「カウカ渓谷のコリン

トの大農園に定住した人たちは，初めは10ヘクタールだったが，今日では100ヘクタールずつ持っていて，コロンビアの消費する豆類のほぼすべてを供給していると私は聞かされている」[16]と述べていた．第1次移民集団がカウカに到着してからわずか10年しか経っていないことを思うと，ずば抜けた成果だったとも評価できる．

レソリュテ号事件の後，破壊活動やスパイ行為を行ったという証拠がないにもかかわらず，米国の圧力に屈する形で，同盟国出身の市民を強制拘留していった．この点について米国FBIは抑留されたあるひとりの日本人農民について，

> 彼の家は捜査された……スパイ行為を行ったことを示すものは何も見つからなかった……彼の名前は，在コロンビアの米国大使からコロンビア政府に提出された危険人物リストの中に入っており，コロンビアまたは米国内の収容所でその活動を抑制しなければならない対象になっていた[17]

と，暗に間違いの可能性も示唆していた．

日本人男性を戦争が終わるまで強制的に連れ去って収容する口実として，悪意ある作り話が意図的に流された．米国FBIの報告には，1940年まではドイツ人と日本人の間の接触はなかったが，ナチスを支持するドイツ国民党の指導者は両者が結託して反同盟国の陰謀を企てる指示を出した，と述べていた．堅川と道工をわざわざフサガスガに収容したのは，「ナチス支持者として知られて」おり，いち早くフサガスガに収容されていたオットー・マンゲルスと直接接触する場を用意し，彼らの行動を監視して反同盟国の陰謀を暴くというものだった．道工にはさらに日本に強制送還された日本人ビジネスマンと交流した嫌疑，堅川の場合はペルーから反同盟国工作の疑いで日本に強制送還されたヤトウ・ノブオなる人物の住所録に名前と住所の記載があったという理由もあった．枢軸国同盟がらみの嫌疑でバランキーリャからフサガスガに連行された日本人としては倉本士郎がおり，倉本の場合は，自分の経営する理髪店を日本人と枢軸国支持者の秘密の集会場として提供した，というものだった．

このほかにも，田村小一は，日本公使の招待で，日本の外交団が去る前にスペイン公使が用意した夕食会に出席し，さらに見送りのために撤退する日本外交団に付き添ってブエナベントゥラまで同行したことから影の外交代表として活動するのではないかとの疑惑で拘束された．竹島雄三と倉富磯次（クラトミ・イソジ・エスピオン）は入植地の指導者として拘留された．農民でしかなかった加藤保次郎は「航空学が専門の技術者で，他の日本人が軍隊風の敬礼で挨拶する人物」と指名されていた[18]．

以上の事例は，当時のコロンビア政府が米国諜報機関の言葉を吟味することなくいかに簡単に騙されたかを示すために著者が開示した．公式に知られている162人の日本人を拘置する施設を政府が用意できなかったので，少人数の身代りとなる日本人の収容だけですませたのだ．コロンビア政府にとって最も重要なことは，日本人移民の中でも最も経済的に成功した人たちを没落させることだけでなく，ドイツ人やイタリア人も没落させることにもあったと推察できる．

コロンビアに住む日本人は，戦時中は家族との別居などの悲しみと経済的困窮を体験した．加えて，買い物にいけば販売拒否される不愉快な思い，道を歩けば罵声を浴びる不快な体験もあった．ビジネス面では銀行口座開設が拒否されたり，貸し渋りや信用貸しの突然の打ち切りなどの仕打ちを受けた．日本人移民はエスニックなマイノリティーであり，コロンビア国民とは見なされず，いつでも虐待されうる存在との自己認識を深めた．対抗策として，これは主にエル・ハグアル入植地を出てカウカ渓谷地域に分散して住む日本人同士のことだが，彼らは結束と相互扶助の目的と，異なる家族同士が集まり，安心してくつろげ，みずからの文化ルーツを誇りを持って振り返ることのできる機能を備えた団体組織を立ち上げるようになった．次節ではそのうちのいくつかの団体組織の事例を挙げて考察する．

## 2．団体組織

終戦後，エル・ハグアル入植地の移民たちの分散移住が必至になったとき，一番の心配事といえば子供たちの教育問題であった．コロンビアの教育環境は

低水準のまま20世紀前半の半世紀間は何も改善されず，学齢期の子供たちの非識字率は63％であった[19]．私立，あるいは政府の援助を受けたわずかばかりの公立学校は大都市の中心部にしか存在せず，教育内容は実質カトリックという宗教組織の手に委ねられていた[20]．既存の学校で子供たちを勉強させるため，農業移民たちは，町中に住みながら耕すことのできる農業用地を借りる，あるいは購入する方策を考えた．理想の定住地は，肥沃な土地で囲まれたカウカ渓谷で2番目に大きい町パルミラであった[21]．パルミラには良い学校があり，娯楽施設や外国人に対する偏見が少ない友好的な社会環境があり，そして銀行取引も可能な都市であった．25 kmほど南にはカリ市があるが，当時はパルミラのほうがベターな選択だった．1940年代の後半までのカリ市は「小さなダウンタウンとわずかな店や事務所がある活気のない地方の州都」と描かれていた[22]．カリをはずして，フロリダ，ミランダ，そしてパルミラの町の中心部に移り住んだ日本人家族の数は増え，逆に地方に住む日本人移民はいなくなった．フロリダ，ミランダ，パルミラは比較的近い地域に固まってあったことが，経済的，社交的な団体が組織化される条件になった．

## （1）組　合

　協同組合を組織する最初の動きは1930年代に見られる．エル・ハグアル入植地に移住した最初の10家族が管理事務所の権限を巡って2つのグループに分裂したしたとき，少数派となった3家族が，カリ市に住む都市移民の西国徳次と田村小一の助けを得て共同基金を設け，豆やトウモロコシの収穫を担保に借金したり，月賦払いでトラクターを購入したりした[23]．西国は豆とトウモロコシの流通と販売，それに農機具の購入では地元企業との取引交渉を担った．その一環としてカリ市の農産物市場内に豆販売の店を開店した[24]．組合員は分担金を出資し，大型農業機器を購入するための共同基金を利用して割賦払いの原資とした．例えばカリ市のプラディリャ社との取引では，注文と同時に販売価格の1/3を頭金として支払い，機器納品後の6か月後に次の1/3を払い，1年後に最後の1/3を払って清算した．分割払い方式で基金を運用し，組合員はトラクター5台とそれぞれに接続して使う鋤も5機入手した．戦時中はプラ

## コラム
### 日本人移住者の組織について

　コロンビアの日本人移民は，とりわけ農業部門では生産活動を軌道に乗せるために個人的に動いている限りは効率の悪いものがあり，ある程度の組織化は必然だった．エスニック・アイデンティティーという文脈で考えれば，同じことは文化・教育面でも組織化は必要なことだった．政治的な経過から集団試験移民と命名された日本人農業移民は集団単位だった．その第1次集団5家族25人が1929年に，1930年に第2次集団5家族34人，1935年に第3次集団100人がエル・ハグアルに到着し，農業を始める．本書でも記述されている1929年以前の日本人移住者は個人単位の移住であった．エル・ハグアルにおける最初の集団的存在は1936年に解説された学校で開校時には男子21人，女子20人の生徒がおり，日本政府からの植民地補助金を学校名で得た．1938年には大運動会が開催されるなど，家族単位を超えた組織的存在となり，また学校施設は文化センター的役割も果たした．

　1938年に最初の日本人農業組合が結成されるが，戦争の影響で日本人移民が抑留されたり強制移住させられたりして1943年には解散となる．しかし戦後の1951年になった新たに「農業日本人会」の名称で会員52人を擁する組織として再結成された．そして1953年1月には生産物の流通に関わる部門が「社団農業日本人会販売部」として独立し，さらにコロンビア国内法改正への対応で「有限会社日農物産　Distribuidora SAJA Ltd.：通称SAJA（サハ）」に変更した．会員67人は税法上の対策でSAJAを構成する4つの子会社の株主となった．本書ではSAJAのほかにトゥマコ・バナナ園での19人による集団事業（1961年スタートから64年解散），ハビエル会（1952年7月），さくら処女会（1953年9月）など主として戦後1950年代の事例が紹介されている．

　1963年11月に日本コロンビア協会が設立され，翌64年にはコロンビア日本婦人会が創立された．1968年にはパルミラ市に日本人学校「ひかり園」も開設された．時代は農業に従事する日本人1世のみの組織から，都会，地方を問わず様々な職業に従事し，コロンビア生まれでコロンビア育ちの日系人をも含む組織に脱皮したことを示している．1974年には日本・コロンビア・クラブ（Club Colombo Japones）が新たに創設され，様々な社会活動に従事している．

（加藤薫）

ディリャ社は日本人への販売を拒否した．組合は当然敵性国出身者の組織ということでブラックリストに掲載されていたが，別の企業エルダ社へと取引先を変えて新しいトラクターを購入し続けた[25]．結局，このコロンビア在住の日本人最初の組合組織は長続きせず，新たなニーズもなかったので解散し，1951年まで次の組合の構想は生まれなかった．

1951年になると，不安定な市場価格の変動に対処するため，豆生産に従事するほとんどすべての日本人移民が参加する団体が創設された．それは農業日本人会（SAJA：Sociedad de Agricultores Japoneses）という名称だったが，実質協同組合的性格を有していた．創設にあたっては，20年前のエル・ハグアル入植以来，離散していった日本人移民の家族を呼び集めた．その後のSAJAは1963年に日本コロンビア協会が設立されるまで日本人によって設立された最大かつ最重要な団体組織となっていた．会員たちは生産物の販売に関し地元の市場はもちろん，国内全体の市場とも商業的繋がりを確立した．会員は作物の種，肥料，耕作用大型機械などの購入にあたっては割賦払いの扱いを享受した．また資金運用や交渉での透明性や公正性確保のためにトップに会長職を置く管理組織と担当者を相互選出し，また法律の変更や取引内容の変化に柔軟に対応するため，部門の独立など組織改変も数回実施した[26]．財政面は楽ではなかった．度重なる農業政策の変更による市場の不安定さや，日本人の成功をみて豆づくりを始めたコロンビア人農家との競争に取り組む必要があったからである．1960年代に入るとSAJAはコロンビア国内豆市場の明らかな飽和状態をみて，取引のターゲットを日本に切り替えた．1967年にSAJAの子会社日農物産は日本から3トンの小豆の種を輸入し，翌年に81トンの収穫を得て日本に輸出した．1970年代初期になると日農物産は毎年日本に5000トンの小豆を輸出する体制で動いた[27]．

会員の農産物は国内市場や国際市場での需要が見込まれたので，より広い耕作地を入手する必要があった．コロンビア人の地主は，当初はただの草地だった場所が整然とした耕地に変わるのを見て仰天し，借地契約に消極的だったが，そのうち日本人が放牧地を耕地に変えて付加価値を高めることを理解したため，日本人に土地を貸すのにためらわなくなった．1961年に公布された農地改革的な性格を持つ法令第135号は，借地であろうと分譲であろうと以前よりも

広い土地を所有できるという日本人に好意的な改正内容を含んでいた．ここでやや横道にそれるが，コロンビアの農地改革の歴史を遡って整理してみることにしよう．

20世紀後半の農地改革の発想を遡ると，起源は1920年代後半に始まり，自由党出身の大統領アルフォンソ・ロペス・プマレホの任期第1期中の1936年に公布された土地法第200号だろう．この法律は不法定住者にも借地権を与え，地方における土地を巡っての争いを軽減し，頻度も抑えるというものだった．ロペス・プマレホ大統領によって導入された法律は，地主と農民が土地税をほとんど何も支払わなかったこの国に根本的な変革をもたらす大幅な改革だと期待された．土地法第200号の第12条には，土地の所有者は別にいるが放置されたままになっていた土地をある農民が占有し，5年間耕作した場合，合法的な所有権が優先的に得られるものとした．同法第6条では，連続して10年間耕作されなかった個人所有の全ての農地は「空き地」と見なされ，公有地の扱いになるとした．この条文はカウカ渓谷の地主たちの不安の種となった[28]．なぜならば彼らの所有する大部分の土地は牛の自由な放牧のための牧草地に変えていたからだ．バリェカウカーノ（カウカ渓谷の住民）は伝統的に牧畜業者として描かれ，彼らの理想的な生き方は「土地を所有し，そして特に牛の飼育」に従事することであると表現されていた[29]．

1936年の農地改革の目的は，地主が所有地を放置したり，畜牛のための野草を確保するのではなく，人間の食材を耕作するよう圧力をかけることだった．しかし1946年の総選挙で保守党政権が誕生した後，ラウクリン・クーリー率いる調査団が1949年に提出した報告書では，実態は農地改革以前とほとんど変わりがなかったこと，不合理な土地の利用パターンも改善されることはなかったことを告げていた．以下の文はその抽出である．

> 肥沃で平らな谷間はほとんど放牧のために使われ，その一方急傾斜の山の斜面が耕作されていた．牛は平野で太り，人間は急な山の斜面にはいつくばって最低限の生活維持のために必至の努力を重ねた[30]．

この不合理さの結果として，1956年にコロンビアは総輸入代金の1/6に相

当する1億米ドルを農産物輸入に費やしていた[31]. カウカ渓谷はその土壌が世界で最も肥沃な農耕地に遜色ないものとされてはいたが, 国民のために量的にも質的にも十分な食糧を生産する条件にはなっていなかった. 50ヘクタール以上の大区画で所有されていた肥沃な平地は放牧に使われていた. 一方, 岩の多い山の斜面は10ヘクタール以下の小区画に分割され, 農民の自給自足生活を支えるのが大半だった. 1961年の新たな農地改革以前, カウカ渓谷の土地の80％が大区画所有地で8％の所有者が持っていた. 一方, 10％が小区画で70％の住民が分け合い, 残りの10％は借地であった[32].

つまりは農地改革が政治的に重要な課題であったと要約できる. 1936年の土地法第200号は不法定住者が占有した私有地の合法化を許し, 1961年の法令第135号はラティフンディオ（1人の所有者が支配する広大な土地）の解体を目論んだ. 植民地時代から何百年も変わることのなかった土地保有制度から土地が適正に利用されないといった問題の解決策ではあった. 農地改革法の成果の分析は本書の目的でないので割愛するが, 大事なことは, 一連の農地改革の流れが, より広い耕地を必要とした日本人移住者にとって有利な状況を生んできたことである. 借地の場合, 地主は不法定住者の権利が生じて土地を奪われるリスクを回避し, 未耕作地の没収も免れるメリットがあったので, 最初の投資資金が少額ですむ借地を求める日本人移民とは利害が一致した. また耕作地に転換する目的で単なる牧草地を高額で購入しようとする日本人移民は, ラティフンディオ所有者にとっては, 政府に未使用地を相場価格で売却するより利益があった.

1961年の農地改革で, 借地契約は通常3年満期としていたが, これは借地人側にも好都合だった. 3年間連続して豆やトウモロコシを同じ土地から収穫すると土壌は疲弊し, 生産性は激減するので, 3年ごとに新しい借地に移動できれば好都合だった. 土地購入よりも期限のある借地を好む日本人の行動に対し, あるバリェ・デ・カウカ州選出議員は, 1961年の農地法改正に関する国民会議の聴聞会の席で「日本人農民は借地を利用して巨額の富を得たが, 私が知る限り, 1インチほどの土地を買ったことはない」[33]として, 借地制度の廃止を求めた. しかしこの議員の心配は杞憂に終わった. 借地契約が終了して他の用地に転出し, 新たに耕作を開始するのは, いくら機械化で労働条件が軽減され

たとはいえ，やはり重労働ではあった．日本人移民たちは少しずつ土地の購入も考えるようになった．1961年の農地法改正で地価の下落や産品から生じた損失に対する税の優遇措置が明記されたが，この内容は日本人移民やコロンビア人中産階級の土地所有への投資を一層促すもので，1970年代初期には1800ヘクタールの土地を購入するに至っていた[34]．

カウカ渓谷の土地は1959年時点でもまだその2/3が牧草地だった[35]．それでも1935年頃から日本人農業移民が耕地への転換を徐々に進めてきての結果でもある．1955年には日本人の耕作した土地は1万3000ヘクタールに達していた[36]．概算で1家族当たり約650ヘクタールを耕地に転換したことになる[37]．エル・ハグアル入植地に移住した20家族の家長が1935年に受け取った計198ヘクタールと比較すれば，この20年間の成果がいかに素晴らしいものだったかわかる．地主の息子だったギリェルモ・バルネィ・マテロンは，カウカとバリェ・デ・カウカ両県で日本人移民の耕作地を視察し，当時としては膨大な出荷量となったトウモロコシと豆の生産に携わる仕事内容を賛美した[38]．

日本人農業移民たちは4種類の豆類を栽培した．国内消費用にうずら豆，ニニョン・ロホ豆，サングレトロ豆を栽培し，輸出用に小豆を栽培した．量的には少なかったが，綿，トウモロコシ，キビ，大豆，そして各種野菜や花も生産した．

協同組合組織であるSAJAは実りの多い経済的成果を上げていた．ビジネス面での会員の正直さ，借地人としての義務を果たす誠実さなどが成功の道に導く扉だった．商業銀行はもとよりその他の地域ごとに存在する経済団体は，SAJAに対してはもちろんのこと，会員個人に対しても土地や農機に継続して投資できるよう，様々な分割払いプランを提示した[39]．また日本人の農業面における貢献への評価は単に経済面だけにとどまらなかった．少しずつ中産階級化していった移民集団は，協同組合以外の組織，いろいろなルートからコロンビア社会の中に参加し始めた．次にこういった社交の母体となった団体も紹介しておこう．

①ハビエル会

ハビエル会は1952年にスペイン人のイエズス会修道士で，日本に住み，勉

強した経験を持つホセ・ハビエル・エスカラーダによって創設された．名称はイエズス会の祖である聖フランシスコ・ハビエルにちなんだものである．パルミラ市内で日本人のカトリック信者のために堅信礼を行う目的で訪れた日本人司教の補佐としてハビエル・エスカラーダが同行した．その後にこの組織が結成されたのだが，会員は，年齢は異なるがすべて独身の日本人男性のみで，社会的かつキリスト教的宗教活動に従事し，また若い第2世代以下の日系人を積極的にカトリック世界に関わるための組織として機能した．ハビエル会は定期的に集会を開き，社交的なパーティーを開き，パルミラの教区教会堂で催される宗教行事や祝祭に参加した．また日本人の独身女性の団体と合同でツアーを組んだりもした．この会の活動を通じて日系人はパルミラの他の若い同世代の市民たちと交流する機会は増えたが，長続きはしなかった．なぜならば，会員の中に，定期的に集い，一緒に何かをする熱意を維持・継続していくリーダーを欠いていたためであった．

②さくら処女会

　上記ハビエル会が結成された1年後の1953年に島清の音頭とりによって独身女性向けの組織が創設された．彼のリーダーシップが生きたのである．会員は制服を着用し，中央に富士山の姿をあしらった桜の花のバッジをつけた．賛美歌が日本語とスペイン語で作詞作曲され，会合ではその両方が歌われた．そして10ヵ条ある会員規約も設けた．その中には，会員は日系人であること，独身女性で年齢は14歳から25歳の間であること，毎月第1日曜日に制服を着て会合に出席すること，そして「神，国，家族に献身と誇りを持って仕えること」といった条項があった[40]．

　さくら処女会の会員はしばしばチャリティーの場では着物を着て日本食を準備し，演劇に参加した（図5-1）．集まった収益金は通常はどこかの慈善団体に寄付された．チャリティーショーのためにボゴタ，カリ，パスト，ベレイラ，ポパヤンといった町を訪れ，地元の慈善団体と交流した．パルミラではキリスト教の祝祭の準備を手伝い，街中を練り歩くプロセシオン（行進）に参加したり，カルナバルでもパレードに団体で出場した．SAJAはパルミラの教区教会堂にエクアドルの彫刻家が彫った新しい木製の聖遺物箱を寄進したが，その見

図5-1 日本カトリックミッション募金のために開かれたお茶会に参加したさくら処女会の娘たち（ブガ市）

返りとして，ハビエル会とさくら処女会の会員はその聖遺物箱を掲げて市内を練り歩くプロセシオン（行進）では聖遺物箱の真後ろを歩く特権が与えられた．しかし会員たちにとってはあまり楽しいものではなかったようだ．地元の観客たちからは「中国人」と呼ばれたり，制服も目立ちすぎてからかわれたためである[41]．

### ③コロンビア日本婦人会

さくら処女会は結婚したり25歳を超えると会員資格が消滅した．しかしその後は女性たちが社会活動に参加する組織がなかった．1964年になってコロンビア日本婦人会が設立されたが，一方，さくら処女会のほうは活気を失い消滅した．新しい団体は年齢や未婚・既婚の制限を設けず，すべての日系人女性や日本人と結婚した女性たちに門戸を開いた．その方針もあってこの会の活動はスタート時から現在まで非常に活発である．また日本人コミュニティー内の繋がりを強化したり新しい絆を見つけたりするだけでなく，コロンビアの各種地域団体との交流の橋渡しをする点で重要度を高めている点は新しい．

婦人たちの会合で使われた言語は主に日本語であった．しかし会員によって

はスペイン語でのコミュニケーションのほうが便利になっていた．この使用言語の問題から，1971年に婦人会は2つに分裂した．会合で日本語を使いたい人たちはグループA，スペイン語を使いたい人たちはグループB，を結成した．しかし1994年には世代交代もあり，グループBに統合された．どちらのグループに属するにせよ，目的は同じで，慈善団体に寄付するための資金を稼ぐことであり，そのため和服や日本食のデモンストレーションや手工芸品の展示即売，ビンゴゲームやバザーといった社交的活動を実施した．この点はさくら処女会の活動と似ていた．婦人会はクリスマスには貧しい子供たちやストリートチルドレン，それに貧民救済修道女会が世話をしている老人ホームの入居者たちにプレゼントを配り，赤十字，消防隊，教区教会堂などに寄付金を渡した．しかしグループが統合されてからも会はコロンビアの女性社会組織と積極的に連絡を取り合ってきているが，慈善団体への支援活動に対する関心は薄くなってきている．

　2つに割れた時期でも，昭和天皇の誕生日，敬老会，学校の運動会など大きな行事があるときには共同で活動した[42]．グループAとグループBの統合後も変わりはなく，なかでも毎年8月の第3日曜日に開催される運動会は最も大事な社会的行事だと考えられている．会員は運動会の参加者に配るプレゼントを包んだり，伝統的な日本の歌を歌ったり，踊ったりするときのリーダー役を務めたり，とにかく1日中お祭り気分を保つための様々な仕掛けに奔走した．日本大使館もマラソン競技の優勝者に賞を用意したので一番盛り上がる競技となり，とりわけ日本人っぽい容姿の子供が入賞すると感激した．

④福岡県人会

　移民の出身県別に組織されるのが県人会である．会員の互選による会長と，年間の会合や行事の準備を手伝う役員会があった．著者は結成20周年記念の祝宴に参加したこともあり，集まった古くからの友人知人同士が幸せそうに歓談する光景を眼にした．日本国内にいる限り，普段は同県という繋がりが日々の生活に影響することはないが，海外に出るととたんに意識され，組織は発展する．また県人の定義もかなり緩いものだった．エル・ハグアル入植地にやってきた10家族のうち8家族が福岡県出身であったが，県人会をつくるには数

が少なすぎるという思いがあった．しかし残る他県出身の2家族とはその後，結婚によって姻戚関係ができると，全家族に福岡県繋がりができたということになった．

コロンビアに福岡県人会が創設されたのは1978年のことであった．最初の福岡県出身移民の代からかなり後のことだが，出身県に対する愛着心が弱まることはなかった．移民たちの拡張家族や残してきた娘・息子が福岡県内に住んでいる事例もあれば，コロンビア生まれである/ないにかかわらず，息子は日本で教育を修了させたいと福岡県に単身留学させた人も少なからずいた．福岡県行政組織の側にも外務部門があり，多くの外国で結成された福岡県人会経由で移民子弟に対する奨学金を用意し，若い世代の移民家族がイッセイの母国に住み，日本語を中心に様々なことを学ぶ点で恵まれた機会を提供している．加えて老いた高齢者世代のことも忘れることなく，補助金送付や県内に住む拡張家族の支援などを実施してきた．還暦後の74，77，80，88，90，99歳の誕生日には金杯などの記念品が贈られる．

## 3．グループ・アイデンティティーのシンボル

現在のコロンビアには前記の代表的団体組織のほかに民間団体がいくつかあるが，事務局やクラブハウスを持ち，会報誌を発行している組織と，事務局もなく組織体もはっきりしない組織との格差は大きい．また宗教組織が支援する団体もある．何にせよ，日本人組織はそこに属することで得られる社会的，経済的な利点があり，移住者が慣れない環境に適応するための補助的役割を果たした．同時にエスニックなアイデンティティー—特に文化面での—感をフィードバックする．自己意識の達成に際して，個人が団体の存在を心地よく感じ，また団体を通して自分のアイデンティティーを確認できるとあれば，その分，存続が期待される．

そもそも，出身国がどこであれ，移民はコロンビア土着のものとは異なる独特の文化伝統を持っていると考えられている．母国語，習慣，食べ物，話すときや笑うときの顔の表情，そして外観などは明らかに多数の国民とは異なり，

それらの違いが認識されることによって移民であるとか，マイノリティーという社会的カテゴリーに分類されるのである．

しかしニセイ，サンセイは「2つの文化の中で生きる」という新たな状況で，社会の少数派である両親の文化的カテゴリーにも，多数派の現地文化にもはっきりとは属さない存在になる．市民権の獲得が，即市民として社会から受け入れられたこととは結びつかない．移民の多くの子供たちが学校生活では苦痛を味わった．例えば，パルミラでは授業の休み時間に，必要もないのにただ日本語が聞きたいという理由でコロンビア人の級友に取り囲まれたり，後で笑いの材料にするため珍妙な質問を次々に浴びせかけられたりした．エル・ハグアル入植地から地元小学校に通っていたある少年は，昼食はいつも樹の上によじ登ってそこで食べた．なぜなら，その少年は母親手づくりの弁当を毎日持参したが，担任教員が好奇心から味見をさせろと迫ってくるのに耐え切れなくなったからである．

差別や区別に対する否定的な個人的感情が，エスニックな集団や文化とより強固に結びつきたいというベクトルに向かうとは必ずしも限らない．しかし，コロンビアの日本人とその子供たちの場合，コロンビアでの社会的経済的な上昇志向が，祖国の文化伝統固有の要素を生かして取り入れ，一部でも現地で再生したいという願いに結びついた．

そのエスニックなシンボルとして何を選ぶかはまた個人や家族の内的，外的条件に左右されるし，単純に好みの問題，また何が「典型的な日本のもの」とするかの知識，購入可能な予算，といった要素にも影響を受ける．一度も日本に戻ることのなかったイッセイやまだ一度も日本訪問の機会のない次世代の人たちはみずからのアイデンティティーのシンボルとして展示するものがほとんど，あるいは何もないかもしれない．一方，業務で何回も日本とコロンビアの間を往復する移民や移民の子孫たちは，ゲートボールセットのような皆で楽しめるものまで持ち帰るのが可能だった．また園芸や生け花を学ぶためだけに日本に滞在し，用具一式を持ち帰った人もいる．このほかに旅行者が持ち込み，置いていった土産品などがストックとして蓄積され，徐々に移民とその家族の生活は日本のもので囲まれるようになり，またみずからの出自のアイデンティティーとする手段も増加した．

移民や日系人の家を訪れると，庭が日本的雰囲気を醸し出す造りになっていたり，家屋内には日本から直接入手したもの，あるいはコロンビア内での移民コミュニティーから入手したものを必ずいくつか持っている．例えば，和食用の食器セット，箸，人形，日本刀，扇子，屏風，仏壇や神棚，和服などである．イッセイは一般に配偶者や義理の父母世代とは日本語で会話し，本棚には日本語の本や雑誌があり，日本製の音楽を聴き，日本語のVTRやDVDを見る．TVでも日本発のニュースやスポーツ番組を追う．そして裏庭には日本の種から育てた自家消費用の野菜畑を作り，和風に味付けしたものを食卓に出す．余暇には屋内なら花札，将棋，碁やマージャン，屋外ならばゲートボールなどを行い，イッセイはニセイや続く若い世代の日系人にエスニックなアイデンティティーとして残すべく，事情が許す限り，母国の雰囲気を伝えようと家の内外を飾ってきた．

1972年に太田哲三（オオタ・テツゾウ）とその妻サトルがカリ市に天理教教会を開くために赴任し，17年間勤務した．カリ市の南のはずれに教会堂を建て，月に1回，日曜日に礼拝を始めたが，参加者がすべて天理教の信者というわけではなく，宗教的義務が課せられることもなかった．また日常生活では日本固有の芸術公演や伝統行事の共同開催などの楽しみを奨励してきた．礼拝日には多くの日本人移民の家族が参加したが，宗教的信念のゆえではなく，昼食を一緒にとる楽しみという社交的な理由からだったようだ[43]．天理教教団は，1960年代の初頭にコロンビア太平洋岸にあるトゥマコ近郊に2000haの土地を入手し，バナナ園を経営するために17人の若い独身者を送り込んだが，熱帯気候や慣れない植生や生態系のゆえに結局失敗に終わった．太田夫妻の元にはトゥマコ・プロジェクトの参加者でそのままコロンビアにとどまった教徒たちが集まり，組織化を支援した．

カリ市で天理教教会が活動し始めた時期は，ちょうど幼少時にコロンビアに移住したり，コロンビアで生まれた若い日系人たちの間で，日本についてもっと学びたいという意識が興隆した時期と重なった．つまり日本人移民やその家族が耐え難い社会的な抑圧に対峙するためにもエスニックなアイデンティティー意識を強化したいと思った時期に，彼らの空白部分を埋めたということである．太田夫妻の指導の下で，移民やその子供たちは武術，折り紙，日本人

形づくり，絵画，書道，盆栽などを学び始めた．サトル夫人は精力的な女性で，自分の持つ芸術面での素養を積極的に提供し，現地で入手可能な素材を使ってオリジナルなアート作品を生み出す方法を教示した．

　移民ニセイ以下の世代が経験する2つの文化の中で生きる不安とは，彼らの両親が日本を離れた結果である．だがこのことは，移民は過去に生きている，あるいは過去に縛られているということを意味しない．ただ，人はみずからの過去と簡単に別れを告げることもできない，という現実の反映である．移民グループによって支持されるエスニックなアイデンティティーを象徴するシンボルは，現在の生活を取り巻く現実と対立することなく，個人がみずからの世界を再構築する補助として機能するものだ．ここではそのシンボル的な機能に満ちていると思われる「庭」というものに注目してみよう．

　移民家族の家を訪問すると，和風に装飾された庭に出合うことが多い[44]．こういった庭園は住民の社会環境への同化をアピールするものではなく，個人のアイデンティティーに直結するものなので，逆に外界から隔離した外からは直ぐに見えない裏庭に造る場合が多い．結果としてコロンビア人家庭の庭とはデザイン的にも植物の選定にも大きな違いがある．またこれらの庭の設計や造園には日本で庭づくりを学んできた主にニセイ以下の世代が携わった．また興味深いことには，和風庭園は大西洋沿岸地域に住む移民の子孫の家には存在せず，主にコロンビア南部の日系家族の家にのみ見られることである[45]．

　日本庭園は大自然の存在を連想させるものが多い．田園地帯の自然の景色を，風景画のように縮小して再現した小宇宙的な創作物である[46]．日本庭園には大きく3つの形式——すなわち，池泉庭園，枯山水，それに露地——があるとされているが，このうち露地形式の庭はコロンビアには登場しない．日本庭園には灯籠や岩石，白砂利といった独自の視覚的効果を高める要素が思い浮かぶが，エリオヴソンは「単に庭に石灯籠を置くだけでは日本庭園を造れない」と述べたように，日本庭園の本質は構成物として導入される装飾品にはない．西洋式庭園と日本庭園を区別する要素はどのような雰囲気を醸し出すかという発想から異なり，非対称性，全体と細部のバランスのとり方，静寂さやくつろぎ感を演出する植物の配置などが挙げられる．特に広大な敷地を利用して回遊するような設計の場合を除いては，庭園の中を散歩して楽しむというよりは固定

された視点から鑑賞する対象となっている．エリオヴソンがいうには，日本庭園は部屋の中から外の庭を鑑賞するためのものであり，小さな滝の音や，池の鯉の尾が出すシュッという水切り音との相乗効果から鑑賞者の空想をかき立てるものだそうだ[47]．

　日本庭園を熱帯気候の環境の中で再現するためには，造園素材の選択が重要になる．まず日本庭園で使用される典型的な植物は，四季の変化のあまりない熱帯気候の下ではうまく育たない．関連して四季の変化により季節ごとに異なる庭園の表情を演出するが，雨季と乾季の変化しかないところで，調和を保ちながら変化の相を見せるのは難しい．空間全体の均衡や距離感の雰囲気づくりとして群葉が仕込まれるが，コロンビアの気候では非常に短期間で成長するものが多く，常に適切な状態で管理するのが難しい．

　伝統的な日本庭園は，地域差はあるにしても，暦の月ごとに特定の花や樹木が意味を持って関連づけられている．1月—松，2月—梅，3月—桃，4月—桜，5月—藤，6月—菖蒲，7月—朝顔，8月—蓮，9月—秋の七草，10月—菊，11月—紅葉，12月—椿というような組み合わせが思い浮かぶが，日本庭園では単に自分が好ましいと思う植物や樹木を中心に組み合わせるのではなく，同時に象徴的な意味も考えなければいけない．これは花言葉とは異なるものである．例えば常緑の松は長寿，日本の国花であり人気のある桜は完璧さ，朝顔は愛情，蓮は生命の象徴と考えられてきた[48]．

　日本庭園をコロンビアのような熱帯気候の国に構築する場合，視覚上の変化やコントラストの効果を得るために，地元原産の植物や樹木を利用せざるをえないことも多い．厳密に考えればその時点で，日本風ではあっても，もはや日本庭園ではない，と評価するのも可能だ．ちなみに純粋に枯山水形式の日本庭園ならばより日本風に近い作品も可能だ．

　何とか日本の植物・樹木を使いたいと，日本人移民たちは種や苗を輸入して栽培することも考えたが，望むような成果は得られなかった．松は一応育つがその成長速度は極めて遅かった．梅の木は実をつけなかった．椿の花は一度咲いたがそれっきり枯れてしまった．造園業者は結局，四季の変化が刷り込まれた日本伝統の草木導入を諦め，土着産の植物で似たものを代用する研究を始めた．こうして選択肢や実現性は高まったが，一方では脱日本庭園化である．積

極的に考えれば無国籍化したコロンビア風和式庭園の創出ともいえるが，同時に装飾化の傾向を強め，深い哲学的思考の反映という側面を喪失していった．

　敷地に余裕があれば日本式庭園に池や小川を造成する事例も多い．池に放つ魚としては力強さや忍耐を表すとされた鯉と可憐な金魚がとりわけ好まれた．日本の鯉や金魚の輸入に成功した日本人移民は，またそれらをコロンビア国内で繁殖させるのにも成功し，自宅の日本式庭園の池に金色，灰色，白地に黒の斑点がある種類など多様な鯉や様々な変種のいる金魚を泳がせた．また地元原産のバイラリーナという小さいがカラフルな魚と金魚を掛け合わせた新種を好む人も現れた．ある意味，これも積極的な現地化といえる．

　時折，コロンビア人が日本人移民，あるいはその子孫である日系人に日本式庭園の設計・施工を依頼してくるケースも増えてきた．一見すると日本庭園かなと認識できるものもあるが，それでも詳細に見ていくとやはり求めるものの違いが散見する．まず基本コンセプトだが，デザインには対称性と合理性が求められることが多い．そこでは石組みや敷砂利に均一な形と大きさの小石を好んで選び，また異なる色の塗料で塗りたがった．日本庭園では決して見られないバラのような派手な花を植えたがり，場所があれば噴水をつくりたがった．結果はもはや「機能，構成物，そして植相から定義される日本庭園」[49]とはいえないような新しいハイブリッド庭園に変貌している．つまり社会的ステータスの象徴としてコロンビア人の導入する日本庭園なるものは，依頼者のステータスが高いほど脱伝統の日本庭園化[50]し，純粋な日本庭園の再現志向は日本人移民とその子孫たちのエスニックなグループ・アイデンティティとより密接な関係になっていたが，それもある程度の現地化をよしとせねばならなかった[51]．

　著者は長らく住んだ東京の家に出入りする庭師に，コロンビアで撮影した複数の日本人移民家族の家の日本式庭園の写真を見せて，その庭師の反応を探る機会があった．彼は写真を見た最初，庭の外観をとても不思議がった．灯籠，架橋，石の配置などに日本庭園の様式を観察できたが，植物や樹木の名称などを識別できなかったからだ．また鉢植えの植物を木から吊るす場面などを日本庭園では考えられないとも述べた．写真の出所を尋ねる庭師に対して，著者はそれらがコロンビアに移住した日本人家族の庭であることなどを説明し，最後

に写真の庭を日本庭園と分類してよいかと尋ねた．くだんの庭師は否定的には答えず群葉の規模や花などの配置の和様的類似性をいくつも挙げたが，結局は日本庭園だとも認めなかった．つまりは日本的であっても日本人とは差異のある，庭の持ち主のメンタリティーを感性的に把握したようだ．庭はまたその所有者の内面が無意識にも投影されているということだろう．この意味からも，コロンビアにおける日本庭園は日本人移民とその子孫たちの特別なグループ・アイデンティティーの表徴になっており，彼らが文化的に分節化した適所に生きている現実や個性を示す装置になっている[52]．

## 注

1) J.E.Hoover から国務副長官 A.A.Berle 宛の書簡 'Japanese Colony, Corinto, Colombia', 1943年9月29日，p.2, NAUS/894.20221/53, RG59.
2) バランキーリャ市における筆者と竪川マゴットさんとの対話，1998年8月11日より．彼女は，彼女の父親がフサガスガの強制収容所に収監された時期にこの事件について国内新聞記事を読んだ．バランキーリャ市民の多くがいまだに当選金が支払われていないことを覚えている．
3) Kitano, Harry, *Japanese Americans*, pp.30-33.
4) *The New York Times*, 1942年8月6日.
5) J.E.Hooverから W.J.Donovan 宛の報告書，report#17105, 1942年6月2日，NAUS/OSS, RG226．著者はこの見解についてカリ市での田中蔵雄氏との対話で確認，1997年3月20日．
6) Salamanca, 'Colombia y Japón', *El Mercurio*, 1905年10月21日，p.2.
7) 海軍司令部諜報部による 1943年1月13日付けの報告書 'Japanese activities on the Pacific Coast of Colombia (1935-1942)' NAUS/894.20221/49, RG165.
8) 同上書．
9) Galvis and Donadio, *Colombia Nazi*, pp.187-8.
10) J.E.Hooverから国務副長官 A.A.Berle 宛の書簡 'Japanese Colony, Corinto, Colombia', 1943年9月29日，p.2, NAUS/894.20221/53, RG59.
11) Galvis and Donadio, *Colombia Nazi*, pp.279-80.
12) バランキーリャ市における著者と竪川マゴット氏との対話より．1995年8月12日．
13) *El Liberal*, 1942年3月5日号．
14) 'Colombia Dispatch no.728, 4 September 1942. Concerning Colonia Agrícola Japonesa, Corinto, Colombia, and other Japanese Farm Colonies', p.8, NAUS/894.20221/47, RG59.
15) 'Field Notes on the Japanese in Latin America. Colombia', NAUS/OSS/894.20210/220, RG199. A.A. Berle から J.E. Hoover宛の報告書 'Japanese Colony, Corinto, Colombia', NAUS/894.20221/53, RG59.
16) 在東京全権公使 Alfredo Michelsen からコロンビア外務大臣 Luis López de Mesa 宛の書

3. グループ・アイデンティティーのシンボル　　**151**

簡. 原書簡はJ.E. Hooverの元で英語に翻訳されA.A. Berleに転送, 1944年5月26日, NAUS/894.20210/232,RG59.
17) J.E. Hoover からF.B. Lyon 宛書簡, Escipión Kuratomi, Colombia. 1944年12月22日, NAUS/894.20221/12-22-44, RG59.
18) 'Colombia, Dispatch no.728, 4 September 1942. Concerning Colonia Agrícola Japonesa, Corinto, Colombia, and other Japanese Farm Colonies', NAUS/894.20221/47. RG59.
19) 地方の学校における正規の学校教育の正確な実態については G. and A.Reichel-Dolmatoff のSierra Nevada de Santa Martaの麓にある小さなメスティーソの村Atánquezの調査報告がある. 校則は定規や棒を使ってぴしゃりと叩くことに始まり, 太陽の照りつける外での正座, 暗い部屋に閉じ込める, 動物と一緒につないでさらしものにする, あるいは頭上に重い石を持たせて砕いた陶片や瓦礫の上に座らせるなどの体罰で維持された. 記述は教師たちへの専門教育の欠如についても及んでおり, 国定指導要領がいかにいいかげんに運用されていたかも述べていた. 1人の教師がたったひとつの教室ですべての学年を教え, 教材として1冊のノートが何年にもわたってコピーされ, さらにその再コピーが繰り返された. 生徒たちは自然科学や歴史の科目で意味のない定理を教わる. 例えば「ウサギはどうやって繁殖するの?」という質問への正解は「直接交尾によって」だとか, 「蜂はどうやって眠るの?」という質問への正解は「立ったまま」という具合だし, 「ボリバルはどうやって死んだ」の正解は「生まれたときと同じ丸裸の状態で」というものだった. 日本人移民が地方の既存共同体から離れて子供たちにまともな教育の機会を与えたいと思ったのも不自然なことではない. G. and A. Reichel-Dolmatoff, *The People of Aritama*, pp.115-25.
20) J. Jaramillo Uribe, 'La educación durante los gobiernos liberals 1930-1946', in Tirado Mejia, ed., *Nueva Historia de Colombia*, vol.4, 1989, p.87.
21) 1951年のパルミラの人口は80,695人. 国内で4番目の大きさのカリ市人口は259,100人だった.
22) C. Blasier, 'Power and social change in Colombia: The Cauca Valley', *Journal of Inter-American Studies*, vol.8.no.3, 1966年7月号, p.395.
23) カリ市における著者と倉富潔との対話から. 1998年8月23日.
24) 西国の生涯の詳細については, Ramos Núñez, *Reseña Historica de la Colonia Japonesa*, pp.26-7.
25) 'Japanese activities on the Pacific Coast of Colombia (1935-1942)', p.14, NAUS/894.20221/49, RG165. 加えて『コロンビア移住史』, p.39 を参照.
26) 組合組織であるSAJAについては『コロンビア移住史』で説明されている. pp.76〜85. ほかに Ramos Núñez, *Reseña Historica de la Colonia Japonesa*, pp.77-82.
27) G. Victoria González, 'La colonia japonesa: Cuatro decenios, cuatro ejemplos', *Occidente*, 1969年11月26日号, p.8.
28) A.O. Hirschman, Journey *Toward Progress: Studies of Economic Policy-making in Latin America*, 1973, pp.96-97.
29) C. Blasier, 'Power and Social Change in Colombia: The Cauca Valley', pp.388, 396.
30) International Bank for Reconstruction and Development, 1950, pp.62-63. 引用は Hirschman, *Journey Toward Progress*, p.117.
31) コロンビア共和国農業省, *Memoria al Congreso Nacional 1957-58*, vol.1, 1958, p.18.

32) 大きな区画は 50 ha を超えるが小区画は 10 ha 以下で中規模区画は 10 ha 以上 50 ha 以下. Blasier, 'Power and social change in Colombia: The Cauca Valley', pp.387-390 を参照.
33) Gardiner, *Los japoneses y Colombia*, p.229 に引用あり.
34) Ramos Núñez, *Reseña historica de la Colonia Japonesa*, p.74.
35) Censo agropecuario del Valle del Cauca, 1959, 1963, p.21.
36) 『コロンビア移住史』, p.172.
37) 著者の取材対象者の1人は彼女の夫が所有地および借地で働く労働者100人分の食事を用意したときにことを語った. カリ市における著者と田中かね子さんとの対話から, 1997年3月22日.
38) G. Barney Materón, 'Los japoneses en el Valle', *Asocaña*, 1989, p.38 を参照.
39) パルミラ市における著者とギリェルモ・バルネイ・マテロン (Guillermo Barney Materon) 氏との対話から. 1998年8月22日.
40) 『コロンビア移住史』, pp.109-110.
41) パルミラ市における著者と元さくら処女会会員のアリシア・ナカムラ・デ・コガさんとの対話から. 1998年8月14日.
42) 『コロンビア移住史』, pp.106～9.
43) カリ市における著者と重松泉氏との対話から. 1995年8月21日.
44) ハワイにおいて, 類似した社会的-経済的背景を持ち, どれも150ヤードほどの前庭をもつ3軒の隣接した家に住む3家族 (コーカサス人系, 中国人系, 日本人系) が, 庭のアレンジや植物の選定にあたっていかに所属するエスニック集団の類型に準じているかを研究した結果がある. この研究の筆者は, 自宅の庭の植物世界もまた所有者の『好み, 考え, そしてエスニックな, あるいは社会的-経済的集団のシンボル』としての署名であると解釈していた. T. Ikagawa, 'Residential Gardens in Urban Honolulu, Hawaii: Neighborhood, Ethnicity, and Ornamental Plants', Ph.D thesis, 1994, p.7.
45) 熱帯気候の下でいかに日本式庭園を造るかという課題に対しての Germán Morimitsu 氏との対話はとても参考になった. カリ市にて, 1998年8月23日.
46) A. Berque, *Le Sauvage et l'Artifice: Les Japonais devant la Nature*, 1986, pp.225-6.
47) S. Eliovson, *Gardening the Japanese Way*, 1971(1958), pp.23-25, 97-98.
48) 同上書, pp.86-88.
49) Ikagawa, 'Residential Gardens in Urban Honolulu', p.43.
50) J. Duncan, 'Landscape Taste as a Symbol of Group Identity', *Geographical Review*, no.63, 1973, p.334.
51) Ikagawa, pp.7, 132.
52) E. Goffman, *The Presentation of Self in Everyday Life*, 1959, pp.22-30.

# 第6章

# 日本へのUターン

カリ市郊外の日本人移民個人宅庭園（内庭）

## 1. はじめに：入管法の改正

　この章ではコロンビアに移住した日本人移民を先祖に持ちながら，日本国内で働くコロンビア人の問題を扱う．日本人の海外移住に関する研究の中でも一番興味深いのは，一度海外に定住先を見つけた移民たちが，その第1世代も含めて続く世代の人たちの中に，日本に再移住して働くという現象がある点である．先行する出版物の中では「母国への回帰」という表現が使われてきた．その早い事例としては1964年の東京オリンピック開催に向けた建設時期や1972年の沖縄万国博覧会開催に向けた建設期間に，人手不足からくる就労チャンスの増大に対応して，イッセイや二重国籍を持つニセイなどが一時的に日本に帰国して「臨時雇い」として賃金を稼いだことが挙げられる．この場合，「母国への回帰」という表現は，彼らが業務終了後もコロンビアに帰ることなく日本に残ったならば正しい使い方だろうが，実際にはそのほとんどが家族の待つコロンビアを母国と考えて戻っていった．この点を森博美（モリ・ヒロミ）は，「移民とその子孫が就労のために出身国に移住する流れ」を指し示すのに「Uターン移住」[1]という表現を使ったが，著者もこの表現のほうが好ましいと考える．

　1951年に制定され，52年から実施されたいわゆる入管法は，日本国民が持ちえないような技術，知識の持ち主だったり，特殊なトレーニングを受けたような外国人労働者だけを受け入れる想定で，一定の条件を満たした外国人だけが就労目的の入国を許可された．つまり「未熟練」な労働に従事するために外国人が就労ビザを得るのは不可能だった．ただし永住権を持った外国人に対する制限はなかった．この「出入国管理及び難民認定法」が1989年12月に改正され，翌90年6月1日から施行され，99年10月には2回目の改正が実施された．法改正の背景には3つの要因があったと思われる．

　1970年代後半から80年代にいわゆる経済のバブル期を迎えた日本は，特に製造業，建設業，サービス産業などの現業分野での求人数が求職者数を大きく上回った．一方，日本の　主として若年労働者たちは高学歴化の傾向にあり，ホワイトカラー志向が強くなっていた．こういった若者たちは賃金が安く，休

# 1. はじめに：入管法の改正

日も少ないうえにキツイ，キタナイ，キケン，と感じられるいわゆる3K職場を敬遠した．移民の子弟たちはこのギャップを埋める人材として有望視された．また国際的な労働市場の動向をみると，豊富な原油資金を使って海外からの労働力を集め，さらなる発展のための国内の社会インフラ整備や不動産・観光業の開発を進めてきた中近東諸国に翳りがみえ始め，新たな人的資源の投入先としてバブル景気に沸く極東の日本が注目されるようになった．その結果，日本国内における非合法労働者の流入・滞在者が増加したが，こういった違法労働者の数を削減するためにも，ここで身元も人数も把握しやすい移民の子弟たちに求人枠を埋めてもらいたいと，入国条件の間口を広げた[2]．

その典型が，就労ビザの発行条件だった「日本国民の配偶者または子供」という文言を拡大解釈し，日本在住であり，ビザ申請者の4親等以内の親戚が身元保証することを条件[3]に，ニセイとその配偶者，養子などにも適用され，またサンセイとその配偶者向けに「定住ビザ」という身分も設けられた．ビザ分類番号4-1-16-3は「就労ビザ」を意味するものではなかったが，このビザで日本に滞在する者は仕事内容の制限なしに就職することができるようになった．日本に滞在する日系人たちは，本国での職業経験とは無関係な未熟練の仕事に就業することが可能となった．もちろん，すべての日系人が未熟練の仕事に雇用されたわけではないが，日本では日本語に堪能でないと専門職に就くのは難しく，出自が高等教育も受け専門職に従事した中産階級以上の地位であったにしても，現実には日系労働者やその配偶者の主たる職場として「未熟練」な分野であるメーカーの工場勤務となることが多かった．森博美が正しく指摘するように，「職業紹介に政府は全く介入していないが，新しい移民管理の枠組みは，労働市場の特定の分野に彼らを有効に割り振れるよう機能している」[4]．1990年の法改正はその目論見どおり，中南米諸国からの日系人労働者を惹きつけた（付録資料Ⅳ参照）．付け加えると，この法改正には，不法滞在者に仕事を回したブローカーや，違法承知で雇用した事業主には，最長3年の懲役，最高200万円の罰金という刑罰も科せられるようになったのだが，非合法労働者の数を減らす効果はというと微々たるものだった．

図6-1からは，そのほとんどが日系人で占められる日本在住の中南米出身の総数の増減に対応して工場労働者の総数が増減することがわかる．1984年以降

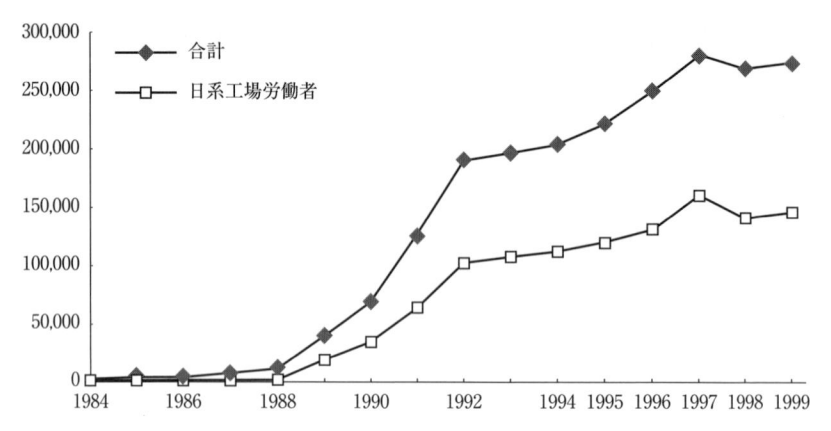

**図6-1 日本における日系工場労働者数と中南米系居住者総数の推移：1984〜99**
出典：法務省『在留外国人統計』，1985, 1987. 財団法人入管協会『在留外国人統計』，1989, 1991, 1993, 1995, 2000.

の統計には出身国別，性別，年齢別，職業別のデータもある．さらなる詳細データはブラジルとペルーに関してはあるが，その他の中南米諸国のものはなく，「その他」に一括分類されている．日本居住者数は90日以上の滞在で登録されている人の数だが，誰が日系人かは区別していないので推測するしかない．

付録資料Ⅳの表は，日本にいる中南米系居住者の中で工場労働に就いている人数としてブラジル，ペルー，ボリビア，アルゼンチンの出身者が順に多いことを示し，比べてコロンビアなど他の中南米諸国やカリブ海諸国の出身者は非常に少ない．また書類上の数字と実際の日系人の数との差異はよく指摘されることである．中南米に居住する日系人の総数は約140万人と概算されている[5]．この総数のうち，12％から15％の日系人が日本政府に許可される身分で日本国内で働くことができる対象である．この想定をペルー出身者の場合に当てはめると，日系ペルー人の総数が約8万5000人として，日本で就職し在留できる対象者は，配偶者や子供も含めて1万7000人から2万2000人の間だと推計できる．これに対し実数は4万人に膨れ上がっており，単純計算で倍も多い．ペルー出身者の場合，ニセイ，サンセイとして登録された人の多くが身分証明書を偽造したか，ペルー国内で日本国籍を持つ人からその戸籍を買って日系人になりすました人も含まれ，極端な事例としては，日系人に見えるように顔の整形手術

まで受けた人もいたようだ[6]．

## 2．Uターン労働者

　さてコロンビアに関する話に移ろう．入管法改正後の1991年に日本から人材派遣会社のスタッフが日系人募集のためにコロンビアを訪れた．応募者はすでに日本の戸籍を証明できる書類を持っているか，日本にいけば必ず戸籍が残っていて書類を取得できることが大前提でこのことは衆知されたが，一方，労働者の給料は雇用者から直接にではなく，この人材派遣会社を通じてであり，この派遣会社が手数料として一定の歩合金額を差し引いた金額が渡されることは説明されず，後で問題となった．

　1991年の年末に2つのグループに分かれた計40人の男女（男性がわずかに多かった）が日本に向かった．独身者はもちろんのこと，既婚者や家族持ちの人もすべて単身赴任だった．この人たちは日本とコロンビアの間の2国間ビザ免除協定によりビザなしで入国した．法務省の要求する書類をそろえていったん入国すると，ニセイは「日本国民の配偶者または子供」の身分，サンセイは「定住者」の身分が得られ，働くことができた．ニセイは日本国内で何も問題なくある期間を過ごすと，通常は3年間有効の在留ビザを得ることができた．サンセイの定住ビザは，6か月から1999年の入管法改正後は1年間に延長された．

　1回目と同じ人材派遣会社が2回目の募集でコロンビアにきたときは前回の経験から，日本までの片道旅費のローン，宿泊場所の手配，企業情報やビザに必要な雇用に関する書類などの準備を整えてリクルートに臨んだ．何にせよ，日系人たちを待ち受けていたのは低賃金，残業のある長時間拘束，きついノルマに縛られた仕事だった．しかしほとんどのコロンビア出身者たちはきつい肉体労働の経験がなく，新しい仕事に適応するのは難しかった．さらに給料が雇用会社から直接払われるのではなく，手数料を差し引いた人材派遣会社から支払われることにも落胆した．その結果，一度は契約通りの職に就くが，割り当てられた作業に不満で突然辞めたり，より賃金の高い働き場所を求めて転職を繰り返したりと，問題を起こし始めた[7]．

コロンビアからやってきた日系人たちはより好ましい仕事を自力で探そうとした．しかしすぐに，大企業は無理で，メーカーの下請けのような小さい会社以外で仕事を見つけるのはほとんど不可能であることに気がついた．また生活の場の確保でも雇用企業やブローカーに頼らざるをえない現実に直面した．多くの不動産業者は，賃貸向けの部屋やアパートを持つ家主が外国人には貸さないものだと思っていた．コミュニケーションの問題のほかに，設備に損害を与えたり，夜中に大音量で音楽を鳴らし隣人ともめるようなトラブルを経験していたからだ．現実問題として新規賃貸契約に必要な敷金や礼金を現金で個人的に用意できる日系人はほとんどいなかった．賃金がたとえ少々安くとも，食事や宿泊などの生活環境が整備されている会社にいるほうが平和に暮せることを学んだ．

コロンビア出身の日系人が従事した主な仕事は製造業の組み立てライン，建設業，水産物の加工工場などで，居住地としては大阪府，愛知県，千葉県，群馬県，茨城県，神奈川県，埼玉県，静岡県，そして栃木県に分散していた．人口的に多かったのは大阪と千葉で，次に埼玉，愛知，静岡と続いた[8]．ちなみに1990年代の在留者人数は安定していて300人から500人の間で変動し，1998年末のデータでも未就労の学童など家族構成員も含めて約300人だった．ただ，その多くが出入国を繰り返していたので正確な数字を挙げるのは難しい[9]．300という数字は，コロンビアに在留する日本人移民・日系人の総数約25,000人（第1章の推計参照）の約1.2％に相当し，単純な数字合わせだが，日本で就労できる日系人の百人に1人が，実際にその特権を生かして日本で働いたことになる．コロンビアからのデカセギ日系人労働者の1人当たり平均月収は2000米ドル前後と概算されるが，極力貯蓄に回し，コロンビアに戻ってから新ビジネスや不動産に投資したり借金の返済に充てた．

日本で就労するコロンビア出身の日系人にとっての最優先事項は子供の福祉と教育である．これは日本人移民としてコロンビアに渡航した祖父母や両親の場合と全く同じこだわりであった．単身赴任状態で日本で働く父や母の元に家族が合流し，長い別離期間に終止符を打ったが，別の問題も浮上した．知ってか知らずしてか日本の健康保険制度に加入していなかった日系人が多く，呼び寄せた家族もまた健康保険に未加入で，病院で治療を受けるときは全額個人負

担となった．あまりに高額なので軽傷や風邪程度ならコロンビアから持参の薬でしのいだ．学校教育に関していえば，子供たちは近隣の公立学校に通ったが，まず日本語の知識に欠けていたので，授業での運用面では厳しい状態に陥った．さらに辛かったのは苦しさを吐露し，悩みを打ち明け，友人として一緒に解決方法を考えるような共生意識を持つ日本で生まれ育った学友や教師になかなか出会えないことだった．いじめや虐待にあっても，クラスメートの無関心さからは何も期待できなかった．親にしてみれば子供の悩みは一番悲しく，当人以上に傷つく問題でもあった．

　興味深いことに，コロンビア出身の日系人同士が共通の問題を語り合ったり，組織的に何かを主張したり，単に社交的な楽しみに興じるような団体をつくりたいとは思わなかったようだ．その要因が2つ考えられる．1つは在留コロンビア出身日系人の居住地が広域にわたって分布しており，その人口密度も希薄だったことである．2つ目の理由としては，日本においてもコロンビアにおいても家族や世帯があまりに異なる社会的経済的階層に属している場合，交流がかえって気を使う居心地の悪いものになったり，共生よりも対峙の念を増幅させる可能性が大きかったからだ．実際に彼らのほとんどは出身国籍に関係なく同じような社会階層に属する日系人同士でアクセス可能な友情の輪を広げ，社会生活を送っていた．またどこでもブラジル出身者の数が多く，コロンビア出身者のみならず多くのスペイン語圏出身の日系人はポルトガル語でコミュニケートすることを覚えた．職場内で，業者同士の打ち合わせ時，食料品店での買い物，旅行社との連絡などで，スペイン語でも日本語でもなくポルトガル語を使ったのだ．

　コロンビアに住む日本人の血を受け継ぐ人たちは，本国日本の政治情勢や社会状況に巻き込まれた．移民法の改正は，アジアからの不法外国人労働者の代替労働力として日本人移民やその後続世代の入国・就労条件を緩和したわけだが，その恩恵を享受し，何年か日本で働いて貯金し，コロンビアにUターンしていった．帰属意識を鼓舞し，的確な情報交換や日本での生活をより快適なものにする社会的・文化的な団体組織を日本国内で結成することはなかった．その代わりに他のスペイン語もしくはポルトガル語を母語とする中南米出身者と交際し，友情を深めたが，それはそのほうが心地よかったからである．しかし

このことはより広義の「ラテン系文化集団」を日本国内に形成することを志向したというわけではない．

## 3. 恩　恵

　著者はコロンビアといった移民の受入国がいかに恩恵を受け，その利益は直接，間接的に日本に還流したことを強調しておきたい．コロンビアへの日本人移民は日本の半官半民組織によって組織化されたが，コロンビア政府は入植地経営に干渉することはなかった．何にせよ，移住後数年のうちに改正された土地法の恩恵もあって，カウカ県やバリェ・デ・カウカ県で新たな土地を借りたり購入する機会に恵まれた．集約的な耕作のために作業の機械化を図り，栽培作物の品種を研究した．現地の農業従事者からみれば日本人移民たちの方法は革命的であり，バリェ・デ・カウカ県行政府は，地域発展への貢献に対し，賞を贈るなど公的にその功績を称えた．コロンビアはコーヒーの輸出国として知られるが，その他の食料としての農産物は長年輸入に頼っていた．日本人移民による各種豆の生産は輸入量を削減し，さらに綿，トウモロコシ，キビなどの雑穀類，サトウキビ，野菜，花といった多様な農産物で市場を満たした．そして，彼らの功績はまた母国日本にも還元されるもので，1970年には約5000トンの小豆を日本に輸出した．

　1990年の法律改正以降，小規模とはいえコロンビア在住の日系人が日本国内に定住し，安い賃金にもかかわらず，日本人がもはややりたくないような仕事に就き，社会インフラの維持から成長産業の生産水準を高めることまで貢献した．この点についてセレックは「外国からの移住者は……（日本人にとって）望ましくない職業を代わって埋め，日本経済の基本的な構造をサポートする労働人口の不可欠な一部となり始めた」[10]と述べている．過去に海外への移住計画を予算的に支援するための投資は，確実に日本に還元されたと断言しても過言ではないと考えられるのだ．また日本の人口構成を考えると，戦後直後のベビーブームで生まれたいわゆる団塊の世代が生産活動から引退したが，彼らの子供たちが成長を維持する人口構成を保証することはなく，逆に女性1人当た

りの出生率が1.34人にまで低下した．高齢者人口の増大と若年労働者の不足という情況にあって労働者需要を補完する存在として機能しているのも事実だ．

では日本に居住するコロンビア出身の日系人のエスニック・アイデンティティーはどこにあり，何をシンボルと考えているのだろうか．コロンビア在住の日本人移民および彼らの子孫たちは，社会的・経済的上昇志向の旗印として自らの存在を表徴するようなシンボルを求めた．文化的ルーツを活性化する動きが共有された背景には3つの要因が考えられる．1つ目は，敗戦によって明らかになった海外にいる日本人の脆弱さである．政治経済的なマイノリティー感が，積極的な文化面における結束を促した．2つ目はやはり戦後の問題だが，焼土から奇跡的な復興を遂げた回復力は一般のコロンビア人にも衆知の事実であったことから，改めて母国に対する誇りや自信を鼓舞し，そのパワーを明示するようなシンボルと積極的に同一化したいと思った．そして3つ目は社会的環境がどうであれ，個人としてみずからの帰属意識を可視化する何かを求めた普遍的な欲求である．こうして手づくりの室内装飾品，書や絵画，そして日本風の庭園などを身の回りに置き，非日系人との差異を明確にしてきた．

では日本で働いたコロンビア出身の日系人たちにこういったエスニック・アイデンティティーを求める願望が継承されたかといえば，答えは「なかった」ということになろう．まず日系人の横のつながりを保証するような集団，団体結成に興味がなかった．すでに居住地の分散の問題については述べたが，エスニックな関係は交流の賜物であり，孤立の産物ではない．第2には，横のつながりを特別求めなかった理由としては，インターネット，電話やファクスといったコミュニケーション手段の発達でコロンビアに残してきた家族や知人との関係を維持できたからである．帰国するにも昔は船で片道35日もかかる長旅だったが，現在は飛行機で24時間もかからない．

このような情況で日系人が同一感を持ちたいと願う日本文化とは，コロンビア最初の移住者たちが帰属感を持つ伝統的文化のことではなく，グローバルに共有される日本生まれの最先端の文化であり，またその日本のナショナルな文化に影響を及ぼし，均質化していくようなグローバルな文化を見つける足がかりになるような部分である．この意味で何に帰属意識を持つかという点での合意がないエスニックな横の連帯には興味がなくて当然であろう．つまり，エリ

クセンがトリニダーとモーリシャスの研究で結論づけているように，より経済的，政治的に有益な，より意味のあるアイデンティティーを積極的に模索しているのである[11]．

## 4. 新たなアイデンティティー

　出自国を同じくする日系人同士の連帯よりも，身近に共感できる他国出身の日系人との共生を望む日本に住む日系人は，何よりもまず国際的なコミュニティーの一員となったということである．その上で，駐日コロンビア領事が準備したコロンビア出身者の日本におけるコミュニティー活動に関する報告書の中で指摘されているように，「彼らはコロンビア人であり，これからも常にコロンビア人である」ことは明らかだった．ではコロンビアへの帰属意識はどんなときに露出し，どのような表徴を伴うのだろうか．日本に在住するコロンビア出身の日系人の家を訪問し，何かコロンビアを思い出させるものはないかと探すと必ずあるのが国旗である．それも大多数の人がサイズの異なる国旗を複数枚もっていた．見たところ，壁に飾ったり，家具の上に立てかけてあったりするが，コロンビアのサッカーチームの試合中継がテレビで放映されるときなどは，住んでいるマンションのベランダや建物屋上に旗を掲げるのである．これはエスニック・アイデンティティーとして最も記号性の高い国旗を掲げることによって，特定のコミュニティーの一員であると情緒的な帰属意識を表明しているものだろうが，一方では日系人が日本社会から疎外されている周縁的存在であることを顕示する表象として解読しなければいけないことかもしれない．

　この章の最後は日本人が日本社会に対してどのような幻想を持ち，それが日本で働く日系人に対してどのような影響を与えているか，という問題を扱う．日本人は自分たちがどのような存在であるかを文化論的に議論することに非常に高い関心を持つ．背景には，日本人は世界でもひときわユニークな存在で，人種的にも文化的にも単一性を維持してきたという信仰に近い意識があるのだが，日本人が世界の他の人たちといかに異なるかを解説する出版物の数は膨大なものがある．書店によってはあたかも独立した専門研究分野があるかの如く，

「日本人論」というコーナーを設けているところもある．ヘンドリーの言葉を借りれば「国中が夢中になっているもの」[12]であり，全国民共通の趣味と考えてもよいようだ．特に1970年代から80年代は日本人論や日本人性についての議論や論争が高まった時代であり，日本人の純真さ，同質性，そして特異性がナショナリズムを鼓舞する言説で強調され，この基軸上で言語，習慣，風俗などが解釈された[13]．

ナショナリズムを強化する目的で論じられる日本人論では，まず日本が同質・均質な社会であることを強調するが，その論旨との整合性を求めるため，現実には日本社会に存在するエスニックなマイノリティーの存在をあえて無視した．このマイノリティーが日本人人口に占める割合は約4％にすぎないが，歴史的存在でもあった．江戸時代に遡る歴史を持つ部落民を先祖に持つ人たちは300万人近くいるといわれる．明治以降の日本領土拡大の結果，日本に移住してきた中国や韓国出身者が100万人ほどいる．また明治時代から絶滅の道に追いやられたアイヌの人々が挙げられる．敗戦直後には駐留する米兵と日本人女性の間に生まれた混血児も相当数いた[14]．そして海外移住を果たした日本人移民の後継世代で日本に在留する日系人もマイノリティーの範囲や人口を増大させた．

政府も政治家も日本国内のマイノリティーの存在を十分承知している．にもかかわらず，そうしたマイノリティーの存在は無視して，日本は人種的にも文化的にも均質な社会であるという言説を普及させようとする．その典型的な事例としては，中曽根康弘（ナカソネ・ヤスヒロ）元総理大臣（任期；1982～87）が米国の経済力衰退の理由を，社会進出するアフリカ系，メキシコ系，プエルトリコ系などエスニック・マイノリティーの能力不足のせいにする一方，日本の経済的成功が，単一民族性にあると断言し，国内のマイノリティー集団の存在を否定したようなことが挙げられる[15]．

では1990年の「出入国管理及び難民認定法」の改正とは何だったのだろうか．端的にいえば，特別な在留資格を与え，日本人移民の子孫が日本で働く機会を増やすことが目的だった．以前の外国籍の労働者に資格や能力が厳しくチェックされた時代に比べれば，方針の思い切った大転換であった．背景には産業界で不足する労働力を補う戦略的な発想があった．1980年代に日本の労働力不足

を補ったのは主として中国, インド, 東南アジアや中近東出身の労働者たちだった.

外国人労働者の必要性は不可避だったが, その急激な増加は同時に日本国内にエスニック単位のコミュニティーが林立することへの不安や, 国際結婚による人種的・文化的混交による日本の伝統文化衰退の懸念が示されてきた[16]. しかし日系人ならば, 日本人の子孫なので文化的にはともかくも血統的には日本人と同等と認定するのも可能だった. 少なくとも半分, あるいは1/4, 1/8は日本人なのである. 政府の法改正の意図は, 専門的知識や技術力を持つ人材のみに就労許可を出すという建前で表玄関を開放するのではなく, 未熟練の仕事でも積極的に求める日系人を裏の通用口から入れ, 主として広範囲なアジア諸国から流入してくる未熟練の, あるいは非合法という好ましからざる労働者たちと入れ替えることにあった[17].

日本の市民権は「生地主義」でなく,「血統主義」の原則に従って該当者に与えられる. 結果的にコロンビアで生まれた日系人の多数に日本政府発行のパスポートが与えられた. そしてまたその多くが日本で就労している. しかしその身分は在留ビザを持つ他の外国人と特別に変わるものではない. 時給や日給ベースでの雇用への不安, 年金の保障がないまま働きながら年をとることへの不安, 健康保険や障害保険, 失業保険などの責任から逃れようとする派遣会社や下請会社の管理下にあることへの不安, ビザの満了時に更新されず国外退去になるかもしれないという不安などのネガティヴな要素がつきまとい, 日系人コミュニティーが形成されたにしても極めて脆弱な存在にとどまる.

著者が20世紀末に日本在住の日系コロンビア人の意識調査を実施したとき,「いつまで日本で働くつもりか」という趣旨の質問をすると, ある男性回答者が「ワールドカップの決勝が終わるまで」と答えたことがとても印象深い. このワールドカップとは, 2002年に日韓共催で実現したサッカーイベントのことだが, この男性回答者からの答えの含意を斟酌すると, 要するに日本では長期的に将来を見越して滞在する自信がないことを告げている. 彼を日本に繋ぎとめているものは, 労働力が必要なときは使われ, 不要になれば解雇されるという市場原理しかないという理解が投影されている. 願わくば, エスニックな帰属意識を共有する日系人に対して日本社会や政府がもっと敬意を払い, 市場原

理以外の絆や条件で彼らが滞在したいだけ滞在し，能力に見合った職場が提供されることを期待する．

## 注

1) Mori, Hiromi（森博美）, *'Immigration Policy and Foreign Workers in Japan'*, pp.106-7.
2) 同上書，p.2.
3) Sellek, 'Nikkeijin: The phenomenon of return migration', p.188.
4) Mori, 前掲書，p.2.
5) Mori, 前掲書，p.108, Komai, *Migrant Workers in Japan*, p.202.
6) Sellek, 'Nikkeijin: The phenomenon of return migration', p.203. Mori, 'Immigration Policy and Foreign Workers in Japan', pp.100, 114. Fukumoto, *Hacia un Nuevo Sol*, p.335. H. Komai, *Migrants Workers in Japan*, p.204. M. Watkins, *Pasajeros de un Sueño: Emigrantes Latinoamericanos en Japón*, 1995, pp.114-18.
7) 東京における著者と企業の下請け会社社員中島M.氏との対話より．1997年1月27日．
8) コロンビア領事館編，*Perfil de la comunidad colombiana en Japón*, Tokio, 1997年6月, p.33. 加えてM. Castro Canoza, *'Nikkeis, la otra cara de Colombia'*, International Press, 1997年5月18日号，p.10.
9) 東京における著者と在日コロンビア領事Luis Amadeo Hernández 氏との対話より．1998年11月10日．
10) Sellek, 'Nikkeijin: The phenomenon of return migration', p.183.
11) Eriksen, *Us and Them in Modern Societies*, p.190.
12) Hendry, *Understanding Japanese Society*, p.5.
13) Befu, Harumi（別府春海）, 'Nationalism and Nihonjinron', in Befu, ed., *Cultural Nationalism in East Asia: Representation and Identity*, 1993, pp.125-6.
14) 同上書，p.129. G. De Vos and H. Wagatsuma, 'Cultural identity and minority status in Japan', in L. Romanucci-Ross and G. De Vos, eds., *Ethnic Identity: Creation, Conflict, and Accommodation*, 1995, pp.272-3.
15) 同上書 'Nationalism and Nihonjinron', p.121.
16) M. Weiner, *Race and Migration in Imperial Japan*, 1994, pp.4-5. 加えてKomai, *Migrant Workers in Japan*, p.231 も参照．
17) Mori, *'Immigration Policy and Foreign Workers in Japan'*, p.xi.

## 付録資料　I

### 日本円－米ドル交換レートの変遷：1896〜1941

| 年 | 円 | 年 | 円 |
| --- | --- | --- | --- |
| 1896 | 1.89 | 1919 | 1.97 |
| 1897 | 2.02 | 1920 | 2.01 |
| 1898 | 2.03 | 1921 | 2.08 |
| 1899 | 2.00 | 1922 | 2.08 |
| 1900 | 2.02 | 1923 | 2.04 |
| 1901 | 2.02 | 1924 | 2.38 |
| 1902 | 2.00 | 1925 | 2.45 |
| 1903 | 2.00 | 1926 | 2.13 |
| 1904 | 2.03 | 1927 | 2.10 |
| 1905 | 2.02 | 1928 | 2.15 |
| 1906 | 2.02 | 1929 | 2.17 |
| 1907 | 2.01 | 1930 | 2.02 |
| 1908 | 2.02 | 1931 | 2.04 |
| 1909 | 2.01 | 1932 | 3.55 |
| 1910 | 2.01 | 1933 | 3.96 |
| 1911 | 2.02 | 1934 | 3.38 |
| 1912 | 2.01 | 1935 | 3.50 |
| 1913 | 2.02 | 1936 | 3.45 |
| 1914 | 2.03 | 1937 | 3.47 |
| 1915 | 2.04 | 1938 | 3.50 |
| 1916 | 1.99 | 1939 | 3.84 |
| 1917 | 1.97 | 1940 | 4.26 |
| 1918 | 1.94 | 1941 | 4.26 |

出典：『日本銀行百年史』, 1995 (1971), pp.366〜7.

## 付録資料 II

### コロンビアペソ - 米ドル交換レートの変遷：1908～1941

| 年 | ペソ | 年 | ペソ |
| --- | --- | --- | --- |
| 1908 | 1.08 | 1925 | 1.01 |
| 1909 | 1.05 | 1926 | 1.01 |
| 1910 | 0.97 | 1927 | 1.02 |
| 1911 | 0.99 | 1928 | 1.02 |
| 1912 | 1.01 | 1929 | 1.03 |
| 1913 | 1.02 | 1930 | 1.03 |
| 1914 | 1.04 | 1931 | 1.03 |
| 1915 | 1.08 | 1932 | 1.05 |
| 1916 | 1.04 | 1933 | 1.24 |
| 1917 | 1.01 | 1934 | 1.62 |
| 1918 | 0.94 | 1935 | 1.78 |
| 1919 | 0.93 | 1936 | 1.75 |
| 1920 | 1.12 | 1937 | 1.76 |
| 1921 | 1.17 | 1938 | 1.78 |
| 1922 | 1.09 | 1939 | 1.75 |
| 1923 | 1.05 | 1940 | 1.75 |
| 1924 | 1.00 | 1941 | 1.75 |

出典：El Banco de la Republica Antecedentes, *Evolución y Estructura*, 1990, pp.122, 303-5, 402-3.

## 付録資料　III

コロンビア - 日本間の輸出入金額, 1928〜1941：コロンビアペソ表示

| 年 | 輸入額 | 輸出額 | コロンビア側の赤字額 |
|---|---|---|---|
| 1928 | 710,657 | 30 | 710,627 |
| 1929 | 1,416,239 | 38 | 1,416,201 |
| 1930 | 704,735 | 400 | 704,335 |
| 1931 | 616,203 | 40 | 616,163 |
| 1932 | 391,334 | 167 | 391,167 |
| 1933 | 1,096,004 | 4,412 | 1,091,592 |
| 1934 | 4,209,229 | 22,548 | 4,186,681 |
| 1935 | 5,904,672 | 26,412 | 5,878,260 |
| 1936 | 132,212 | 134,749 | (− 2,537) |
| 1937 | 358,485 | 252,185 | 106,300 |
| 1938 | 269,914 | 125,160 | 144,754 |
| 1939 | 319,191 | 61,359 | 257,832 |
| 1940 | 413,732 | 169,351 | 244,381 |
| 1941 | 878,648 | 109,597 | 769,051 |

出典：Dispatches from Consulado General en Yokohama, 1927-1935, MRE, ; Republica de Columbia Ministerio de Relaciones Exteriores, *Memoria del Ministro de Relaciones Exteriores al Congreso de 1942*, pp.290-1.

## 付録資料 Ⅳ

### 日本在住のラテンアメリカ出身者数，1984〜1999
### （および日系人工場労働者数とその占める割合）

| 年 | アルゼンチン | ボリビア | ブラジル | コロンビア | パラグアイ | ペルー | その他 | 合計 |
|---|---|---|---|---|---|---|---|---|
| 1984 | 339 | 98 | 1,953 | 232 | 120 | 452 | 1,066 | 4,260 |
|  | 4 | 1 | 14 | 1 | 0 | 24 | 4 | 48 |
|  | 1% | 1% | 1% | 0% | 0% | 5% | 0% | 1% |
| 1986 | 359 | 126 | 2,135 | 282 | 122 | 553 | 1,192 | 4,769 |
|  | 5 | 1 | 34 | 3 | 0 | 24 | 4 | 71 |
|  | 1% | 1% | 2% | 1% | 0% | 4% | 0% | 1% |
| 1988 | 627 | 150 | 4,159 | 366 | 282 | 864 | 1,343 | 7,791 |
|  | 64 | 4 | 391 | 2 | 18 | 58 | 5 | 542 |
|  | 10% | 3% | 9% | 1% | 6% | 7% | 0% | 7% |
| 1990 | 2,656 | 496 | 56,429 | 425 | 672 | 10,279 | 1,716 | 72,673 |
|  | 572 | 99 | 29,869 | 2 | 180 | 4,103 | 38 | 34,863 |
|  | 22% | 20% | 53% | 0% | 27% | 40% | 2% | 48% |
| 1992 | 3,289 | 2,387 | 147,803 | 671 | 1,174 | 31,051 | 2,287 | 188,662 |
|  | 862 | 1,055 | 87,767 | 26 | 419 | 14,167 | 209 | 104,505 |
|  | 26% | 44% | 59% | 4% | 36% | 46% | 9% | 55% |
| 1994 | 2,796 | 2,917 | 159,619 | 1,121 | 1,129 | 35,382 | 2,669 | 205,633 |
|  | 719 | 1,394 | 93,248 | 49 | 400 | 13,441 | 222 | 109,473 |
|  | 26% | 48% | 58% | 4% | 35% | 38% | 8% | 53% |
| 1995 | 2,910 | 2,765 | 176,440 | 1,367 | 1,176 | 36,269 | 2,885 | 223,812 |
|  | 798 | 1,316 | 101,691 | 63 | 435 | 13,733 | 260 | 118,296 |
|  | 27% | 48% | 58% | 5% | 37% | 38% | 9% | 53% |
| 1996 | 3,079 | 2,913 | 201,795 | 1,575 | 1,301 | 37,099 | 3,153 | 250,915 |
|  | 915 | 1,354 | 117,099 | 96 | 479 | 14,327 | 334 | 134,604 |
|  | 30% | 46% | 58% | 6% | 37% | 39% | 11% | 54% |
| 1997 | 3,300 | 3,337 | 233,254 | 1,835 | 1,466 | 40,394 | 3,533 | 287,119 |
|  | 1,019 | 1,474 | 137,432 | 139 | 564 | 15,440 | 330 | 156,398 |
|  | 31% | 44% | 59% | 8% | 38% | 38% | 9% | 54% |
| 1998 | 2,962 | 3,461 | 222,217 | 1,965 | 1,441 | 41,317 | 3,597 | 276,960 |
|  | 915 | 1,482 | 127,498 | 161 | 530 | 15,087 | 359 | 146,032 |
|  | 31% | 43% | 57% | 8% | 37% | 37% | 10% | 53% |
| 1999 | 2,924 | 3,578 | 224,299 | 2,071 | 1,464 | 42,773 | 3,614 | 280,723 |
|  | 890 | 1,505 | 128,638 | 172 | 555 | 15,402 | 358 | 147,520 |
|  | 30% | 42% | 57% | 8% | 38% | 36% | 10% | 53% |

出典：法務省『在留外国人統計』，1985，1987．財団法人入管協会『在留外国人統計』，1989，1991，1993，1995〜2000．

# 参考文献

## 1. アーカイブス資料

### バランキーリャ

Archive of Jose Kaoru Doku (AJKD). Uncatalogued collection of documents of Japanese immigrants on the Atlantic Coast.

### ボゴタ

Academia Colombiana de Historia
    Archivo Enrique Olaya Herrera (AEOH). Correspondence, 1930-34.

Archive of Elvira Cuervo de Jaramillo (AECJ). Uncatalogued collection of letters from her father consul Carlos Cuervo Borda to the family.

Archivo Nacional de Colombia (ANC)
    Ministerio de Gobierno. Section 4.
    Ministerio de Relaciones Exteriores. Series MFN/0100.

Biblioteca Luis Angel Arango (BLAA). Microfilm collection of newspapers.

Biblioteca del Ministerio de Salud (BMS). Microfilm collection of journals.

Ministerio de Relaciones Exteriores (MRE)
    General correspondence. Ministry of Foreign Affairs, and Ministry of Industries, 1918-38.
    Dispatches from: Consulado General en Yokohama (1918-23), Agencia Consular en Kobe (1923-27), Consulado General en Yokohama (1927-35), and Legación de Colombia en Japón (1934-41).

### ロンドン

Public Record Office (PRO). Foreign Office (FO), general correspondence, series 371.

### 東京

コロンビア大使館アーカイブ (ACET),　通信文,　1935-39.

外務省　外交史料館 (DA).
    シリーズ　251.42;　363.12;　381.3;　J.1.1.0.X1-CO1;　J.1.2.0.X1-C01; J.2.1.0.X1-C01;　J.1.1.0.Xl-VE1;　J.1.2.0.J2-17;　J.1.2.0.J3-5; J.2.0.J2-25; K.2.1.0.4-1-3.

国立国会図書館 (NDL). 書籍・雑誌・視聴覚資料の特別コレクション.

ワシントン

National Archives of the United States (NAUS)

Dispatches from US consuls in Bogotá (1925), Cali (1935), and vice-consul in Buenaventura (1936) (Record Group 59).

General records of the Department of State (Record Group 59).

Microfilms (Record Group 59). Colombia, Internal Affairs, roll 63, 1905, Decimal File 1910-29; Decimal File 1940.

Military attaché reports (1930, 1935, 1936, 1942) (Record Group 59 and 165).

(OSS) (Record Group 59 and 226).

Naval attaché reports (1940, 1943) (Record Group 59 and 165).

Office of Strategic Services -44.

## 2. 公文書

*Anales Diplomáticos y Consulares de Colombia* (edited by A. J. Uribe), vol. 6, Bogotá, 1920.

外務省.移民地情報：南米コロンビア国移殖民事情視察報告.第14巻,7月号,東京,1927.

外務省.移民地情報：南米コロンビア国「カウカ」原野地方移植民調査報告.第20巻,4月号,東京,1929.

外務省.我が国民の海外発展：移住百年の歩み,全2巻,東京,1971.

Garnett Lomax, J. (Department of Overseas Trade), *Republic of Colombia: Commercial Review and Handbook*, London, 1930.

法務省.在留外国人統計,東京,1985,1987.

JICA,海外移住統計,no.891,東京,1994.

外務省,編野田良治著,移民調査報告,第2巻,東京,1986(初版は1910).

Policía Nacional, *Codificación de las leyes y disposiciones ejecutivas sobre extranjeros, ordenada por el Ministerio de Gobierno y aumentada con varios documentos de vital importancia* (edited by S. Moreno Arango), Bogotá, 1929.

*Recueil des Traités et Conventions entre le Japon et les Puissances Étrangères. Traités bilatéraux. Ministère des Affaires Étrangères*, vol. 1 (edited and published by the Ministry of Foreign Affairs), Tokyo, 1936.

República de Colombia. Ministerio de Relaciones Exteriores, *Memoria del Ministro de Relaciones Exteriores al Congreso de 1942* (edited and published by the Ministry of Foreign Affairs), Bogotá, 1942.

República de Colombia. Ministerio de Agricultura, *Memoria al Congreso Nacional 1957-58*, vol. 1 (edited and published by the Ministry of Agriculture), Bogotá, 1958.

*Tratados y Convenios de Colombia, 1919-1938* (edited by E. Guzmán Esponda), Bogotá, 1939.

Weil, Thomas E. et al., *Area Handbook for Colombia*, Washington, DC, 1970.

財団法人入管協会, 在留外国人統計, 東京, 1989, 1991, 1993, 1994, 1995, 1996, 1997, 1998, 1999, 2000.

## 3. 記録集

コロンビア移住史：五十年の歩み, 天理時報社, 天理市, 1981.
コロンビア日本人移住七十年史 1929-1999, 武田出版, 藤沢市, 2001.
入殖三十年記念：コロンビア日本人移民史, 千代田出版印刷, 東京, 1964.

## 4. 新聞・雑誌類

*Análisis Político*, Bogotá, 1988.
*Annual Review of Anthropology*, Palo Alto, 1978.
*Asia*, New York, 1917.
*Asocaña*, Cali, 1989.
*Boletín Cultural y Bibliográfico*, Bogotá, 1992
*Boletín de Historia y Antigüedades*, Bogotá, 1977
*Boletín de la Academia de Historia del Valle del Cauca*, Cali, 1972
*Boletín Informativo*, Bogotá, 1995
*Bulletín of the Pan-American Union*, Washington, 1937
文学部論叢, 熊本, 1992.

*Caravelle*, Toulouse, 1997
*Colombia Ilustrada*, Bogotá, 1891
*Diario del Pacífico*, Cali, 1929
*Diario Oficial*, Bogotá, 1888-1933
*El Espectador*, Bogotá, 1928, 1929, 1944
*Estudios Migratorios Latinoamericanos*, Buenos Aires, 1995
外交フォーラム，東京，1991
*Gente*, Bogotá, 1989
*Geographical Review*, New York, 1926, 1961, 1973
*Hispanic American Historical Review*, Washington, 1951, 1952
イベロアメリカ，東京，1999
*Immigrants and Minorities*, London, 1997
*International Labour Review*, Geneva, 1936, 1944
インターナショナル・プレス，東京，1997
ザ・ジャパン・ガゼット，東京，1919
ザ・ジャパン・タイムズ，東京，2001
時事新報，東京，1931
*Journal of Inter-American Studies*, Gainesville, 1966
*El Liberal*, Bogotá, 1942
*El Mercurio*, Bogotá, 1905
*The New York Times*, NewYork, 1935, 1942
*The New York Tribune*, New York, 1872
*Nikkei Colombia*, Cali, 1983
*Occidente*, Cali, 1969
*El Relator*, Cali, 1928
*Revista Médica de Bogotá*, Bogotá, 1913
*Revista Nacional de Agricultura*, Bogotá, 1919, 1920, 1924, 1925
*Semana*, Bogotá, 1993
*El Siglo*, Bogotá, 1944, 1976
*Texto y Contexto*, Bogotá, 1995
*El Tiempo*, Bogotá, 1920, 1929, 1935
ザ・トランスパシフィック，東京，1930

## 5. 一般刊行物

Abel, Christopher, 'Colombia, 1930-58', in L. Bethell, ed., *The Cambridge History of Latin America*, vol. 8, Cambridge University Press, Cambridge, 1991, pp. 587-627.

Almario G., Oscar, *La Configuración Moderna del Valle del Cauca, Colombia, 1850-1940. Espacio, Población, Poder y Cultura*, Cecan Editores, Cali, 1994.

Arango Cano, Jesús, *Inmigrantes para Colombia*, Voluntad, Bogotá, 1951.

Araragi, Shinzo, 'Race relations in Manchuria during World War II', *Bungaku-bu Ronsô*, no. 36, 1992, pp. 53-72.

Barney Materón, Guillermo, 'Los japoneses en el Valle', *Asocaña*, 1989, pp. 38-9.

Barrera Parra, Jaime, 'Patrones de acercamiento: El viajero ilustrado', *Texto y Contexto*, no. 26, January-April, 1995a, pp. 36-66.

Barrera Parra, Jaime, 'De San Francisco a Yokohama en 1873', *Boletín Informativo*, no. 2, 1995b, pp. 21-4.

Barth, Fredrik, 'Introduction', in F. Barth, ed., *Ethnic Groups and Boundaries: The Social Organization of Culture Difference*, Norwegian University Press, Oslo, 1969, pp. 9-38.

Bastos de Ávila, Fernando, *La Inmigración en América Latina*, Unión Panamericana, Washington, 1964.

Beardsley, Richard K., Hall, John W., and Ward, Robert E., *Village Japan*, University of Chicago Press, Chicago, 1959.

Befu, Harumi, 'Nationalism and *Nihonjinron*', in H. Befu, ed., *Cultural Nationalism in East Asia: Representation and Identity*, University of California Press, Berkeley, 1993, pp. 107-35.

Berque, Agustin, *Le Sauvage et l'Artifice: Les Japonais devant la Nature*, Gallimard, Paris, 1986.

Blasier, Cole, 'Power and social change in Colombia: The Cauca Valley', *Journal of Inter-American Studies*, vol. 8, no. 3, July, 1966, pp. 386-410.

Boxer, Charles Ralph, *The Christian Century in Japan, 1549-1650*, University of California Press, Berkeley, 1967 (first published in 1951).

Bradley, Anita, *Trans-Pacific Relations of Latin America*, International Secretariat, Institute of Pacific Relations, New York, 1942.

Carrasquilla Botero, Juan, *Quintas y Estancias de Santafé y Bogotá*, Fondo Promoción de la Cultura, Banco Popular, Bogotá, 1989.

Castro Ganoza, Mario, 'Nikkeis, la otra cara de Colombia', *International Press*, 18 May, 1997, p. 10.

*Censo Agropecuario del Valle del Cauca, 1959* (edited and published by Universidad del Valle), Cali, 1963.

Cohen, Abner, 'Introduction: The lesson of ethnicity', in A. Cohen, ed., *Urban Ethnicity*, Tavistock, London, 1974, pp. ix–xxiv.

Cohen, Ronald, '*Ethnicity*. Problem and focus in Anthropology', *Annual Review of Anthropology*, no. 7, 1978, pp. 379–403.

Cortazzi, Hugh, *The Japanese Achievement*, Sidgwick & Jackson Ltd, London, 1990.

De Vos, George, and Wagatsuma, Hiroshi, *Japan's Invisible Race: Caste in Culture and Personality*, University of California Press, Berkeley, 1966.

De Vos, George, and Wagatsuma, Hiroshi, 'Cultural identity and minority status in Japan', in L. Romanucci-Ross and G. De Vos, eds, *Ethnic Identity: Creation, Conflict, and Accommodation*, Altamira Press, Walnut Creek, CA, 1995, pp. 264–97.

Deas, Malcolm, 'La influencia inglesa y otras influencias en Colombia, 1880–1930', in A. Tirado Mejía, ed., *Nueva Historia de Colombia*, vol. 3, Editorial Planeta Colombiana, Bogotá, 1984, pp. 161–82.

Deas, Malcolm, 'Colombia', in *South America, Central America and the Caribbean*, Europa Publications, London, 1985, pp. 214–35.

Despres, Leo A., 'Ethnicity and resource competition in Guyanese society', in L. A. Despres, ed., *Ethnicity and Resource Competition in Plural Societies*, Mouton, The Hague, 1975, pp. 87–118.

Doi, L. Takeo, 'Giri-ninjô: An interpretation', in R. P. Dore, ed., *Aspects of Social Change in Modern Japan*, Princeton University Press, Princeton, 1967, pp. 327–34.

Dore, Ronald P., *Land Reform in Japan*, The Athlone Press, London, 1959.

Drake, Peter J., 'Revolving credit systems', in P. Newman, M. Milgate and J. Eatwell, eds, *The New Palgrave Dictionary of Money & Finance*, vol. 3, Macmillan Press, London, 1994, pp. 349-50 (first published in 1992).

Duncan, James Jr., 'Landscape taste as a symbol of group identity', *Geographical Review*, no. 63, 1973, pp. 334-55.

*El Banco de la República. Antecedentes, Evolución y Estructura*, Imprenta del Banco de la República, Bogotá, 1990.

Eliovson, Sima, *Gardening the Japanese Way*, George G. Harrap & Co. Ltd, London, 1971 (first published in 1958).

Embree, John F., *A Japanese Village: Suye Mura*, Butler & Tanner Ltd, London, 1946 (first published in 1939).

Epstein, A. L., *Ethos and Identity: Three Studies in Identity*, Tavistock, London, 1978.

Epstein, A. L., *The Experience of Shame in Melanesia: An Essay in the Anthropology of Affect*, Royal Anthropological Institute of Great Britain and Ireland, London, 1984.

Epstein, A. L., *In the Midst of Life: Affect and Ideation in the World of the Tolai*, University of California Press, Berkeley, 1992.

Eriksen, Thomas H., *Us and Them in Modern Societies: Ethnicity and Nationalism in Trinidad, Mauritius and Beyond*, Scandinavian University Press, Oslo, 1992.

Eriksen, Thomas H., *Ethnicity and Nationalism: Anthropological Perspectives*, Pluto Press, London, 1993.

Erikson, Erik H., *Childhood and Society*, Vintage, London, 1995 (first published in 1951).

Erikson, Erik H., *Identity and the Life Cycle*, W. W. Norton & Company, New York, 1994 (first published in 1959).

Esguerra Camargo, Luis, *Introducción al Estudio del Problema Inmigratorio en Colombia*, Imprenta Nacional, Bogotá, 1940.

Fals Borda, Orlando, *Historia de la Cuestión Agraria en Colombia*, Fundación Rosca de Investigación y Acción Social, Distribuidora Colombiana, Bogotá, 1975.

Fawcett, Louise L., 'Lebanese, Palestinians and Syrians in Colombia', in A. Hourani and N. Shehadi, eds, *The Lebanese in the World: A Century of Emigration*, Centre for Lebanese Studies, Tauris, London, 1992, pp. 361-77.

Fawcett, Louise, and Posada-Carbó, Eduardo, 'Arabs and Jews in the development of the Colombian Caribbean, 1850-1950', *Immigrants and Minorities*, vol. 16, nos. 1-2, March-July, 1997, pp. 57-79.

Fluharty, Vernon Lee, *Dance of the Millions: Military Rule and the Social Revolution in Colombia, 1930-1956*, University of Pittsburgh Press, Pittsburgh, PA; 1957.

Fugita, Stephen S., and O'Brien, David J., *Japanese American Ethnicity: The Persistence of Community*, University of Washington Press, Seattle, WA, 1991.

藤本芳男『知られざるコロンビア：新大陸発見500年の軌跡』，サイマル出版会，東京，1988．

Fukumoto, Mary, *Hacia un Nuevo Sol: Japoneses y sus Descendientes en el Perú. Historia, Cultura e Identidad*, Asociación Peruano-Japonesa del Perú, Lima, 1997.

Fukutake, Tadashi (translated by R. P. Dore), *Japanese Rural Society*, Oxford University Press, London, 1967.

Fukutake, Tadashi (translated by the staff of *The Japan Interpreter*), *Rural Society in Japan*, University of Tokyo Press, Tokyo, 1980.

Fukutake, Tadashi (translated by R. P. Dore), *The Japanese Social Structure: Its Evolution in the Modern Century*, University of Tokyo Press, Tokyo, 1982.

Galvis, Silvia, and Donadio, Alberto, *Colombia Nazi 1939-1945: Espionaje Alemán. La Cacería del FBI. Santos, López y los Pactos Secretos*, Editorial Planeta Colombiana, Bogotá, 1986.

Gardiner, C. Harvey (translated by C. Molina Ossa), 'Los japoneses y Colombia', *Boletín de la Academia de Historia del Valle del Cauca*, vol. 40, nos. 158-160, August, 1972, pp. 219-40.

Gardiner, C. Harvey, *The Japanese and Peru, 1873-1973*, University of New Mexico Press, Albuquerque, NM, 1975.

Gardiner, C. Harvey, *Pawns in a Triangle of Hate: The Peruvian-Japanese and the United States*, University of Washington Press, Seattle, WA, 1981.

Glazer, Nathan, and Moynihan, Daniel P., *Beyond the Melting Pot: The Negroes, Puerto Ricans, Jews, Italians, and Irish of New York City*, The M.I.T. Press, Cambridge, MA, 1970 (first published in 1963).

Glazer, Nathan, and Moynihan, Daniel P., 'Introduction', in N. Glazer and D. P. Moynihan, eds, *Ethnicity: Theory and Experience*, Harvard University Press, Cambridge, MA, 1975, pp. 1-26.

Goffman, Erving, *The Presentation of Self in Everyday Life*, Doubleday, Garden City, NY, 1959.

Gómez Arrubla, Fabio, *Historia del Banco de la República*, Imprenta del Banco de la República, Bogotá, 1983.

Gunther, John, *Inside Latin America*, H. Hamilton Harper, London, 1941.

Handlin, Oscar, *The Uprooted*, Little, Brown, Boston, MA, 1973 (first published in 1951).

Henao, Jesús María, and Arrubla, Gerardo (translated and edited by J. F. Rippy), *History of Colombia*, 2 vols, Kennikat Press, Chapel Hill, NC, 1972.

Hendry, Joy, *Understanding Japanese Society*, Routledge, London and New York, 1996 (first published in 1987).

Higa, Marcelo G., 'Desarrollo histórico de la inmigración japonesa en la Argentina hasta la segunda guerra mundial', *Estudios Migratorios Latinoamericanos*, vol. 10, no. 30, 1995, pp. 471-512.

平井宣雄，青山 善充，菅野 和夫 編集代表『六法全書―平成13年版』Ⅰ巻，有斐閣，東京，2001.

Hirakawa, Sukehiro, 'Japan's turn to the West', in M. B. Jansen, ed., *The Cambridge History of Japan*, vol. 5, Cambridge University Press, Cambridge, 1989, pp. 431-98.

Hirschman, Albert O., *Journey Toward Progress: Studies of Economic Policy-making in Latin America*, Westview Press, Boulder, CO, 1973.

Hobsbawm, Eric, 'Introduction: Inventing traditions', in Hobsbawm, Eric, and Ranger, Terence, eds, *The Invention of Tradition*, Cambridge University Press, Cambridge, 1996 (first published in 1983), pp. 1-14.

Humboldt, Alejandro von (edited by J. A. Ortega y Medina), *Ensayo Político sobre el Reino de la Nueva España*, Editorial Porrua, México, 1966.

Hunter, Janet E., *The Emergence of Modern Japan: An Introductory History since 1853*, Longman, NewYork, 1989.

Insignares, Nicanor, 'Aguas minerales de Usiacurí', *Revista Médica de Bogotá*, vol. 31, nos. 368-78, 1913, pp. 302-21.

入江寅次『邦人海外発展史』2巻本, 移民問題研究会, 東京, 1938.

Irie, Toraji (translated by W. Himel) 'History of Japanese migration to Peru', *Hispanic American Historical Review*, vol. 31, no. 3, 1951, pp. 437-52; vol. 31, no. 4, 1951, pp. 648-64; vol. 32, no. 1, 1952, pp. 73-82.

Iriye, Akira, *Pacific Estrangement: Japanese and American Expansion, 1897-1911*, Harvard University Press, Cambridge, MA, 1972.

Isaacs, Jorge (translated by A. Hori), *María*, Takeda shuppan, Tokyo, 1998.

Isajiw, Wsevolod W., 'Olga in Wonderland: Ethnicity in a technological society', in L. Driedger, ed., *The Canadian Ethnic Mosaic: A Quest for Identity*, McClelland and Stewart, Toronto, 1978, pp. 29-39.

Izquierdo, Antonio, *Memorial sobre Agricultura, presentado por Antonio Izquierdo al Congreso de 1909*, Escuela Tipográfica Salesiana, Bogotá, 1909.

Izquierdo, Antonio, *Riqueza Nacional: El Caucho*, Tipografía de La Gaceta, Bogotá, 1910.

Jansen, Marius B., 'The Meiji restoration', in M. B. Jansen, ed., *The Cambridge History of Japan*, vol. 5, Cambridge University Press, Cambridge, 1989, pp. 308-66.

Jaramillo Uribe, Jaime, *El Pensamiento Colombiano en el Siglo XIX*, Editorial Temis, Bogotá, 1964.

Jaramillo Uribe, Jaime, 'La educación durante los gobiernos liberales 1930-1946', in A. Tirado Mejía, ed., *Nueva Historia de Colombia*, vol. 4, Editorial Planeta Colombiana, Bogotá, 1989, pp. 87-110.

Jiménez López, Miguel, *La Inmigración Amarilla a la América*. (Estudio etnológico, cuyas conclusiones fueron presentadas por la Academia Nacional de Medicina, como informe oficial al gobierno de Colombia). Escuela Tipográfica Salesiana, Bogotá, 1935.

Jimeno Santoyo, Miryam, 'Los procesos de colonización. Siglo XIX', in A. Tirado Mejía, ed., *Nueva Historia de Colombia*, vol. 3, Editorial Planeta Colombiana, Bogotá, 1984, pp. 371-96.

KKKK (Overseas Development Company Ltd), *Actividades da Kaigai Kôgyô Kabushiki Kaisha em o Brazil: Aclimaçao dos Emigrantes Japonezes*, Typographia Nippak, Sâo Paulo, 1934.

Kawakami, Kiyoshi K., *American-Japanese Relations: An Inside View of Japan's Policies and Purposes*, Fleming H. Revell Co., New York, 1912.

川澄哲夫編『資料日本英学史：英語教育論争史』第2巻，大修館，東京，1978.

Kiefer, Christie W., *Changing Cultures, Changing Lives: An Ethnographic Study of Three Generations of Japanese Americans*, The Jossey-Bass Behavioral Science series, Jossey-Bass Publishers, San Francisco, CA, 1974.

Kitano, Harry K. L., *Japanese Americans: The Evolution of a Subculture*, Prentice Hall, Englewood Cliffs, NJ, 1969.

Komai, Hiroshi (translated by J. Wilkinson), *Migrant Workers in Japan*, Kegan Paul International London, 1995.

Lausent-Herrera, Isabelle, *Pasado y Presente de la Comunidad Japonesa en el Perú*, IEP Ediciones, Lima, 1991.

Legrand, Catherine, 'Campesinos asalariados en la zona bananera de Santa Marta, 1900-1935', in G. Bell Lemus, ed., *El Caribe Colombiano. Selección de Textos Históricos*, Ediciones Uninorte, Barranquilla, 1988, pp. 183-97.

Levine, Gene Norman, and Rhodes, Colbert, *The Japanese American Community: A Three Generation Study*, Praeger Publishers, New York, 1981.

Light, Ivan H., *Ethnic Enterprise in America: Business and Welfare among Chinese, Japanese and Blacks*, University of California Press, Berkeley, 1972.

López, Alejandro, *Problemas Colombianos*, Editorial París-América, Paris, 1927.

Lyman, Stanford M., *The Asian in North America*, ABC-Clio Books, Santa Barbara, CA, 1977 (first published in 1970).

Matsumoto, Juan Alberto, *Residencia Permanente y Naturalización*, Idea Books, Tokyo, 1998.

Matsushita, Hiroshi, 'La política japonesa hacia América Latina en la época de posguerra', *Análisis Político*, no. 4, 1988, pp. 93-101.

Miller, Roy Andrew, *Japan's Modern Myth: The Language and Beyond*, Weatherhill, Tokyo, 1982.

Miyamoto, S. Frank, 'Social solidarity among the Japanese in Seattle', University of Washington Publications in the Social Sciences, vol.11, no. 2, December, 1939, pp. 57-129.

Montero, Darrell, *Japanese Americans: Changing Patterns of Ethnic Affiliation over Three Generations*, Westview Boulder, CO, 1980.

Mori, Hiromi, *Immigration Policy and Foreign Workers in Japan*, Macmillan, London, 1997.

Morimoto, Amelia, *Los Inmigrantes Japoneses en el Perú*, Taller de Estudios Andinos, Universidad Nacional Agraria, Departamento de Ciencias Humanas, Lima, 1979.

Moriyama, Alan Takeo, *Imingaisha: Japanese Emigration Companies and Hawaii, 1894-1908*, University of Hawaii Press, Honolulu, 1985.

Mörner, Magnus, *Race Mixture in the History of Latin America*, Little, Brown, Boston, MA, 1967.

Mörner, Magnus, *Adventurers and Proletarians: The Story of Migrants in Latin America*, University of Pittsburgh Press, Pittsburgh, PA, 1985.

Moya, Jose C., *Cousins and Strangers: Spanish Immigrants in Buenos Aires, 1850-1930*, University of California Press, Berkeley, 1998.

Nakamura, Adolfo, 'Un recuerdo de Jagual', *Nikkei Colombia*, vol. 1, no. 9, July, 1983, p. 1.

Nakamura, Adolfo, 'Un recuerdo de Corinto', *Nikkei Colombia*, vol. 1, no. 10, August, 1983, pp. 1-2.

Nakamura, James I., *Agricultural Production and the Economic Development of Japan*, 1873-1922, Princeton University Press, Princeton, 1966.

Nakane, Chie, *Kinship and Economic Organization in Rural Japan*, Monographs on Social Anthropology, no. 32, The Athlone Press,

London, 1967.

Nakane, Chie, 'Tokugawa society', in C. Nakane and S. Oishi, eds, *Tokugawa Japan: The Social and Economic Antecedents of Modern Japan* (translation edited by C. Totman), University of Tokyo Press, Tokyo, 1990, pp. 213-31.

日本銀行百年史編纂委員会編『日本銀行百年史』, 日本銀行, 東京, 1995 (初版は1971).

Niño Murcia, Carlos, *Arquitectura y Estado: Contexto y Significado de las Construcciones del Ministerio de Obras Públicas, Colombia, 1905-1960*, Instituto Colombiano de Cultura, Bogotá, 1991.

Normano, J. F., and Gerbi, Antonello, *The Japanese in South America: An Introductory Survey with Special Reference to Peru*, International Secretariat, Institute of Pacific Relations, New York, 1943.

Ogishima, Tôru, 'Japanese emigration', *International Labour Review* vol. 5, no. 34, 1936, pp. 618-51.

Oishi, Shinzaburo, 'The bakuhan system', in C. Nakane and S. Oishi, eds, *Tokugawa Japan: The Social and Economic Antecedents of Modern Japan* (translation edited by C. Totman), University of Tokyo Press, Tokyo, 1990, pp. 11-36.

Ota Mishima, María Elena, *Siete Migraciones Japonesas en México, 1890-1978*, El Colegio de México, México, DF, 1985 (first published in 1982).

Passin, Herbert, *Society and Education in Japan*, Columbia University Press, NewYork, 1965.

Patiño, Germán, 'El influjo de María. Relato sobre la inmigración japonesa y el desarrollo del capitalismo en la agricultura del Valle del Cauca', *Boletín Cultural y Bibliográfico*, vol. 29, no. 29, 1992, pp. 23-39.

Platt, Raye P., 'Railroad progress in Colombia', *Geographical Review*, no.16 1926, pp. 82-97.

Posada-Carbó, Eduardo, *The Colombian Caribbean: A Regional History, 1870-1950*, Oxford University Press, Oxford, 1996.

Posada-Carbó, Eduardo, 'El puerto de Barranquilla: entre el auge exportador y el aislamiento, 1850-1950', *Caravelle*, no. 69, 1997, pp. 119-32.

Ramos Núñez, Guillermo, *Reseña Histórica de la Colonia Japonesa de Corinto – Cauca, Colombia*, Palmira, 1974 (published by Club Colombo-Japonés).

Reader, Ian, Andreasen, Esben, and Stefánsson, Finn, *Japanese Religions: Past and Present*, Curzon Press Ltd, Surrey, 1993.

Reichel-Dolmatoff: Gerardo, *Colombia*, Thames & Hudson, London, 1965.

Reichel-Dolmatoff: Gerardo and Alicia, *The People of Aritama: The Cultural Personality of a Colombian Mestizo Village*, Routledge and Kegan Paul, London, 1961.

Reyes, Rafael, *Escritos varios*, Tipografía Arconvar, Bogotá, 1920.

Rippy, J. Fred, *The Capitalists and Colombia*, The Vanguard Press, New York, 1931.

Robertson, Jennifer, *Making and Remaking a Japanese City*, University of California Press, Berkeley, 1991

Rodríguez Plata, Horacio, 'Viaje de un colombiano al Japón en el siglo XIX', *Boletín de Historia y Antigüedades*, vol. 44, no. 718, July-September, 1977, pp. 381–91.

Rodríguez Becerra, Manuel, and Restrepo Restrepo, Jorge, 'Los empresarios extranjeros de Barranquilla, 1820–1900', in G. Bell Lemus, ed., *El Caribe Colombiano. Selección de Textos Históricos*, Ediciones Uninorte, Barranquilla, 1988, pp. 139–82.

Romoli, Kathleen, *Colombia: Gateway to South America*, Doubleday, New York, 1941.

Salamanca, T., 'Colombia y Japón', *El Mercurio*, 21 October, 1905, p. 2.

Sanmiguel, Ines, 'Historia de la inmigración japonesa a Colombia', *Iberoamérica*, vol. 21, no. 2, 1999, pp. 11–36.

Sato, Tsuneo, 'Tokugawa villages and agriculture', in C. Nakane and S. Oishi, eds, *Tokugawa Japan: The Social and Economic Antecedents of Modern Japan* (translation edited by C. Totman), University of Tokyo Press, Tokyo, 1990, pp. 37–80.

Sellek, Yoko, 'Illegal foreign migrant workers in Japan: Change and challenge in Japanese society', in J. M. Brown and R Foot, eds, *Migration: The Asian Experience*, Macmillan, Basingstoke, 1994, pp. 169–201.

Sellek, Yoko, '*Nikkeijin:* The phenomenon of return migration', in M. Weiner, ed., *Japan's Minorities: The Illusion of Homogeneity*, Routledge, London, 1997, pp. 178-210.

Smith, T. Lynn, 'The racial composition of the population of Colombia', *Journal of Inter-American Studies*, vol. 8, no. 2, April, 1966, pp. 213-35.

Spickard, Paul R., *Japanese Americans: The Formation and Transformations of an Ethnic Group*, Prentice Hall International, New York, 1996.

Staniford, Philip, *Pioneers in the Tropics: The Political Organization of Japanese in an Immigrant Community in Brazil*. Monographs on Social Anthropology, no. 45, The Athlone Press, London, 1973.

Stein, Stanley J., and Stein, Barbara H., *The Colonial Heritage of Latin America: Essays on Economic Dependence in Perspective*, Oxford University Press, New York, 1970.

Stewart, Norman, 'South America', *Geographical Review*, no. 51, 1961, pp. 431-33.

Stewart, Watt, *Chinese Bondage in Peru: A History of the Chinese Coolie in Peru, 1849-1874*, Duke University Press, Westport, CO, 1970 (first published in 1951).

Storry, Richard, *A History of Modern Japan*, Penguin, Harmondsworth, 1982 (first published in 1960).

Takaki, Ronald T, *Strangers from a Different Shore: A History of Asian Americans*, Little, Brown, Boston, MA, 1989.

Tanco Armero, Nicolás, *Recuerdos de mis Últimos Viajes - Japón*, Tipografia Sucesores de Rivadeneyra, Madrid, 1888.

Tannenbaum, Frank, *Ten Keys to Latin America*, Knopf, New York, 1963.

Theroux, Paul, *My Other Life*, Penguin, London, 1996.

塚田千裕『バランキーリャの日系人』，外交フォーラム，1991年8月号．

Van den Berghe, Pierre L., 'Ethnicity and class in highland Peru', in L. Despres, ed., *Ethnicity and Resource Competition in Plural Societies*, Mouton, The Hague, 1975, pp. 71-85.

Victoria González, Guillermo, 'La colonia japonesa: Cuatro decenios, cuatro ejemplos', *Occidente*, 26 November, 1969, pp. 6-9.

付録資料　185

Vila, Pablo, *Nueva Geografía de Colombia: Aspectos Político, Físico, Humano y Económico*, Camacho Roldán, Bogotá, 1945.

Waswo, Anne, *Japanese Landlords: The Decline of a Rural Elite*, University of California Press, Berkeley, 1977.

Waswo, Anne, *Modern Japanese Society, 1868-1994*, Oxford University Press, Oxford, 1996.

Watkins, Montse, *Pasajeros de un Sueño: Emigrantes Latinoamericanos en Japón*, Luna Books, Tokyo, 1995.

Weil, Elsie F., 'Training Japanese for emigration', *Asia*, vol. 9, no. 17, 1917, pp. 722-28.

Weiner, Michael, *Race and Migration in Imperial Japan*, Routledge, London, 1994.

West, Robert C., ed., *Andean Reflections*. (Letters from Carl O. Sauer while on a South American trip under a grant from the Rockefeller Foundation, 1942). Dellplain Latin American Studies, no. 11, Boulder, CO, 1982.

Woodward, Ralph Lee Jr., ed., *Positivism in Latin America, 1850-1900: Are Order and Progress Reconcilable?*, Heath, Lexington, MA, 1971.

World Bank, *World Development Report*, Oxford, 1998.

Yamochi, Yoshikazu, 'Imigraçâo japonesa: Ontem e hoje. O Exemplo dos japoneses da comunidade nikkei de Uraí (PR - Brasil)', *Kenkyû Ronsô*, no. 5, Universidade de São Paulo, Brazil, 1992.

Yanaguida, Toshio, and Rodríguez del Alisal, María Dolores, *Japoneses en América*, Mapfre, Madrid, 1992.

Young, Robert, 'Egypt in America: Black Athena, racism and colonial discourse', in A. Rattansi and S. Westwood, eds, *Racism, Modernity and Identity: On the Western Front*, Polity Press, Cambridge, 1994, pp. 150-69.

## 6. 未出版の論文，報告書，その他の文献類

Andrade Lleras, Gustavo, 'El primer colombiano en China y Japón', paper presented at the 7th meeting of the 'Federación Internacional de Estudios de América Latina', Taipei, 26 June 1995.

Colombian Consulate, 'Perfil de la comunidad colombiana en Japón', Tokyo, June 1997, ACET.

Doku, José Kaoru, 'Pioneros japoneses en el litoral Caribe de Colombia', Barranquilla, 1998.

Ikagawa, Toshihiko, 'Residential gardens in urban Honolulu, Hawai'i: Neighborhood, ethnicity, and ornamental plants', PhD thesis, University of Hawaii, 1994.

Jiménez López, Miguel, and Aparicio, Julio, Evaluation of the National Academy of Medicine on Japanese immigration to Colombia (no title in the original). From the President and the Secretary of the Academy to the Minister of Industries, Bogotá, 18 June 1929, MRE.

海外興業株式会社（KKKK）『コロンビア国―バリェ・デ・カウカ県試験農場行―移民案内』外務省．東京．1929年5月22日．

Lozano T., Fabio, 'Sobre la inmigración asiática'. Essay sent to the Ministry of Industries with note 447-I, 26 June 1929. AEOH, Section 2/41/Ministry of Industries, Correspondence 1930-34, Bogotá.

Nakata Nikaido, Mercedes Ayako, 'Viviendo entre dos culturas. Los migrantes japoneses radicados en la ciudad de Palmira, Valle', BA thesis, Universidad del Valle, Cali, 1988.

Noguchi, Shigeru, 'Historia de las relaciones económicas y sociales entre Venezuela y Japón antes de la segunda guerra mundial', MA thesis, Universidad Católica Andrés Bello, Caracas, 1995.

Shimizu, Naotaro, 'Los inmigrantes japoneses en Colombia', Cali, 1993.

# 索　引

## 欧数字

FBI　27, 130, 133
KKKK　→　海外興業株式会社
SAC（Sociedad de Agricultures Colombianos）36
SAJA（Sociedad de Agricultores Japoneses）136, 137, 140
Uターン（移住）　153, 154, 159

## あ

アイデンティティー　71, 145, 162
アジア　26, 46, 85, 164
小豆　113, 137, 160
安達俊夫　101
アトラト川　35, 37, 50, 128
アフリカ　8, 14, 36, 46, 163
アマゾニア　12, 129
甘利造次　21, 52
アメリカ大陸　7, 51, 69, 94
アルゼンチン　2, 69, 80, 81, 107, 156
アンデス山脈　10〜13
イエズス会　140, 141
医学学会　44, 47
池田桂三　113
イサアク，ホルヘ　71, 72
石橋百世　126
移住　121
　――計画　80, 83
　――支援組織　66
イスキエルド，アントニオ　3, 35, 36, 92, 107
イスキエルドの森　3
イタリア　36, 37, 126, 130, 131, 134
イッセイ（＝1世）　4, 74, 93, 96, 106, 117, 118, 144〜146, 154
イベリア半島　7, 8, 18
移民　4, 19, 62, 78, 103, 144, 145
　――協会　67
　――業務取扱会社　5, 21, 23, 26, 35, 45, 61〜66, 68, 70, 75, 77, 79, 80, 86, 92, 93
　――国別割当制度　22, 40
　――子弟　155
　――統括　20, 64, 85
　――保護法　61, 62, 64
　――輸送　63, 66
イラリオ・ロペス，ホセ　8
入江寅次　34, 35
インシナレス，ニカノール　100
ヴァン・リード，ユージン　60
ウシアクリ　3, 50, 92, 100〜102, 104, 107, 114, 115, 131
うずら豆　113, 140
ウリベ，アルバロ　37, 38
ウリベ・コルドベス，カルロス　21, 52
ウルグアイ　2, 69
運動会　91, 113, 136, 143
英国　61, 70, 81, 103
エクアドル　14, 83, 127, 128, 129, 141
エスニシティー　92, 95, 97
エスニック　71, 134, 164
　――アイデンティティー　93〜98, 120, 136, 144, 146, 147, 161, 162
　――グループ　92, 115, 149
　――マイノリティー　163
　――リバイバル　93, 94
エプスタイン，A・L　96, 97, 118
江村政助　33
エメラルド　15, 50
エリオヴソン　147
エリクセン，T・H　96, 161
エリクソン，E・H　96, 97
エル・ハグアル（入植地）　4, 33, 68, 70, 76〜79, 105〜109, 111〜114, 120, 129, 130, 132, 134〜136, 140, 143, 145
エル・ドラド（黄金郷）　12, 119, 121
エレラ，エンリケ・オラヤ　22
エンコミエンダ制度　9, 16
エンブリー，J・F　111
黄金郷　→　エル・ドラド
黄色人種　6, 25, 26, 42, 47, 48, 52
大隈重信　3, 69
オーストラリア　61, 69
オーストリア　20, 81
太田サトル　146
太田哲三　146
荻野恒雄　113
おけい　61
オスピーナ，ペドロ・ネル　17

## 索引

### か

海外移住希望者　64
海外移住組合　67
海外興業株式会社（KKKK）　4, 34, 37, 38, 41, 45, 48, 50, 65, 68, 71, 72, 74, 76〜78, 105, 107, 109, 112, 114, 120
外務省　20, 22, 36, 62
カウカ　22, 34, 49, 76, 98, 126, 129, 130, 132, 140, 160
カウカ川　11, 12, 71
カウカ渓谷　12, 23, 41, 45, 50, 72, 92, 93, 98, 105, 107, 118, 130, 133〜135, 138〜140
カカオ　42, 129
拡張家族　108, 109, 116
カサス・マンリケ, マヌエル・ホセ　51
家長　74, 108〜110, 112, 121
学校　113, 136
　——運動会　143
　——教師　73
　——建設　113
加藤保次郎　129, 134
カトリック　42, 46, 141
カリ市　4, 12, 47, 50, 74, 76, 103, 105, 111, 113, 114, 118, 127〜129, 135, 141, 146, 153
カルタゴ　4, 9, 71
カルタヘナ　4, 38〜40, 44, 128
カルナバル　141
カルボ, ポサダ　19
カロト　4, 76, 112, 113
川口友広　3, 92, 107
元旦　112, 118
カンデラリア　76, 132
気候（コロンビア）　148
キビ　140, 160
キューバ　2, 3, 69, 102, 103
教育問題　135
強制収容所　126, 130
ギリシャ　9, 22, 46
キリスト教　8, 60
金　15, 129
クエルボ・ボルダ, カルロス　21, 42, 82
果物（類）　15, 39
倉富磯次　134
倉本士郎　134
グラン・コロンビア構想　50
クリオーリョ　10
グレーザー, N　95

血統主義　164
交換レート　167, 138
行進（プロセシオン）　141, 142
公有地　51, 138
コーヒー　15, 17, 37, 160
黒人　6, 8, 10, 14, 25, 26, 112, 121
コダッチ・プロジェクト　49
子供　110, 113, 158
小林武麿　40〜42
コミュニケーション　16, 17, 43, 51, 72, 101, 120, 142, 161
コミュニティー　114〜116, 119
ゴム　15, 129
米　39, 42, 44
コラール, ルイス・カルロス　82
コリント　4, 76, 77, 78, 112, 132, 133
コロンビア　2, 3, 5, 6, 9, 10, 14, 16, 17, 23, 27, 34, 35, 37, 38, 41, 43, 46, 49, 50, 52, 53, 65, 69〜73, 80〜83, 92〜94, 98, 100, 102〜105, 107, 109〜111, 114, 116, 119〜121, 126, 129, 131, 133, 134, 136, 137, 140, 142, 145, 147, 154, 156, 157, 159, 160, 162, 164
　——移民　64, 75
　——生まれ（出身）　144, 159
　——気候　148
　——共和国議会（国会）　18, 19, 35
　——公使　133
　——国民　47, 134
　——人　45, 47, 51, 52, 92, 97, 104, 107, 108, 112, 113, 117〜120, 147, 149, 162
　——人中産階級　140
　——政府　113, 134
　——日本婦人会　136, 142
　——農業試験移民　5
　——農業者協会　36
　——領土　128
混血児　163
コント, オーギュスト　46

### さ

最恵国待遇　81, 83
在留敵国人条例　126
サウェル, カルロス・O　13
坂本時茂　79
さくら処女会　136, 141〜143
鎖国　60, 85
サトウキビ　39, 60, 160
産業省　20, 22, 44

索　引　　**189**

サンセイ（＝ 3 世）　93, 98, 145, 155～157
サンタ・マルタ　4, 41, 72, 104
サンタンデル　48, 71
サン・ファン川　48, 128
サンボ　8
資源　15
シスパタ湾　38～40, 50
実証主義　25, 46
幣原喜重郎　5, 70, 85
島清　77, 78, 105, 141
市民権　145, 164
借地　111, 139
　──料　113
集団試験移民　136
首長　9
出入国管理及び難民認定法　94, 154, 163
昭和天皇　82, 118, 143
ジョーンズ，アール・T　38
初期移民　93, 114, 117
植民地　7, 10, 15, 130
シリア　22, 23, 50
人口構成　160
人種差別　46, 47, 51, 52
信用組合　117, 118, 119
枢軸国　126, 133, 134
スカッタ　16, 128
スタニフォード，P　73, 109
スネル，ジョン・ヘンリー　61
スパイ　129, 133
スペイン　7～10, 18, 50
スペイン語　6, 9, 78, 113, 119, 142
スペイン国王　9
スペイン人征服者　12
スペイン領植民地　7
スペンサー，ハーバート　46
聖遺物箱　141, 142
石炭　15, 50
石油　15, 50, 129
世帯　109, 121
セレック，Yoko　160
全国医学アカデミー　25, 42, 44, 52
先住民　8, 9, 10, 14, 25, 27, 36, 51, 112, 130
千日戦争　50, 51
ソ連　22, 23, 65

**た**

第 1 次移民集団　79, 107, 110, 113, 114, 133, 136

第 3 次移民集団　78, 79, 107, 110, 111, 113, 120, 136
大西洋沿岸　11, 38, 128～130, 147
第 2 次移民集団　79, 107, 110, 113, 114, 136
第 2 次世界大戦　33, 49, 75, 79, 84, 91, 125
第 2 世代　93, 106
太平洋沿岸　26, 146
竹島雄三　71, 72, 76, 78, 105, 120, 134
多田野克己　105
堅川繁樹　131, 133
田中正雄　120
頼母子講　117, 119
田村小一　105, 114, 118, 134, 135
単一民族性　163
団塊の世代　160
短期滞在者　22
小さな絹の手　104, 114, 119
チブチャ人　11, 16
中国　22, 23, 36, 45, 65, 163, 164
中産階級（コロンビア人）　140
中南米　2, 18, 25, 68, 127, 156
　──出身　155, 159
　──諸国　6, 46, 70, 80, 82, 83, 126, 127, 155, 156
チリ　2, 44, 69, 80, 82
通商使節団　41, 42
ディアス，マルコム　50
庭園　153
定住ビザ　155
敵性国民　118
ドイツ　10, 16, 126, 128～130, 133, 134
東京　44, 48, 60, 65, 66, 102, 126
道工薫　102
道工利雄　101, 117, 118, 131, 133
トゥマコ　49, 128, 129, 136, 146
トウモロコシ　15, 100, 113, 140, 160
徳川家康　60
都市移民　114, 115, 121
富田謙一　34, 42～45, 50, 53
富谷政明　48
トラクター　110, 113, 129
トレーニングセンター　68, 77

**な**

中曽根康弘　163
中村明　105, 106
中村そとお　118

ナショナリズム　46, 163
南米　10, 16, 36, 40, 66, 67, 69, 70, 101, 103
西国徳次　105, 114, 135
西賢一　129
ニセイ（＝2世）　93, 96, 98, 106, 116, 145～147, 154～157
日墨協会　70
ニッキオ貿易商会　129
日系人　5, 94, 126, 141, 145, 155, 156, 158, 160～164
　──工場労働者数　170
　──コミュニティー　164
　──コロンビア出身　158
　──同士　159
　──労働者　155
日本　2, 35, 37, 49, 59, 81, 83, 85, 128, 129, 137, 144～146
日本移民会議　70
日本国籍　45
日本コロンビア協会　136, 137
日本コロンビアクラブ　136
日本・コロンビア修好通商航海条約　2, 34, 35
日本人　27, 33, 34, 37, 38, 40, 52, 53, 60, 92, 94, 97, 106, 115, 119, 126～133, 139, 162
　──移住　39, 72, 92, 99, 102, 136, 139
　──移民　14, 18, 21, 23, 25, 27, 34, 35, 39～41, 43, 44, 46～48, 52, 69, 70, 72, 85, 95, 102, 114, 115, 130, 132, 134, 136, 139, 140, 146, 148, 149, 154, 160, 161
　──移民排斥運動　69
　──外交官　127
　──家族　149
　──教師　79, 113
　──公使館勤務者　127
　──コミュニティー　108, 142
　──農業移民　130, 136, 140
　──農業組合　136
　──農村移住者　132
　──労働者　36, 60, 61, 70, 101
　──論　163
日本・チリ貿易協会　70
日本庭園　147～150
日本郵船株式会社　67
入管法　154, 157
庭師　106, 149
農業　50
　──移民　65, 74, 75, 80, 120
　──試験移民　93
　──省　106
　──商業省　20, 36
　──日本人会　79, 136, 137
農地改革　75, 138
農民　138, 139
野田良治　35, 36, 71, 72

## は

ハイチ　2, 83
バイレンダー，ウィリアム　48
白人　9, 10, 60
パシフイック・カルダス・アンド・アンテオキア鉄道会社　17
花　140, 160
パナマ　3, 34, 44, 64, 69, 72, 99, 100～105, 128, 129
パナマ運河　17, 35, 38～40, 42, 48, 52, 53, 100, 128, 129
ハビエル・エスカラーダ，ホセ　141
ハビエル会　136, 140～142
パラグアイ　6, 69
バランキーリャ　3, 4, 50, 51, 72, 92, 100, 101～105, 107, 111, 114～119, 126, 128, 129, 131, 133
バリェカウカーノ　138
バリェ・デ・カウカ　71, 72, 76, 98, 132, 140, 160
パルミラ　4, 50, 77, 105, 106, 118, 129, 132, 135, 136, 141, 145
　──教区教会堂　141
ハワイ　60, 61, 85, 126
反日　69, 85
ヒガ，マルセロ・G　107
ヒメネス・ロペス，ミゲル　47
貧民救済修道女会　143
ブエナベントゥラ　4, 47, 48, 105, 127～129, 134
　──港　14, 17, 24, 76, 105, 121
ブカラマンガ　4, 131
福岡県海外移住組合　65, 68, 76, 78～80
福岡県人会　143, 144
フサガスガ　130, 133
　──強制収容所　125
婦人会　143
プマレホ，アルフォンソ・ロペス　138
プマレホ，マヌエル・ダビラ　36, 37, 41
ブラジル　2, 16, 34, 37, 69, 70, 73, 80, 85, 156
　──移民　43
　──出身者　159
　──領事　38

プラチナ　50, 129
プラディリャ社　135, 137
フランス　10, 46, 81
フルハティ，ヴァーノン・L　10
フローレス，フリオ　100
プロセシオン　141, 142
フロリダ　4, 76, 132, 135
米軍情報部　128
米国　52, 69, 81, 127, 133
　——FBI　27, 130, 133
　——カリフォルニア州　60, 69
　——在住の日系人　127
ベネズエラ　6, 11, 34, 69, 83
ペルー　2, 3, 10, 21, 34, 44, 64, 69, 73, 78, 80, 82, 99, 103, 127, 129, 133, 156
ペレス，ホルヘ　26, 27
ヘンドリー，J　163
ベルベル人　9
貿易振興　129
貿易不均衡問題　83
ポーランド　22, 23
牧草地　138, 140
北米　85, 103
ボゴタ　4, 11, 12, 41, 44, 47, 72, 92, 103, 126, 129, 130, 141
ボゴタ市　3, 4, 21, 26, 40, 106, 107, 131
星野良治　106, 107, 129
ポパヤン　13, 141
ボリビア　10, 69, 156
ポルトガル　9, 10, 18
　——語圏　69

## ま

マイノリティー　95, 134, 144, 161, 163
巻島得壽　72
マグダレナ川　11, 12, 16, 17, 71, 126, 130
マシアス，ホセ　26, 37, 38
松雄太郎　105
マテロン，ギリェルモ・バルネイ　140
豆類　15, 133, 140
マヤ　16
『マリア』　71
マルティネス，ディエゴ　38, 39

満州　49, 65
水野小次郎　99, 100, 101
ミランダ　4, 76, 132, 135
民族性　114
民族的帰属意識　93, 94
ムラート　8, 10, 14
明治政府　61
メキシコ　2, 10, 41, 69, 80, 82
メスティソ　9, 10, 14, 25, 27, 45, 51
メデリン　4, 11, 72, 128
メルナー，M　9
綿　39, 42, 140, 160
モイニハン，D・P　95
森田時次郎　1
森田マツミ　1
モンタルボ，ホセ・アントニオ　42, 44, 45

## や

野菜　39, 160
ヤトウ・ノブオ　132
ユダヤ　7〜9, 93
ユナイテッド・フルーツ社　15, 103, 104
ヨーロッパ　6, 46, 60, 85, 103, 126
　——移民　25
横浜　3, 21, 23, 60, 63, 65, 66, 68, 102

## ら

楽洋丸　59
ラディーノ　8
理髪店　101, 104, 114〜117, 119, 126
リャノス・オリエンタレス　43, 44
　——開発計画　45, 50
流通・輸送　16, 17, 51
ルーズベルト，フランクリン・D　126, 129
レイエス，ラファエル　3, 36, 81
レストラン　92, 103, 126
ロペス・デ・メサ，ルイ　14
ロマ　7, 9
ロモリ，キャサリン　14

## わ

若林高彦　44, 72
渡邊六郎　129

# 編・訳者より

　本書はイネス・サンミゲル・カマルゴ博士（Dra.Ines SanMiguel Camargo）の著書 *Japan's Quest for El Dorado Emigration to Colombia*, Kojinshoten, Tokyo, 2009, の編訳である．原著は2002年の初版刊行後，2005年の第2版，2009年に第3版と増刷を重ね，新版ごとに小さな修正を加えてきたが，英文による南米コロンビア国への日本人移民に関する出版物としては世界唯一のもので評価は高い．和訳は最新の第3版をベースとしている．

　原著者はコロンビア生まれで英国で教育を受け，日本では20年以上にわたって大学教育と日本文化研究に従事してきた．この経歴からわかるようにスペイン語，英語，日本語に堪能で，本書を支える英国，米国での文献調査や日本，コロンビア両国でのフィールド調査でもその能力をいかんなく発揮している．原著は英文出版だが，これは公用語の違いから北米英語圏に移住した日本人とその子孫たちを対象とする研究者と，スペイン語・ポルトガル語を公用語とする中南米諸国への日本人移民を対象とする研究者の間の情報交換が少ないという問題の解決を図る意図があってのことに加えて，世界の諸地域における移民・難民のトランスナショナリティー問題を扱う研究者との情報共有化を図るものでもあった．

　和訳の意義は次のようにまとめられる．すなわち，これまで南米コロンビアへの日本人移民やその子孫の歴史についてまとめた記録集の類はあるが，第三者的な視点からの研究書は皆無であり，特徴として①そのコンパクトさも含めて入門書として適切であること，②移民問題をナショナルな国策と対照させ，極めて外交的な問題だという認識から日本，コロンビア，英国，米国諸国の保管する外交文書にアクセスし，対立や妥協，協調の様子を確認していく方法は従来の移民研究にない新しさがあること，③これに関連して官製組織の支援ある移民と無国籍者的に自力で定住を決めていった移民を対等に，そして妥当に

扱っていること，④エスニック・アイデンティティーの多様な表出――その中には隠すことや無国籍化する行為も含める――について論じていること，にある．

　コロンビアといえば先住民時代ならば特異で謎に満ち石彫作品を多数残し，南米の母なる文明のひとつにも挙げられるサン・アグスティン美術を有し，スペイン人征服者たちを狂喜させた数々の黄金製品を生み出してきた国である．20世紀現代美術ならばフェルナンド・ボテロという彫刻・絵画の巨星が現存しており，都市計画や公園，個人邸宅の景観にこだわりをみせ，庭づくりに日本庭園の伝統技術や美学が生かされているなど興味は尽きない．そもそも日本人のコロンビア移住のきっかけが，ある若い男女の悲恋話しを綴ったロマンティックな小説の翻訳に始まるというのも他の日本人移民大国ブラジルやペルーと場合と異なる大きな個性で，現在でもノーベル賞作家ガブリエル・ガルシア・マルケスの小説風景を求めてコロンビアを訪問する日本人がいる．

　編・訳者はかねてよりコロンビア現代美術の動向に注目し，日系人美術作家の国際進出や日本美術界との交流を願うものであった．この点については東京で唯一の中南米専門ギャラリー「プロモ・アルテ」を主宰し，コロンビア美術界や日系人社会と強い絆をもつ古澤久美子氏から常々鼓舞されてきた．その意味でも絶対数は少ないが文化的な貢献度の高いコロンビアの日系人というイメージをかねてより抱いていた編・訳者にとって，その背景を詳細に知る機会が訪れたことは願ってもないものだった．だが，実際に和訳・編集作業を進めるやいなや，専門外ということもあり知識の欠如から四苦八苦の連続だった．私自身にとってまず理解可能なものにせねばならず（それはまた読者のアクセスを容易なものにするという確信もあった），方策として全体構成に手を加えた．

　原著者の許可を得て，まず原文の4章構成を6章構成に組み直した．他の章よりも約2倍の原稿量があり，長かった第1章の後半部を第2章として独立させ，次の第3章とのロジカルな連続性を明確にした．加えて，最末尾となった，1990年代から顕著になる日系人のいわゆるデカセギ現象の記述部分を独立した第6章とし，コロンビアに渡り活躍した日本人と，Uターンを前提に日本で活躍するコロンビア出身日系人の話を峻別したことであり，文章構成の流れを大幅に変更したわけではない．

一方，日本史に詳しくない英文読者のために解説された日本の鎖国時代を中心とした16世紀から19世紀の外交史概略部分（原著第2章）は削除した．日本人にとっては今さらというような引用記述が続くためである．同様に，通常は人種問題において優位な位置にいる白人の英文読者向けに「人種」概念の歴史から有色人種が味わってきた被差別の実態を説く部分（原著第1章）も削除した．読者である日本人の心に刻まれた人種的文化的劣等感と，その反動として表出する過剰な優越感の織り成す日本人移民の心の問題とも直接結びつかないためである．またブラジルへの日本人移民の動態を統計的に分析した数パラグラフ分の記述についても本題とは直接結びつかないので割愛した．いずれの処置も原著者には了解を得ており，本書の価値を貶めるものではなく，太い幹を強く残すために枝葉を剪定する作業であったことを読者にはご理解いただきたい．

標題の一部となっている『黄金郷』とはスペイン語の「エル・ドラド」の訳である．この「エル・ドラド」とは現状に満足できない人間の欲望が記号化された言説である．コロンビアはかつてそのエル・ドラドがこの地上に実在する場所として認識されてきた．そんな歴史を知ってか知らずしてか，20世紀になってコロンビアをめざして移住した日本人がいた．心に秘めた黄金郷を探し求めて……本書はしかし移民が国策としての黄金郷探しであったことをまず明らかにする．また実際に移住した日本人のエスニック・アイデンティティー問題にも言及しており，既存の移民研究書とはやや異なり，様々な研究方向を触発するものである．

作業分担としては野田典子がまず英語本文部を翻訳し，その原稿を受けて加藤が脚注や付録，スペイン語部分の和訳と英語本文部分との整合性確認，日本人名の漢字表記確認などを行った．野田氏は外交の国際問題の翻訳に長期間の経験があり，編・訳者の知識や経験不足を補って余りあるものがあった．その後に出版に向けての編集作業（章分け，文章構成，表記統一，写真選定など）作業を牛歩の如く遅々と進めた．原著者は定年後の人生をコロンビアで過ごしているが，随時E-メイルで情報交換し，また都合3回ばかりだが日本で進捗情況に応じた打ち合わせを行った．下訳原稿の査読は元帝京大学教授で中南米の近・現代史を専門とされ，著者のサンミゲル氏の同僚でもあった乗浩子先生

にお願いした．多忙な中，貴重なコメントや指摘をいただき，更にはコラム原稿をご寄稿いただいた．可能な限り反映させる努力で応じたつもりである．また編・訳者は平成25年度神奈川大学国内研究員の身分で上智大学イベロアメリカ研究所にて研究生活に専念した．本書はその成果の一部であり，ここに研究所所長の幡谷則子氏はじめ研究所スタッフの方々のご協力に感謝する．

　完成までには紆余曲折あり，加藤も野田も体調を悪くするなど予期せぬ事態に見舞われ，出版原稿にまとめるまでに4年余りかかった．そんな最中にサッカーの2014年ワールドカップブラジル大会1次リーグの組み合わせが決まった．日本はコロンビアと同じC組に入り，決勝トーナメント進出をかけて競うことなった．ここで世界ランク4位のコロンビア代表チームに日系人選手がいたり，日本代表チームの中にコロンビア出身の選手がいたりすると，この2チームの直接対決への興味は数十倍もふくらむだろうと夢想した．

　出版にあたっては平成25年度より新規発足した神奈川大学出版会から出版助成金〈一般の部〉を授与された．関係者には多々感謝する次第である．出版に向けてのコーディネートでは丸善株式会社学術情報ソリューション事業部の荒井豪一さん，編集作業には丸善プラネット株式会社の小西孝幸さんに大変ご尽力いただいた．誰にもまして御礼申し上げたい．なお翻訳にあたっての最終プロダクトはひとり編者が責任を負うものである．

2013年12月19日

加藤　薫

元エル・ハグアル移植地入口にて著者と小椋正雄氏のツーショット（1988年8月）

コリント市の町並み（1988年8月）

### 編・訳者紹介

加藤　薫（かとう　かおる）

1949年生まれ．国際基督教大学卒．ラス・アメリカス大学大学院修了．現職は神奈川大学教授．中南米・カリブ圏・米国ラティーノ文化研究者．主著に「骸骨の聖母サンタ・ムエルテ」（新評論, 2012），「ディエゴ・リベラの生涯と壁画」（岩波書店, 2011），「メキシコ壁画運動」（現代図書, 2003）など多数．

### 訳者紹介

野田　典子（のだ　のりこ）

小中時代を米国西海岸地域で過ごした帰国子女で，国際基督教大学卒業後も長期の海外駐在を経験．実体験として海外在住日本人・日系人社会や組織に精通する．日本ではCWAJ副会長を努めたほか，国際事務センター，岡崎研究所などで翻訳業務に従事．また留学生対象の日本語教師など歴任．

---

黄金郷を求めて
——日本人コロンビア移住史

2014年2月10日初版発行

編・訳者　加藤　薫
訳　者　野田　典子

発 行 所　神奈川大学出版会
　　　　　〒221-8686
　　　　　神奈川県横浜市神奈川区六角橋 3-27-1
　　　　　電話 （045）481-5661

発 売 所　丸善出版株式会社
　　　　　〒101-0051
　　　　　東京都千代田区神田神保町 2-17
　　　　　電話 （03）3512-3256
　　　　　http://pub.maruzen.co.jp/

編集・制作協力　丸善株式会社

©Kaoru KATO, 2014　　　　　　Printed in Japan
組版／月明組版
印刷・製本／大日本印刷株式会社
ISBN978-4-906279-06-7 C3039